MATILDE ASENSI
Das letzte Mysterium

W0196179

Weitere Titel der Autorin:

Wächter des Kreuzes
Die Jesus-Verschwörung
Der verlorene Ursprung (nur als E-Book erhältlich)

MATILDE ASENSI

DAS LETZTE MYSTERIUM

THRILLER

Übersetzung aus dem Spanischen
von Sybille Martin

lübbe

Dieser Titel ist auch als E-Book erschienen

Titel der spanischen Originalausgabe:
»Sakura«

Für die Originalausgabe:
Copyright © 2019 by Matilde Asensi/La esfera de los libros, S.L
This agreement c/o Schwermann Literary Agency, Essen.

Für die deutschsprachige Ausgabe:
Copyright © 2021 by Bastei Lübbe AG, Köln
Textredaktion: Ann-Catherine Geuder, Lübeck
Umschlaggestaltung: www.buerosued.de
Einband-/Umschlagmotiv: © www.buersosued.de
Satz: Dörlemann Satz, Lemförde
Gesetzt aus der Minion Pro
Druck und Einband: GGP Media GmbH, Pößneck

Printed in Germany
ISBN 978-3-404-18338-8

2   4   5   3   1

Sie finden uns im Internet unter luebbe.de
Bitte beachten Sie auch: lesejury.de

There's nothing more dangerous than someone
who wants to make the world a better place.
Banksy

1

DIE RACHE EINES TOTEN MANNES

Als ich in der Rue Clauzel Nummer 14 ankam, hatte ich so ein mulmiges, unsicheres Gefühl, und am liebsten hätte ich mich sofort wieder umgedreht und Reißaus genommen. Die ganze Geschichte erschien mir reichlich merkwürdig. Als ich erkannte, dass das Treffen in einer Kunstgalerie stattfinden sollte, auf deren Schaufenster in gelben Lettern PÈRE TANGUY stand, fühlte ich mich gleich wieder etwas besser. Die Fassade war in einem matten Irisch-Grün gestrichen, das im strahlenden Sonnenlicht dieses warmen Augustmorgens bläulich schimmerte. An den Wänden der Galerie hingen überall Bilder, doch es war keine Menschenseele zu sehen. Ich trat ein und entdeckte ein Schild mit einem Pfeil, der nach hinten wies. Jetzt machte ich mir doch wieder Sorgen und hatte umso mehr das Bedürfnis, schnell wieder zu verschwinden. Doch ich ging weiter und las auf einem Zettel an der Tür, dass das Treffen, zu dem ich eingeladen war, tatsächlich an diesem Tag und um diese Uhrzeit stattfinden sollte. Mit gespielter Entschlossenheit trat ich ein.

Es handelte sich um einen mittelgroßen Raum mit ein paar Klappstühlen, die im Kreis aufgestellt waren. Er wirkte wie ein Lager, das man für ein Sektentreffen umfunktioniert hatte. Ein paar Leute sahen mich neugierig an. Ich grüßte mit einem Kopfnicken und setzte mich mit einigem Abstand zu den Anwesenden. Eine Frau telefonierte leise mit der Hand vor dem Mund, damit wir sie nicht verstanden. Mein Gefühl der Unsicherheit verstärkte sich. Das Ganze wirkte ausgesprochen unheimlich.

Die Tür ging auf, und zu meiner Überraschung traten zwei lächelnde Japaner ein. Einer von ihnen war ziemlich groß, von der Statur eines Sumo-Ringers, und trug ein silbernes Schild am Hemd. Als er an mir vorbeiging, konnte ich lesen, dass er der Geschäftsführer dieser Galerie war. Der andere Japaner, klein, dünn und mittleren Alters, stellte sich vor den großen Monitor an der Wand und begrüßte die Anwesenden mit einer tiefen Verbeugung. Der riesige Geschäftsführer verkündete uns mit starkem Akzent auf Französisch:

»Darf ich vorstellen: Ihr Gastgeber und Förderer Monsieur Ichiro Koga.«

Noch war mir nicht ganz klar, was Monsieur Koga genau förderte, aber wenn dieser Mann mit dem kurzen, glatten Haar mir die vertraglich zugesicherte Geldsumme zahlen würde, könnte er mich auch bitten, mit verbundenen Augen von einer Klippe ins Meer zu springen. Für den üppigen Vorschuss, den er bereits auf mein Konto überwiesen hatte, sowie für die vereinbarte Gesamtsumme war ich mehr als bereit, ihm zuzuhören. Die anderen waren gewiss aus demselben Grund gekommen. Es handelte sich um zwei Männer und eine Frau. Der eine Mann war rothaarig und kräftig, Anfang zwanzig, der andere etwas älter, ein Mulatte mit glänzenden blauen Augen. Die Frau, die an die dreißig sein durfte, hatte Mandelaugen, braunes Haar und war nicht sehr groß. Alle drei wirkten ebenso verunsichert wie ich.

»*Ohayō gozaimasu*«, begrüßte uns Monsieur Koga und neigte den Kopf. »Danke, dass ihr zu unserem Treffen in der Galerie Boutique du Père Tanguy nach Paris gekommen seid.«

Und das im August, wo selbst am frühen Morgen schon

eine mörderische Hitze herrschte. Aber dafür waren sämtliche Kosten übernommen worden … Wie sollte ich da nicht nach Paris kommen? Wo sonst konnte man seinen Jahresurlaub besser genießen?

»Es fehlt noch jemand«, erklärte Koga, der sich ganz zwanglos gab. Er schien daran gewöhnt zu sein, vor Publikum zu reden, und wirkte trotz seiner zarten Statur voller Energie. »Leider können wir nicht länger warten. Doch erlaubt mir vorab, euch einander vorzustellen, denn ihr kennt euch ja noch nicht.«

Der fensterlose Lagerraum mit seiner kalten Neonröhre war ziemlich klein, weshalb wir auf unseren Klappstühlen dicht beieinandersaßen. Monsieur Koga zeigte auf die einzige Frau, die kleine Dunkelhaarige, die sich noch kleiner machte und schüchtern lächelte.

»Odette Blondeau aus Marseille. Danke, dass du gekommen bist, Odette.«

Neuerliches Verbeugen, diesmal nur vor der armen Odette, die rot angelaufen war und uns entgeistert anstarrte. Koga wandte sich kaum wahrnehmbar dem kräftigen, rothaarigen Mann neben ihr zu, der sich so ruckartig aufsetzte, dass der Stuhl unter seinem beträchtlichen Gewicht knarrte. Er trug Vollbart und machte einen jämmerlichen Eindruck mit seinem alten Sweatshirt, den fleckigen Jeans und dem zerschlissenen Baseball-Cap.

»John Morris aus Warren, Michigan, USA. Danke, dass du die weite Reise gemacht hast, John.«

Der Amerikaner winkte gleichgültig ab. Nach der obligatorischen Verbeugung war ich an der Reihe. Alle starrten mich an. Ich schob meine Brille so brüsk nach oben, dass ich mir den Bügel fast in die Nasenwurzel rammte. Das hier schien das Treffen einer Sekte zu sein, und ich wollte weg.

»Hubert Kools aus Amsterdam, Niederlande. Danke, dass

du gekommen bist, Hubert. Deine Erfahrung wird uns eine große Hilfe sein.«

Meine Erfahrung?, fragte ich mich überrascht. Ich war lediglich der Besitzer einer ganz ähnlichen Kunstgalerie wie diese hier. Welche Erfahrung meinte Koga? Na gut, solange die vereinbarte Summe bezahlt wurde, sollte das kein Problem sein. Meine Galerie, Kools Kunstgalerie, stand kurz vor der Pleite, die Schulden erdrückten mich, und womöglich würde ich auch meine Wohnung verlieren, weshalb Ichiro Kogas Angebot – vermittelt durch Kamidana, ein Geschäft für Künstlerbedarf, bei dem ich seit einiger Zeit Kunde war – mir die einmalige Chance bot, wieder auf die Beine zu kommen und mein Leben einigermaßen anständig weiterzuführen.

»Oliver Roos aus Liverpool, England. Danke für dein Kommen, Oliver.«

Besagter Oliver hatte etwas Außergewöhnliches an sich. Trotz eines schwarzen Vaters oder einer schwarzen Mutter hatte er die blauesten Augen, die ich je gesehen habe. Er trug eine Glatze und war schön wie ein Männermodel. Dieser fast zwei Meter große Engländer konnte kaum älter als fünfundzwanzig oder sechsundzwanzig sein, und obwohl seine Kleidung nicht sonderlich teuer wirkte, verstand er sie zu tragen. Ich war ebenfalls groß und noch immer athletisch, aber schon dreiunddreißig, und ich hatte bereits das eine oder andere graue Haar, nicht nur auf dem Kopf, sondern auch in meinem Schnurr- und Kinnbart. Jedoch fiel das bei meiner hellbraunen Haarfarbe kaum auf.

Plötzlich ging die Tür auf, und ein sehr blonder Kopf schaute sich um.

»Na endlich!«, rief Koga lächelnd. »*Konnichiwa*, Gabriella. Komm rein. Das ist Gabriella Amato aus Mailand. Jetzt sind wir vollzählig. Danke, dass du gekommen bist, Gabriella.«

Noch bevor mir Zeit blieb, darüber nachzudenken, wie komisch es war, dass wir alle aus unterschiedlichen Ländern stammten, verschlug mir besagte Gabriella, die sich betont kühl neben Oliver setzte, buchstäblich den Atem. Sie war eine beeindruckende Frau: groß, schlank, sehr blond, fast goldblond, mit wunderschön gebräunter Haut. Dazu grüne Augen und ein geradezu perfektes ovales Gesicht. Vermutlich so um die dreißig, sagte ich mir. Ich hätte gern Papier und Stift zur Hand gehabt und sie gezeichnet, obwohl das Zeichnen nicht gerade meine Stärke ist. Sie trug eine ärmellose Bluse in der Farbe ihrer Augen, eine helle, eng anliegende Hose und Sandaletten mit Absatz. Dazu lange, filigrane Ohrringe, die fast die Schultern streiften. Obwohl sie das blonde Haar zurückgebunden hatte, bewirkte das Neonlicht, dass die feinen Härchen, die sich aus der schicken Frisur gelöst hatten, eine Art Heiligenschein um ihren Kopf bildeten. Ich konnte meinen Blick nicht von ihr abwenden, und ich glaube, den anderen ging es genauso.

»Stellt eure Handys bitte stumm oder schaltet sie aus, was euch lieber ist«, sagte Koga und ergriff die Fernbedienung, die der Geschäftsführer der Galerie ihm hinhielt. »Ich muss euch leider daran erinnern, dass ihr für die Zeit dieses Auftrags eine Verschwiegenheitsklausel sowie die eingeschränkte Nutzung eurer Handys unterschrieben habt. Ihr dürft weder fotografieren noch Bilder oder Informationen ins Internet stellen über das, was wir tun werden, einverstanden? Gut, da wir jetzt vollzählig sind, können wir anfangen.«

Das Neonlicht erlosch, nur die im Boden angebrachten Strahler blieben an, und auf dem Monitor an der Wand erschien eines der letzten Gemälde van Goghs vor seinem Tod, das berühmte *Bildnis des Dr. Gachet*. Der Arzt hatte auf Empfehlung von Camille Pissarro Vincents Melancholie behandelt, und zwar in Auvers-sur-Oise, einem kleinen Dorf nördlich von Paris, zu jener Zeit knapp eine Stunde Zugfahrt entfernt. Als Vincent Doktor Gachet kennenlernte, schrieb er seinem Bruder in einem Brief, dass der Doktor ein ernstes Nervenproblem hätte und mindestens genauso krank sei wie er.

»Kennt ihr das Bild?«, fragte uns Koga.

»Nein«, platzte der Amerikaner Morris heraus. Wir anderen nickten stumm.

»Keine Sorge, John«, erwiderte Koga freundlich. »Es gehört nicht zu den bekanntesten Werken van Goghs. Alle Welt kennt die Sonnenblumen oder die berühmten Sternennächte, aber nur wenige wissen von diesem Bild, was vor allem dem Umstand geschuldet ist, dass es 1996 geheimnisvollerweise verschwand und man seither nichts mehr davon gehört hat. Und als wäre das nicht genug, waren die Umstände seines Verschwindens für viele Leute derart unangenehm, dass sowohl in der Kunstwelt als auch in der Politik bis heute eine Art Pakt des Schweigens darüber herrscht.«

Damit hatte er mich ertappt. Ich hatte keine Ahnung, dass das Bild verschwunden war, sondern war davon überzeugt gewesen, dass es hier in Paris im Musée d'Orsay hängt. Van Gogh ist natürlich einer meiner Lieblingsmaler, nicht nur, weil er mein Landsmann war, das auch, aber vor allem, weil er wirklich ein großer Künstler war. Zudem einer der wenigen weltberühmten Künstler mit einem eigenen Museum, und das befindet sich in Amsterdam. Van Gogh ist unbestritten der Stolz der Niederlande, und durch mein Kunststudium kannte ich ihn mittlerweile besser als meine eigene Familie. Hinzu kommt, dass Vincents Vater, Theodorus van Gogh, zum Ende des 19. Jahrhunderts viele Jahre als Pastor in der kleinen Kapelle des Dorfes Nuenen gearbeitet hat, wo ich geboren wurde und aufgewachsen bin. All das führte zu meiner großen Leidenschaft für Vincent van Gogh.

»Wenn du das Bild bei Wikipedia eingibst«, fuhr Koga mit seinen Erklärungen für John fort, »wirst du entdecken, dass das *Bildnis des Dr. Gachet* nicht 1996 verschwunden ist, wie ich eben sagte, sondern um 1997 herum von einem Sammler gekauft wurde – ob australischer oder österreichischer Herkunft ist umstritten –, der es Jahre später wegen finanzieller Nöte an einen Unbekannten weiterverkaufte. Das ist natürlich alles falsch. Das Bild wurde nicht mehr gesehen, seit es 1990 bei einer Versteigerung von Christie's New York von dem japanischen Multimillionär und Papierfabrikanten Ryoei Saito für die bis dahin höchste Summe für ein Gemälde ersteigert wurde: 82,5 Millionen Dollar. Es blieb bis zu seinem Tod 1996 in Saitos Besitz. Danach verschwand es.«

Die Geschichte, die Ichiro Koga über *das Bildnis des Dr. Gachet* erzählte, musste wichtig sein und war offensichtlich auch der Grund, warum wir alle in diesem Raum saßen. Auf dem Monitor hatte Dr. Gachet sein tieftrauriges und leuchtend orangefarbenes Gesicht auf die rechte Faust gestützt und blickte uns gleichgültig und zutiefst melancholisch an. Sein Haar war ebenfalls orangefarben, und die schwarz eingefasste, kobaltblaue Jacke wies Schattierungen und drei limettengrüne Knöpfe auf. Auch der Himmel über seinem Kopf schimmerte in limettengrünen Tönen, und auf dem Tisch mit der knallroten Decke, auf den er sich stützte, befanden sich zwei gelbe Bücher und ein Glas mit einem Zweig mit großen grünen Blättern. Mit diesen leuchtenden Farben eindeutig ein echter Vincent van Gogh. Er war zweifelsohne der beste Kolorist aller Zeiten.

John Morris rutschte unruhig auf seinem Stuhl herum. Dem Armen mangelte es eindeutig an der nötigen Bildung, um schätzen zu können, was er gerade sah und hörte. Monsieur Koga schien das zu wissen und erklärte es ihm geduldig, als rede er mit einem Kind. Doch dann sah Koga auf und ließ seinen Blick von einem zum anderen wandern.

»Wir befassen uns jetzt mit der Rache eines toten Mannes«, fuhr er fort. »Deshalb habe ich euch alle eingeladen. Jeder von euch verfügt über eine besondere Fähigkeit, die ihn unentbehrlich macht. Keiner ist zu viel oder überflüssig. Früher oder später werden eure Kenntnisse, Fertigkeiten oder Erfahrungen sehr nützlich sein. Herr Ryoei Saito war nicht irgendwer. Er hatte in Japan große Macht erlangt, blieb dabei aber immer der raubeinige und impulsive Geschäftsmann aus der Provinz, ein extravaganter und unabhängiger Mensch. Heutzutage steht sein Name beispielhaft für die Wirtschaftskorruption, unter der Japan in den Achtziger- und Neunzigerjahren des zwanzigsten Jahrhunderts litt, und dennoch lässt sich nicht leugnen, dass Saito auch ein großer Kunstliebhaber und Nonkonformist war – originell, exzentrisch und zu allem Überfluss rachsüchtig. Extrem rachsüchtig. Und mit diesem Ryoei Saito werden wir uns befassen.«

»Aber, Monsieur Koga …«, stammelte die kleine Odette Blondeau schüchtern und ohne zu wissen, wie sie unseren Gastgeber ansprechen sollte. »Hatten Sie vorhin nicht gesagt, er sei 1996 gestorben?«

Das *Bildnis des Dr. Gachet* verschwand, und wir erblickten das Foto eines lächelnden, kräftigen Japaners im fortgeschrittenen Alter, der einen Dreiteiler trug und sein graues Haar auf dem quadratischen Schädel nach hinten gekämmt hatte.

»Ja, genau, er starb 1996«, bestätigte Koga. »Aber nennt mich doch bitte Ichiro. Ich gehöre auch zum Team.«

Er holte tief Luft und wandte sich dann wieder dem Foto des stolz und zufrieden dreinblickenden Ryoei Saito zu.

»Nachdem Saito 1990 das Bild von van Gogh bei Christie's New York ersteigert hatte, brachte er es nach Japan. Der Weltpresse teilte er mit, das Gemälde ein paar Jahre lang behalten zu wollen, laut eigener Aussage aus reiner Liebe zur Kunst, und es später einem japanischen Museum zu schenken, damit alle Welt in seinen Genuss käme.«

Ichiro lächelte breit und sah uns mit blitzenden Augen an.

»Falls ihr es nicht wissen solltet: Japan liebt die Impressionisten und besonders Vincent van Gogh. Der Impressionismus ist stark beeinflusst von der japanischen Farbholzschnittkunst, dem *ukiyō-e*, was wörtlich übersetzt ›Bilder der fließenden Welt‹ heißt und das Mitte des neunzehnten Jahrhunderts mit unzähligen billigen Drucken und Holzschnitten in Europa Furore machte. Vincent van Gogh war der Künstler, der die meisten japanischen Motive kopierte, was so weit ging, dass alle seine Bilder aus seiner Pariser Zeit vollständig oder zumindest teilweise japanische Motive reproduzieren. Deshalb lieben wir Japaner van Gogh. Ryoei Saito war da keine Ausnahme, und als er das *Bildnis des Dr. Gachet* erstehen konnte, zögerte er keinen Moment. Er wollte, dass das Bild in einem japanischen Museum zu sehen ist, als Beispiel für Nationalstolz und Macht.«

Das Gesicht unseres Gastgebers wurde unvermittelt wieder ernst.

»Doch der Staat wollte nach Erwerb des Gemäldes, obschon er sich durchaus dankbar für diese Geste gezeigt hatte, 24 Millionen Dollar Steuern von ihm. Saito hatte jede Menge Immobilien verkauft und sich hoch verschuldet, um den van Gogh zu erwerben, weshalb der japanische Fiskus das viele Geld als Gewinn veranschlagte, obwohl Saito das Bild später dem Staat schenken wollte. Und das nahm Saito *ganz* schlecht auf«, unterstrich er.

Auf Ichiros Hemd bildeten sich langsam große Schweißflecken. Ich wusste nicht, ob es an der Hitze dieser ersten Augustwoche lag (obwohl der Raum klimatisiert war) oder an der Bedeutung, die die Geschichte für ihn hatte. Vermutlich eher Letzteres, denn er wirkte sichtlich betroffen.

»Am 13. Mai 1991«, fuhr Ichiro fort, »kurz nach der Zahlung dieser Steuerlast von 24 Millionen Dollar, schlug in der Weltpresse eine Bombe ein: Saito hatte eine internationale Pressekonferenz einberufen und verkündet, dass er das *Bildnis des Dr. Gachet* mit ins Grab nehmen würde.«

Auf dem Monitor war jetzt das Titelbild des Londoner *Daily Telegraph* zu sehen, auf dem in großen Lettern Ryoei Saitos Erklärung gedruckt war.

»Nach dem Ritual des japanischen Shintoismus werden nicht nur die Särge mit dem Körper des Verstorbenen verbrannt, sondern mit ihnen auch eine Vielzahl an Gegenständen, wertvolle Luxusgüter eingeschlossen, die die Familie zum Zeichen ihres Respekts in den Sarg legt. Saito verkündete, dass der van Gogh mit ihm eingeäschert würde, um seine Söhne davor zu bewahren, nach seinem Tod noch einmal ein Vermögen an Erbschaftssteuern an den japanischen Fiskus zahlen zu müssen. Natürlich hatte er – selbst wenn er das Bild letztendlich doch nicht verbrennen wollte – von der Idee, es einem öffentlichen Museum zu schenken, längst Abstand genommen. So erbost war er.«

Ichiro, der jetzt ordentlich schwitzte, drehte sich wieder um.

»Wie ihr dem Titel des *Daily Telegraph* entnehmen könnt, war die Weltöffentlichkeit, die im Jahr 1990 die Ersteigerung des Gemäldes verfolgt hatte, erschüttert über Ryoei Saitos Erklärung, aber nicht annähernd so erschüttert wie wir Japaner. Wisst ihr, warum? Weil alle Welt glaubte, das sei nur Wichtigtuerei und das Geschwätz eines erbosten Multimillionärs, aber wir Japaner wussten, dass Saitos Worte nichts mit Wichtigtuerei zu tun hatten. In Japan nahm man seine Erklärung für bare Münze, denn selbst noch in den modernen Neunzigerjahren ließen sich viele Wohlhabende mit ihren wertvollsten Kunstgegenständen verbrennen: Kaligrafien, Schmuck, Bilder der *ukiyō-e*-Künstler, Keramik … Wir Japaner wussten, dass seine Erklärung absolut ernst gemeint war und dass jemand wie Saito seine Meinung nicht ändern würde, da konnte er angesichts der empörten Reaktion des Okzidents noch so lautstark behaupten, dass er den Beamten der Obersten Finanzbehörde Japans nur einen Streich hatte spielen wollen. Der Rest der Welt atmete erleichtert auf und vergaß die Angelegenheit schnell wieder, während wir in Japan den Atem anhielten vor lauter Scham darüber, dass ein Landsmann ein großartiges Gemälde von van Gogh zerstören wollte.«

Ich war wie versteinert und wusste nicht, wie ich auf Ichiro Kogas Geschichte reagieren sollte. Auch die anderen nicht. Wie konnte jemand ein Kunstwerk zerstören, als wäre es Firlefanz oder unbedeutender Plunder? Nun ja, 2001 hatten die Taliban die wunderschönen Buddha-Statuen von Bamiyan in Afghanistan gesprengt, Statuen aus dem 5. Jahrhundert, die an der Seidenstraße standen. Aber das waren Fanatiker, die geistig im Mittelalter stecken geblieben waren. Von einem reichen Papierfabrikanten des 20. Jahrhunderts ist das nur schwer zu glauben, selbst bei einem Japaner. Oder genauer gesagt, gerade weil er Japaner ist, denn bei den Japanern denken wir immer an ihre schöne Tee-Zeremonie, die Kunst des Blumensteckens, die Kirschblüte im Frühling … oder an Sushi.

»Mein Vater Kentaro Koga«, erzählte Ichiro weiter, »war 1991 der Besitzer des größten Bestattungsunternehmens in der Präfektur Shizuoka, aus der neben der Familie Saito auch wir Kogas stammen. Tatsächlich kannten sich mein Vater und Herr Saito seit ihrer Kindheit. Sie waren zwar nicht befreundet, aber als der Skandal aufkam, sagte mein Vater, wie ich mich erinnere: ›Ryoei wird sich mit dem van Gogh verbrennen lassen.‹ Ich war damals siebzehn, hatte gerade das Abitur gemacht und schämte mich wie alle in Shizuoka und ganz Japan. Mein Vater wollte, dass ich auf die Universität gehe und Jura studiere, aber darauf hatte ich keine Lust, also begann ich im familiären Bestattungsunternehmen zu arbeiten.« Ichiro lächelte amüsiert. »Das ist ein gutes Geschäft, auch wenn es euch schwerfallen mag, das zu glauben. Weil in Japan das Sterben sehr teuer ist, extrem teuer, müssen sich enge Familienmitglieder, Freunde und geladene Gäste an den Beerdigungskosten beteiligen. Und deshalb ist ein Bestattungsunternehmen ein gutes Geschäft.«

Der japanische Geschäftsführer der Galerie Boutique du Père Tanguy hatte leise den Raum verlassen und kehrte jetzt mit einer kleinen Wasserflasche zurück, die er Ichiro mit einer Verbeugung überreichte. Der dankte ihm mit einer ebensolchen für seine Aufmerksamkeit, trank einen großen Schluck und stellte die Flasche auf einen freien Stuhl, bevor er weitererzählte.

»1990, im Jahr der Versteigerung, hatte Herr Saito, der schnell viel Geld für das *Bildnis des Dr. Gachet* brauchte, den Gouverneur der Provinz Miyagi bestochen, damit er einige der Wälder, deren Baumbestand er für die Papierproduktion seiner Firma Daishowa nutzte, zur Bebauung umwidmete. Anschließend verkaufte Saito fast den ganzen Baugrund, der jetzt wesentlich mehr wert war, investierte das Geld in den Kauf des Bildes und ließ auf der kleinen, übrig gebliebenen Parzelle einen Golfplatz errichten, den er Vincent nannte.«

Er lächelte ironisch und griff wieder zur Wasserflasche. Diesmal behielt er sie in der Hand.

»Im November 1993 wurde Saito mit siebenundsiebzig Jahren in seinem Haus in Tokio wegen der Bestechung des Gouverneurs von Miyagi festgenommen und ins Gefängnis gesteckt, woraufhin er seinen Posten als Direktor von Daishowa verlor. Die Fotos von seiner Verhaftung durch die Steuerfahndung des Distrikts Tokio gingen um die Welt.«

Auf dem Monitor war jetzt derselbe Mann fortgeschrittenen Alters zu sehen, der vorher so stolz gelächelt hatte, wie er von besagten Tokioter Steuerfahndern abgeführt wird, und auf dem nächsten Foto sitzt er mit eingezogenem Kopf im Fond eines Polizeiwagens, als wolle er sich verstecken.

»Einen Monat später, im Dezember, war er so krank, dass er aus dem Gefängnis entlassen werden musste und in ein Krankenhaus überstellt wurde. Er hat sich nie wieder erholt. Seine Firma Daishowa stürzte an der Börse ab und stand kurz vor der Pleite. Der Fall des mächtigen Ryoei Saito hat ganz Japan erschüttert. Der eiligst neu ernannte Direktor von Daishowa, Shogo Nakano, versuchte die Firma zu retten, aber es gestaltete sich schwierig, Saitos Besitz und Finanzen von denen des Unternehmens zu trennen. Es ist ihm in der Tat nicht gelungen. Alles in allem verebbte der Skandal rasch wieder, vor allem aus Respekt vor Ryoei Saito, der schon sehr alt und krank war, und weil alle Welt wusste, dass er nicht mehr lange leben würde.«

Bei Ichiros Geschichte fiel mir besonders die ständige Erwähnung von Respekt, Dankbarkeit, Höflichkeitsformeln, Ehre und Ehrverlust sowie Scham auf, all diese uns fremden orientalischen Traditionen gepaart mit westlicher Industrialisierung und Moderne. Denn die Welt, auch wenn heutzutage globale Wirkmechanismen am Werk sind und sie von Mal zu Mal kleiner wirkt, weist dennoch so große kulturelle Unterschiede auf, dass man die Länder ebenso gut für unterschiedliche Planeten halten könnte, die Millionen Lichtjahre voneinander entfernt sind.

Ichiro, der schon ein ganzes Weilchen redete, streckte den Arm aus und zeigte uns ein weiteres Bild. Ein langer Trauerzug mit geschmückten Wagen auf einer trostlosen Landstraße. Auch dabei handelte es sich um ein Schwarz-Weiß-Foto aus einer alten Tageszeitung.

»Ryoei Saito erlag am 30. März 1996 fast achtzigjährig einem schweren Herzinfarkt.« Er zeigte auf den ersten Wagen des Zuges. »Saitos Sarg befand sich in diesem großen Wagen mit den Trauerwimpeln zu beiden Seiten, den übrigens ich gefahren habe.«

Odette Blondeau schrie leise auf.

»Das Bestattungsunternehmen deines Vaters hat die Beisetzung ausgeführt …«, murmelte Gabriella nachdenklich, überschlug die Beine und stützte einen Arm so anmutig auf das Knie, dass mir ganz anders wurde. Wie es schien, hatte sie bereits ihre Schlüsse gezogen und war schon etwas weiter in der Geschichte.

»Genau«, bestätigte er. »Mein Vater kümmerte sich persönlich um die Bestattungszeremonie, die in Japan viel komplexer ist als im Westen, und ich fungierte als sein Assistent. Unsere Angestellten begleiteten uns oder standen vor Saitos Haus in Shizuoka an den Ausläufern des Bergs Fuji. An jenem Tag hatte mein Vater uns alle eingesetzt. Unter seiner Leitung übernahmen wir beide das rituelle Waschen des Körpers, das Ankleiden, Schminken und Parfümieren und legten ihn dann in den Sarg, der traditionell offen bleiben muss. Erst dann ließen wir die Familie ein. Wir befanden uns in einem sehr großen Saal, in den viele *tatamis* – Reisstrohmatten – passten und den wir als *reianshitsu* nutzen, soll heißen …« Ichiro suchte nach dem richtigen Wort auf Englisch. »Das ist eine Art Aufbahrungsraum für den Verstorbenen, und es kamen viele Angehörige und Freunde, die unsere Arbeit still betrachteten. Für die Zeremonie hatten wir den Altar mit Blumen und Weihrauch geschmückt und zu den Geschenken der Familie ein großes Foto von Ryoei Saito gestellt. Als wir der Familie sagten, dass sie jetzt Abschied nehmen könnte, trat als Erster sein ältester Sohn Kiminori, den ich aus dem Fernsehen kannte, an den Sarg. Er hielt eine Papprolle in den Händen und legte sie behutsam neben den Körper seines Vaters in den Sarg.«

»Das Bild von van Gogh …?«, entfuhr es dem neugierigen Oliver Roos. Dieser Typ, mit seinen blauen Augen, hatte etwas Argloses und Gutmütiges an sich. Er schien ein guter Mensch zu sein.

Ichiro lächelte ihn breit an.

»Ja, klar!«, rief er und lachte auf. »Die Papprolle mit dem Bild von van Gogh lag im Sarg. Aber lasst mich die Geschichte zu Ende erzählen. Es fehlt nicht mehr viel.« Er ging zögerlich vor dem Monitor auf und ab, als wüsste er nicht genau, wie er fortfahren sollte. »Ich springe jetzt weiter zu dem Zeitpunkt, als der Trauerzug auf dem Weg zum Krematorium von Shizuoka ist, wie ihr auf diesem Foto sehen könnt.« Er zeigte auf die Schwarz-Weiß-Aufnahme. »Ich fuhr den Leichenwagen, und mein Vater saß neben mir. Hinter uns der geschlossene Sarg voller Geschenke und wertvoller Gegenstände, die die Familie ihm zum Abschied mitgegeben hatte. Plötzlich drehte sich mein Vater, der damals siebenundvierzig war, nur wenige Jahre älter als ich heute, auf dem Sitz um und kletterte über die Rücklehne nach hinten in den Leichenwagen, der zum Glück schwarz getönte Scheiben hatte, wie ihr unschwer erkennen könnt.«

Ichiro atmete langsam aus und sah zu Boden.

»Ich war entsetzt und schrie ihn an, was er da mache. Aber er hieß mich schweigen. Im Rückspiegel konnte ich sehen, wie er den Sarg von Ryoei Saito öffnete, die Papprolle herausnahm und unter einer Arbeitsdecke versteckte und anschließend den Sarg wieder schloss. Ich habe mich wahnsinnig geschämt und wäre in dem Moment am liebsten gestorben. Als mein Vater wieder neben mir saß, konnte ich ihm nicht in die Augen schauen. Ich hätte mir niemals vorstellen können, dass mein Vater imstande wäre, solcherart unsere Familienehre zu beschmutzen. Vor lauter Angst zitterte ich am ganzen Körper, aber mein Vater sah es nicht einmal. Er sagt nur: ›Ich musste den van Gogh retten.‹ Dann schwieg er, mehrere Tage lang. Vor Scham wurde er depressiv. Er wagte nicht einmal, meine Mutter anzusehen, die uns beide mit zunehmender Sorge beobachtete. Die Papprolle lag verschlossen im Schrank seines Arbeitszimmers. Ryoei Saito wurde eingeäschert, aber sein van Gogh lag in unserem Haus, und ich hatte keine Ahnung, was mein Vater mit ihm vorhatte.«

Er verstummte einen Moment und fuhr dann fort:

»Es waren schwierige Tage. Ich glaube, ich habe unseren Familientempel nicht einmal zum Schlafen verlassen. In meiner Verzweiflung wollte ich nur, dass Saitos *kami* – sein Geist – meinem Vater verzieh. Aber mein Vater erlosch jeden Tag ein wenig mehr angesichts der einschüchternden Blicke seiner Frau und seines Sohnes. Seine Schuld würde ewig währen und seine Scham ebenfalls, das wusste er. Er hatte Saitos Geist und Familie beleidigt und sowohl deren Ehre als auch die unserer Familie beschmutzt.«

»Warum habt ihr das Bild nicht anonym den Behörden ausgehändigt?«, wollte Oliver wissen. Der Amerikaner Morris schnaubte daraufhin verächtlich, als wolle er damit sagen, dass er das Bild bestimmt nicht den Behörden gegeben hätte.

»Weil wir es nicht konnten«, erwiderte Ichiro. »Mein Vater erklärte mir an dem Tag, als wir endlich über die Sache sprachen, dass Saitos Familie selbst bei anonymer Herausgabe verpflichtet gewesen wäre, es als Opfergabe für den Toten zu verbrennen, um der Rache der Geister zu entgehen, und außerdem hätten sie sofort gewusst, wie das Bild aus dem Sarg verschwunden war. Wir konnten es den japanischen Behörden nicht geben, weil sie für Saitos unglückliches Ende verantwortlich und natürlich auch nicht die legitimen Besitzer waren. Mein Vater hatte große Angst vor der Rache von Ryoeis Geist!«

Wie kompliziert doch die Japaner sind, dachte ich. Die Welt der Geister, die Rache der Toten aus dem Jenseits … Wie schon gesagt, Planeten, die Millionen von Lichtjahren voneinander entfernt sind.

Da lachte Ichiro wieder auf und sah uns an.

»Ich weiß, für euch aus dem Abendland klingt das alles höchst seltsam, aber bitte versucht, es zu verstehen, und wenn ihr das nicht könnt, es wenigstens zu akzeptieren. Wie dem auch sei, unsere moralischen und geistigen Sorgen hielten nicht lange vor.«

Dem Bild mit dem Trauerzug folgte eines von der Leinwand, auf die van Gogh das *Bildnis des Dr. Gachet* gemalt hatte. Sie lag ausgerollt auf einem Holzboden, daneben ein Blatt Papier mit japanischen Schriftzeichen sowie ein kleiner Druck in derselben Größe, auf dem nur vage ein weiteres Van-Gogh-Bild zu erkennen war, ebenfalls ein sitzender Mann mit Hut und Gehrock, als würde er für ein Foto posieren.

»Das haben wir gefunden, als wir die Papprolle öffneten.«

Im Raum herrschte verblüfftes Schweigen. Ich betrachtete das Bild aufmerksam, weil mich etwas stutzig gemacht hatte, obwohl ich es nicht gleich benennen konnte. Erst nach längerem Hinsehen fiel bei mir der Groschen: Die Knöpfe des Gehrocks von Doktor Gachet waren nicht limettengrün, sondern gelb, und das Zinnoberrot der Tischdecke war einem Safrangelb gewichen, das der Haarfarbe des Doktors ähnelte.

»Es war eine Fälschung!«, entfuhr es mir.

Ichiro nickte zufrieden.

»Genau, Hubert. Er handelte sich um eine Fälschung. Aber das Wichtigste war der beiliegende Brief. Da ihr kein Japanisch könnt, habe ich ihn für euch übersetzt.«

Ehrfürchtig zog er ein Papier aus seiner Hosentasche und faltete es mit asiatischer Behutsamkeit auf. Nach einem Schluck Wasser begann er vorzulesen:

»*Verehrte Richter von Tokio und verehrte Finanzbehörde, wenn Sie diesen Brief lesen, dann ist es Ihnen mit Gewalt gelungen, zu verhindern, dass das* Bildnis des Dr. Gachet *zusammen mit meinen sterblichen Überresten verbrannt wird, wie es mein Wunsch war. Wie groß muss Ihre Enttäuschung gewesen sein, als Sie entdeckten, dass es nicht der echte van Gogh ist. Ich verspotte Sie selbst noch aus dem Grab heraus. Sie haben mein Leben zerstört, mich erst in die Krankheit und dann in den Tod getrieben und glaubten gar, meinen letzten Willen verhindern zu können. Ich hatte nie die Absicht, das Bild zu verbrennen, ich wollte Sie nur dazu bringen, meinen Brief zu lesen, was ich hiermit erreicht habe. Ich habe geschworen, meinen Kindern Ihre schändlichen Erbschaftssteuern zu ersparen, und glauben Sie mir, auch das wird mir gelingen. Mit anderen Worten: Ich habe gewonnen. Sie wollen das Bild? Wenn Sie es finden, gehört es Ihnen. In der kurzen Zeit meines restlichen Lebens habe ich ein Spiel für Sie entwickelt, bei dem Sie sich auf der Suche nach meinem van Gogh amüsieren können. Schauen Sie sich den kleinen Druck vom* Porträt des Père Tanguy, *das Vincent 1887 in Paris malte, genau an. Sollten Sie es eingehender studieren wollen, das Original hängt im Musée Rodin. Fahren Sie nach Paris. Dort beginnt das Spiel. Viel Glück. Ihr Feind aus der Welt der Geister, Ryoei Saito.*«

Ich kannte das *Porträt des Père Tanguy*, ich hatte oft in dem weißen Raum im ersten Stock des Musée Rodin gestanden und es betrachtet, wo es zwischen zwei Türen hing und von einem unvorteilhaften grünen Licht angestrahlt wurde. Für mich war es immer das fantastische Porträt eines Unbekannten gewesen. Das hatte sich gerade geändert. Denn jetzt saßen diese fremden Menschen und ich in einer Kunstgalerie mit dem Namen Boutique du Père Tanguy. Die Bilder begannen Gestalt anzunehmen und das Spiel schien hier zu beginnen.

2 DAS REICH DES TODES

»Aha!«, rief Ichiro höchst zufrieden. »Ich sehe, ihr ahnt es schon. In der Tat, Saitos Spiel, oder besser gesagt seine Rache, beginnt hier in der Boutique du Père Tanguy. Bitte, Kazuhiko ...«

Jetzt übernahm der Geschäftsführer der Galerie, und Ichiro nutzte die Gelegenheit, sich einen Moment hinzusetzen und auszuruhen.

»Der erste Besitzer dieser Galerie war im 19. Jahrhundert der Farbenhändler Julien Tanguy«, erklärte der Sumo-Ringer in gebrochenem Englisch, »aber alle kannten ihn unter dem Namen Père Tanguy oder Vater Tanguy, denn er behandelte die hungerleidenden impressionistischen Künstler, die billige Pigmente für ihre Bilder bei ihm kauften, in der Tat wie ein Vater. Monsieur Tanguy verkaufte seine Farben unter anderem an Monet, Renoir oder Cézanne und natürlich Vincent van Gogh. Da sie kein Geld besaßen, bezahlten sie ihn mit Bildern, die niemand haben wollte und die in diesem alten Lagerraum, in dem wir uns gerade befinden, oder draußen in der Galerie landeten, um hoffentlich irgendwann doch noch einen Käufer zu finden ... Was selten geschah, wie ich hinzufügen muss. Vincent van Gogh freundete sich mit Monsieur Tanguy richtiggehend an, weil er als Einziger in ganz Paris seine Bilder ausstellte, und sie gingen oft zusammen aus, um lange Gespräche über die Farben der Impressionisten zu führen, die fast immer in schreckliche Streitereien ausarteten. Beide neigten dazu, leicht aufzubrausen, und beharrten gern auf ihrem jeweiligen Standpunkt.«

Ichiro streckte den Arm aus, und auf dem Monitor war eine Vergrößerung vom *Porträt des Père Tanguy* in bester Auflösung zu sehen. Der Farbenhändler saß wie ein Buddha in der Mitte, allerdings auf einem Stuhl. Das Einzige, was ihn von der Skulptur eines echten Buddhas unterschied, war die Haltung seiner angewinkelten Beine in einer braunen Hose, aber in allem anderen, einschließlich der aufeinandergelegten Hände, wirkte er wie ein echter Buddha mit Hut, einem zur Krawatte gebundenen gelben Tuch und einer leuchtend kobaltblauen Jacke mit schwarzer Umrandung und Schattierungen. Der gute Mann trug einen säuberlich gestutzten Vollbart, den van Gogh violett gefärbt hatte, während die buschigen Augenbrauen fast unter dem größtenteils dunkelgrünen Strohhut verschwanden. Die Haut von Gesicht und Händen war rosa-gelblich und stand im Kontrast zu den schwarzblauen Augen. Je nach Blickwinkel konnte man seinen Ausdruck als gutmütig oder ausdruckslos bezeichnen.

Während wir aufmerksam das Bild studierten, setzte sich der Geschäftsführer, und Ichiro stand wieder auf.

»Habt ihr erkannt, was ich vorhin mit van Goghs Liebe zu Japan meinte?«, fragte er stolz.

Seine Frage bewirkte, dass ich meinen Blick von der Figur Julien Tanguys abwandte und mich auf den Hintergrund konzentrierte, den ich lediglich als seltsames Durcheinander schriller Farben wahrgenommen hatte. Doch der Hintergrund war ebenfalls sorgfältig ausgestaltet. Van Gogh hatte die Figur Tanguy mit Motiven des japanischen *ukiyō-e* umrahmt. Also wirklich, der über Père Tanguys Kopf emporragende Berg

Fuji war so augenfällig, dass er uns fast auf den Kopf fiel. Dem verschneiten Berg folgte im Uhrzeigersinn ein Flüsschen mit einem wunderschönen blühenden Kirschbaum, dessen rosafarbene Krone sich übers Wasser neigte. Darunter eine gesichtslose Frau in einem Kimono in leuchtenden Farben, die kleinere Version eines Van-Gogh-Bildes, das ich schon oft gesehen hatte. Links von Tanguys Beinen eine Art Füllsel mit einer horizontalen und mehreren vertikalen Linien und darüber eine Ansammlung von roten und lila Blumen und grünen Blättern. Auf dem nächsten Bild beugt sich eine weitere Frau im Kimono nach vorn, aus ihrem orangefarbenen Haar ragen seltsame Stäbchen. Und links neben dem Berg Fuji eine verschneite Landschaft mit einem wunderschönen blauen Himmel über gelben Häusern, an denen zwei Gestalten mit japanischen Schirmen entlangspazieren.

»Nachdem wir den Brief von Herrn Saito gefunden hatten«, referierte Ichiro weiter, »veränderte sich unser Leben radikal. Während ich an der Kunst- und Musikhochschule in Tokio studierte, mich auf Kunstgeschichte spezialisierte und meine Doktorarbeit über van Gogh, den Impressionismus und Postimpressionismus schrieb, reiste mein Vater zusammen mit meiner Mutter durch ganz Europa und besuchte Orte, an denen Vincent van Gogh gelebt hatte, diese Galerie eingeschlossen. Als er dann vor vier Jahren in Rente ging, gab ich meine Arbeit als Universitätsprofessor auf und übernahm das Familiengeschäft, damit meine Eltern ihre Forschungsreisen über Vincent van Gogh fortsetzen konnten. Wir waren regelrecht von ihm besessen und wollten das Bild unbedingt finden.«

Auf dem Monitor tauchte ein weiterer Japaner mit weißem Haar und Brille auf. Er wirkte wie ein Universitätsprofessor und sah Ichiro verblüffend ähnlich.

»Das ist mein Vater Kentaro Koga, kurz bevor er letztes

28

Jahr einen Schlaganfall erlitt, der ihn für immer an den Rollstuhl fesselte. Jetzt ist er auf die Pflege meiner Mutter, die auch schon alt ist, und meiner Frau Midori angewiesen, die sich um beide kümmert, während ich weiter nach dem *Bildnis des Dr. Gachet* suche, um den einzigen Wunsch meines Vaters zu erfüllen.« In Ichiros Blick lag großer Kummer. »Aus diesem Grund haben wir euch beauftragt«, schloss er. »Deshalb habt ihr eine Klausel unterschrieben, die euch zu absolutem Stillschweigen über das Thema verpflichtet. Deshalb seid ihr heute hier in Paris und habt diese Geschichte erfahren.«

»Und er?«, fragte Morris und zeigte auf den Geschäftsführer. »Hat er auch so einen Vertrag unterschrieben wie wir?«

Die beiden Japaner sahen sich an und brachen in schallendes Gelächter aus.

»Oh nein!«, widersprach Ichiro schließlich und trocknete sich die Tränen. »Kazuhiko ist einer der Söhne meines Onkels, mein Cousin und mein bester Freund.«

Cousins …? Der riesige Sumo-Ringer und der mickrige Bestattungsunternehmer …? Einer von beiden musste adoptiert sein.

»Vor vielen Jahren«, fuhr Ichiro fort, »als ich noch studierte, ist Kazuhiko nach Paris gezogen, um die Geschäfte dieser Galerie zu übernehmen. Mein Vater war nach sorgfältiger Prüfung zu dem Schluss gekommen, dass das von Saito erwähnte Spiel hier beginnen musste. Mein Cousin Kazuhiko hat die Galerie Millimeter für Millimeter abgesucht, aber leider nichts gefunden.«

»Wenn *er* nichts gefunden hat«, insistierte Morris störrisch und nahm die Baseball-Kappe ab, um sich mit dem Arm den Schweiß von der Stirn zu wischen, »warum sollten wir dann etwas finden?«

Sein barscher Tonfall irritierte den höflichen Ichiro.

»Nun ja, vielleicht findest auch du nichts, John«, lautete seine Antwort, womit er ihn zum Dummkopf abstempelte, ohne dass Morris es merkte, »aber vielleicht die anderen. Wie eingangs schon erwähnt verfügt jeder von euch über Fähigkeiten, die euch bei der Suche unentbehrlich machen. Du zum Beispiel, John, bist in den USA ein Dienstleister, was hier in Europa ein Arbeiter und Handwerker in einer Person ist. Du kannst ein Haus bauen, Wasser- und Elektroleitungen verlegen, Möbel bauen, schleifen, streichen … Hubert ist Besitzer einer namhaften Kunstgalerie in Amsterdam … Oliver ist Maler …«

»Street-Art-Künstler«, korrigierte Oliver. »Ich arbeite mit Spray.«

Ichiro ließ sich nicht aus dem Konzept bringen.

»Street-Art-Künstler. Gabriella auch.«

»Nein, ich bin wirklich Malerin«, erklärte sie lächelnd. »Ich arbeite nicht mit Spray. Ich male zeitgenössische Kunst auf Leinwand und mache gelegentlich auch Skulpturen.«

Die Mischung war ein wenig seltsam. Kunst und Handwerk, könnte man sagen. Warum, zum Teufel, sollten wir ein Bild suchen, das ein alter, verbitterter Japaner irgendwo versteckt hatte? Wegen des Geldes, brachte ich mir sogleich in Erinnerung. Ich war wegen des Geldes hier, und wenn Ichiro verlangte, dass wir die Galerie Tanguy auf den Kopf stellten, dann würde ich das bis zur Erschöpfung tun.

»Warum fangen wir nicht gleich damit an?«, schlug Ichiro mit breitem Lächeln vor, als wäre uns der Erfolg bereits gewiss. »Kazuhiko hat in der Galerie ein Buffet vorbereitet und die Jalousien heruntergelassen. Wir könnten erst etwas essen und dann loslegen.«

»Aber womit anfangen?«, grunzte Morris ungnädig. »Was sollen wir denn eigentlich suchen?«

»Das Bild von van Gogh natürlich«, erwiderte Ichiro sichtlich überrascht. »Hast du nicht verstanden, was ich gerade erklärt habe?«

Der Amerikaner wurde rot wie eine Tomate.

»Ich habe dich ganz genau verstanden!«, dröhnte er und ballte die Fäuste. Dann beruhigte er sich wieder, als wäre ihm plötzlich etwas (das Geld) eingefallen. »Das Bild von van Gogh. Na schön. Dann suchen wir also das Bild von van Gogh.«

Wir machten uns über das Buffet her, das der Cousin unseres Gastgebers vorbereitet hatte, und griffen ordentlich zu. Dann schlenderte ich mit einem Erfrischungsgetränk durch die Galerie, in der jetzt unerklärlicherweise jede Menge Drucke vom *Porträt des Père Tanguy* hingen. Kleine, große, im Pop-Art-Stil, surrealistisch, hyperrealistisch, abstrakt, kubistisch … Doch alle zeigten ausschließlich die Figur Père Tanguy, denn auf den vielen Interpretationen, die im Laufe der Jahre von den unterschiedlichsten Künstlern davon angefertigt wurden, fehlten aus irgendeinem Grund die japanischen Hintergrundmotive. Seltsam war auch, dass ich am Morgen beim Betreten der Galerie nur Bilder wahrgenommen hatte. Mein Gehirn hatte nicht registriert, dass alle Bilder, oder fast alle, Reproduktionen dieses einen Van-Gogh-Motivs waren. Julien Tanguys buddhistisch anmutendes Gesicht war omnipräsent, sogar in der kleinen Toilette, in die ich aus Neugier kurz den Kopf steckte.

Oliver, der Engländer, betrat einen weiteren Lagerraum am Ende des kleinen Flurs. Ich folgte ihm. Odette plauderte angeregt mit Ichiro und seinem Cousin, und der Amerikaner war am Buffet hängen geblieben. Gabriella hatte uns beobachtet und war uns gefolgt. Ich spürte ihre Wärme hinter mir wie einen Heizstrahler. Als ich vor drei Jahren dahinterkam, dass meine Frau Annelien mit einem Arbeitskollegen schlief, hatte

31

ich mich scheiden lassen. Seither war alles den Bach runtergegangen: mein Leben, meine Galerie … Sie hatte wieder geheiratet und ich hatte kurz vor meiner Reise nach Paris erfahren, dass sie ein Kind erwartete. Also flog ich in die Stadt der Liebe und schleppte mein verwundetes Herz durch die verwaisten, brütend heißen Straßen. Zumindest würde diese Suche die Leere des bevorstehenden Urlaubsmonats füllen, die Galerie war geschlossen, ich hatte nichts zu tun und keine Lust zu gar nichts.

Dieses Lager war in etwa doppelt so groß wie das andere und ziemlich schmutzig. Oliver stellte eine Holzkiste beiseite, die vor einer Wand gestanden hatte, und wischte sich die staubigen Hände an den Hosenbeinen ab.

»Das ist der perfekte Ort«, sagte Gabriella hinter mir.

Oliver und ich drehten uns um. Sie war mit Abstand die attraktivste Frau, die ich je gesehen hatte.

»Wenn in dieser Galerie etwas versteckt ist«, ergänzte sie, »muss es hier irgendwo sein.«

»Dann mach dich darauf gefasst, ordentlich schmutzig zu werden«, erwiderte Oliver, der mühelos die nächste Kiste anhob und sie ihr hinhielt. »Es ist ekelhaft.«

Sie lächelte und nahm furchtlos die schmutzige Kiste entgegen, wobei sie ein wenig in die Knie ging. Schon nach kurzem Herumräumen sahen wir grässlich aus: Haar, Gesicht, Hände, Kleidung, Brillengläser … Alles dreckig. Aber gefunden hatten wir nichts. Irgendwann tauchten auch Ichiro und Kazuhiko auf, sie lehnten am Türrahmen und sahen uns zu.

»Ihr wollt euch die Hände wohl nicht schmutzig machen, was?«, stichelte Gabriella.

»Wir haben sie uns schon oft schmutzig gemacht«, antwortete Kazuhiko freundlich. »Vorsicht mit den Kisten. Darin sind Monsieur Tanguys alte Werkzeuge und Muster von alten

Farben in Schweinsblasen. Darunter auch welche in weichen Zinntuben, die Mitte des 19. Jahrhunderts aufkamen. Alles in diesen Kisten hat großen historischen Wert.«

»Das merkt man«, erwiderte Oliver und fuhr sich mit dem Handrücken über die Nase.

Gabriella war gerade dabei, energisch über einen großen Schimmelfleck an der Wand zu reiben.

»Das ist nur die Wand«, versicherte ihr Kazuhiko.

Ichiro stieß ihn mit dem Ellenbogen heftig in die Seite. Der Sumo-Ringer zuckte zusammen.

»Kazuhiko«, knurrte er seinen Cousin an. »Lass sie doch selbst suchen, und misch dich nicht ein. Sie könnten etwas finden, das uns entgangen ist.«

Der Riese nickte. Dann stieß Oliver einen Schrei aus, und wir alle fuhren herum. Er zeigte auf Gabriella. Nun ja, nicht direkt auf Gabriella, sondern auf den Schimmelfleck, an dem sie rieb.

»Schaut euch das an!«, rief er mit tellerrunden Augen und ging näher. Mit zwei Schritten war ich bei ihm und starrte auf die kleine Zeichnung an der Wand.

»Das ist eine Ratte«, sagte Ichiro, der sie schon gesehen haben musste.

Dieses Schablonenbild einer schwarzen Ratte gab es in Paris überall zu sehen. Ihr Schwanz war nach oben gebogen, der Körper gereckt und die Pfoten ausgestreckt, als würde sie fliegen.

Aber Oliver schien nicht eine erbärmliche Ratte zu sehen, sondern die *Pietà* von Michelangelo. Er fiel vor dem Bild auf die Knie und kratzte mit seinen schmutzigen Fingern ein wenig Gips ab.

»Ist das wertvoll?«, wunderte sich Ichiro.

»Blek le Rat!«, murmelte Oliver voller Ehrfurcht. »Das ist

die Signatur von Blek le Rat. Hier muss es ein Werk von ihm geben.«

»Wer ist Blek le Rat?«, fragte Gabriella neugierig.

Ichiro suchte bereits in seinem Smartphone danach.

»Aber hallo, der scheint ja wirklich bedeutend zu sein!«, murmelte er, während er auf das Display starrte und mit seinem sauberen Finger weiterscrollte.

»Sehr bedeutend!«, bestätigte Oliver und suchte weiter. »Ich brauche einen Meißel oder Stichel! Oder einen Cutter, verdammt noch mal! Da drunter ist ein Werk von Blek le Rat!«

Während Kazuhiko ins andere Lager eilte, um dem ungeduldigen Oliver eines dieser Werkzeuge zu holen, konsultierten Gabriella und ich ebenfalls unsere Handys bezüglich dieses verflixten Bleks. Und tatsächlich, Blek le Rat war ein berühmter französischer Street-Art-Künstler, der seit 1983 die Straßen von Paris verschönerte. Ein Teil seines Werkes war gerade im Museum George Pompidou zu sehen. Offensichtlich war er ein Pionier und der künstlerische Vater des berühmten Graffiti-Künstlers Banksy, dessen Werke auf dem Kunstmarkt Preise erzielten, die schlicht nicht zu ignorieren waren, und den sogar ich kannte. Doch von diesem Franzosen, der sogar besser als Banksy zu sein schien, hatte ich noch nie gehört. Tja, wenn man in Nordamerika oder England geboren worden war, dann konnte man ohne größere Anstrengung auf der ganzen Welt erfolgreich sein. Künstler aus anderen Ländern mussten sich mit dem zweiten Rang auf dem Kunstmarkt zufriedengeben, selbst wenn sie besser waren. Und Blek le Rat war zweifelsohne viel besser. Was ich sah, gefiel mir ausgesprochen gut.

Kazuhiko brachte Oliver einen Cutter, und der begann, ganz vorsichtig die Gipsschicht vom Werk des französischen Künstlers zu schaben. Sie bröckelte bereits an etlichen Stellen. Kaum dass er den Cutter ansetzte, fielen große Placken ab. Odette und Morris hatten sich ebenfalls zu uns gesellt, und alle zusammen beobachteten wir, wie Oliver die Wandmalerei sorgfältig freilegte. Er hätte sich den Cutter eher ins Herz gerammt, als das zu zerstören, was unter dem Schimmel nach und nach zum Vorschein kam: ein buntes Street-Art-Kunstwerk.

»Schon wieder dieser Tanguy?«, schnaubte Morris.

In der Tat, es war eine weitere Reproduktion vom *Porträt des Père Tanguy* in Originalgröße, aber diesmal im Graffiti-Stil mit Schablone angefertigt. Und darunter die schwarz-weiße Ratte.

»Das ist ein Werk von Blek le Rat!«, wiederholte Oliver, als er mit glänzenden Augen ein paar Schritte zurücktrat und dann wieder näher heranging. Er war sichtlich gerührt und bat Ichiro, es fotografieren zu dürfen, der es ihm nur unter der Bedingung erlaubte, es nicht ins Internet zu stellen, zumindest noch nicht. Oliver begann wie ein Verrückter mit seinem Handy zu fotografieren. Wir anderen taten es ihm natürlich gleich. Das Bild war wirklich gut, und ich musste an den Fall von Adolphe Monticelli und Vincent van Gogh denken. Kein Mensch erinnerte sich an Monticelli, aber alle Welt bewunderte van Gogh, der sich an Monticellis Stil orientiert hatte und ein großer Bewunderer von ihm war, ebenso wie kaum jemand Blek le Rat kannte, aber alle Welt Banksy verehrte.

»Was könnte dieses Bild wert sein?«, fragte ich aus beruflicher Neugier. Aus Olivers blauen Augen traf mich ein vorwurfsvoller, empörter Blick.

»Kunst hat keinen Preis«, tönte er von seinem Elfenbeinturm der künstlerischen Überlegenheit herab. Ich überhörte das – er war noch ein naiver Träumer. Für die armen Hungerleider, die wie die Impressionisten versuchten, von ihrer Kunst zu leben, hatte Kunst keinen Preis. Für viele andere wie für Ryoei Saito besaß Kunst einen Wert von Millionen oder Milliarden Dollar. Denn ich handelte mit Kunst. Das war mein Beruf und der von Millionen Galeristen und Händlern auf der ganzen Welt. Kunst zu verkaufen, damit andere Menschen sie in ihre Wohnungen hängen und wie Musik oder Bücher genießen konnten.

»Ich schätze, zwischen zehn- und fünfzigtausend Euro«, antwortete mir Gabriella. »Bin mir aber nicht sicher. Wäre es ein Banksy, eher Millionen.«

Kurioserweise sprach diese Frau dieselbe Sprache wie ich, auch wenn sie wie Oliver zur Welt der träumenden Künstler gehörte.

»Auf der Ratte stehen Zahlen«, sagte Odette und ging etwas näher.

»Das sind römische Zahlen …«, erklärte Oliver und bückte sich. »MCM … 1995. In dem Jahr hat er es gemalt. Es ist selten, dass Street-Art-Künstler ihre Werke datieren, und noch seltener mit römischen Ziffern.«

In meinem Kopf klingelte es, und noch bevor mir klar wurde, warum, stand Morris schon neben Oliver und fuhr mit seinen groben Händen über das Bild. Was er berührte, begann zu glänzen (was ein Glück, dachte ich, dass ich bei der Vorstellung nicht seine fettige Hand schütteln musste), als würde er das Bild lackieren. Eine Art Ölschicht, egal, ob menschlich oder pflanzlich.

»Da ist eine Kante«, murmelte er. »Das Ding ist in die Wand eingelassen. Es gehört nicht dazu.«

»Das *Ding* ist ein Kunstwerk!«, korrigierte ich ihn auf Englisch.

»Okay, wenn du das sagst«, schnaubte Morris, legte seine Hände auf Julien Tanguys Hände und drückte kräftig zu.

»Was machst du da?«, rief Oliver empört und schubste ihn weg. Oliver mochte ja ein athletischer Kleiderständer von zwei

Metern Größe sein, aber Morris war ein großer, dicker Ami, der sich gewiss von Hamburgern ernährte.

»Weg da, du Idiot«, erwiderte er und legte seine Hände rechts und links von Tanguys Kopf. Wir hörten ihn dabei knurren und keuchen. »Es lässt sich bewegen«, stellte er fest. »Helft mir!«

Wir alle stürzten uns auf Blek le Rats Werk und hinterließen überall schmutzige Handabdrücke. Die Frauen wichen irgendwann zurück und der kleine Japaner ebenfalls. Aber Morris hatte recht: Dieses Stück Wand gab nach. Jetzt konnten wir schon die unregelmäßigen Kanten erkennen, weil es ein paar Zentimeter eingedrückt war. Ich drückte mit meiner ganzen Kraft auf Tanguys linken Arm und fand mich nach einem metallischen Klicken in einem Knäuel aus Armen und Beinen wieder. Das Wandstück mit Blek le Rats Bild hatte vollständig nachgegeben und sich wie eine Tür zu einem weiteren kleinen Lagerraum geöffnet.

Ich befreite mich von Morris Armen in meinem Nacken, von Kazuhikos Hand auf meinem Gesicht und von Olivers Beinen an meinem Rücken und rappelte mich verstaubt bis zu den Wimpern auf. Meine Brille hatte sich bei dem Sturz in den Nasenrücken gebohrt und war verbogen; ich musste sie abnehmen und mir genauer ansehen. Inzwischen waren Gabriella, Odette und Ichiro durch die Öffnung gegangen und suchten nach einem Lichtschalter. Ichiro schaltete die Handylampe ein.

Zum Glück ließ sich der Bügel meiner Brille wieder zurechtbiegen, und die Gläser waren heil geblieben, also wischte ich sie an meinem Hemd ab und hatte wieder Klarblick. Alle befanden sich bereits in dem Raum und schalteten nacheinander ihre Handylampen ein.

Ich fand aus meiner Verblüffung nicht heraus. Das von

Blek le Rat gemalte Bild von Tanguy hatte sich als Geheimtür entpuppt, die achtundzwanzig Jahre lang unentdeckt geblieben war. Klar, man hatte sie mit einer feinen Gipsschicht überzogen und anschließend jede Menge schmutziger Kisten davor gestapelt. Im Laufe der Jahre hatte die Wand Schimmel angesetzt, der wiederum Gabriellas Aufmerksamkeit erregt hatte. Da standen wir also – Saitos verfluchtes Spiel hatte offensichtlich begonnen.

»Wir müssen da runter«, sagte Morris und zeigte auf die Steintreppe, die in einen dunklen Schacht zu führen schien.

Odette und Gabriella blickten sich ein wenig erschrocken an.

»Woher wissen wir, dass wir da runtergehen sollen?«, fragte Odette zögerlich.

Ichiro, der schon einen Fuß auf die erste Stufe gesetzt hatte, drehte sich mit strahlendem Gesicht zu ihr um.

»Ich habe nicht den geringsten Zweifel daran, dass diese verborgene Tür Saitos Werk ist«, sagte er überzeugt. »Es ist seine Handschrift: Werk eines Künstlers, Jahr, Ort … Alles passt, Odette.«

Kazuhiko ergriff seinen Cousin am Arm, als wolle er ihn zurückhalten.

»Was soll ich tun? Soll ich mitgehen?«

Ichiro überlegte kurz und schüttelte dann den Kopf.

»Nein, Kazuhiko, bleib du hier. Sollten wir in drei oder vier Stunden nicht zurück sein, holst du Hilfe.«

Der Sumo-Ringer nickte und trat beiseite. Wir anderen folgten Ichiro die Treppe hinunter. Ich schaltete ebenfalls meine Handylampe ein, obwohl das eigentlich nicht nötig war, denn im Lichtschein der anderen konnte ich ziemlich gut sehen. Ich weiß nicht, warum ich glaubte, dass wir in eine Art Keller gelangen würden, vielleicht, weil alte Stadthäuser so etwas normalerweise haben. Aber diese steinernen Stufen führten eher ins Erdinnere, weit tiefer als in einen Keller. Kurze Zeit später blieb Oliver stehen.

»Wie tief sind wir jetzt?«, fragte er besorgt.

»Ungefähr zwanzig Meter«, antwortete Morris gelassen, der Entfernungen von Berufs wegen gut einschätzen konnte.

»Zwanzig Meter!«, wiederholte Gabriella erschrocken. »Dann stoßen wir gleich auf die römischen Grundmauern von Paris, das alte Lutetia von Asterix und Obelix.«

»Ich weiß nicht«, überlegte Oliver. »Wie kann das Saitos Werk sein, wenn er seit 1993 schwer krank war? Wie soll er als kranker und inhaftierter Mann nach Paris gefahren sein und all das vorbereitet haben?«

»Er war Multimillionär!«, erwiderte Gabriella gut gelaunt. »Hast du noch nie gehört, dass man mit Geld alles erreichen kann?«

»Aber war er wegen der hohen Steuerzahlung nicht ruiniert?«

»Ruiniert?« Ichiro schmunzelte. »Nein, dafür war Ryoei Saito viel zu reich. Möglich, dass seine Schulden größer waren als sein Vermögen, aber reich war er trotzdem.«

»Er wird Leute seines Vertrauens nach Paris geschickt haben«, mutmaßte ich.

»Ich glaube nicht, dass sie viel zu tun hatten«, murmelte Ichiro. »Der Untergrund von Paris ist löchrig wie ein Schweizer Käse. Es gibt hier Hunderte Kilometer an Schächten. Aus ihnen wurde im Laufe der Jahrhunderte der Kalkstein geholt, mit dem man sowohl die Häuser als auch die berühmten Monumente errichtet hat. Es handelt sich um ein gigantisches unterirdisches Tunnelsystem, das über zweitauend Jahre alt und der Öffentlichkeit nicht zugänglich ist. Niemand kann bis hier unten vordringen.«

»Und woher weißt du das als Japaner?«, fragte Morris skeptisch.

Ichiro, dessen Schritte immer langsamer und zögerlicher wurden, schien sich am Tonfall des Amerikaners nicht zu stören.

»Das haben mein Vater und ich vor ein paar Jahren herausgefunden. Wir wollten die Tunnel unter der Galerie Tanguy erforschen, aber die Pariser Behörden haben es nicht erlaubt. Daher weiß ich es. Übrigens, wir sind offensichtlich angekommen, schaut mal.«

Er leuchtete auf die letzten Stufen. Etwas Dichtes und Zähes hing in der feuchten und kalten Luft (ja, *richtig* kalt, und das mitten im August). Vermutlich war es unsere Angst. Zumindest ich verspürte so etwas wie Panik und Klaustrophobie aufsteigen und wollte nur noch kehrtmachen und die Treppe wieder hochlaufen.

Aber diese Angst, die wie eine zähe Dunstglocke über unseren Köpfen hing, verwandelte sich in pures Grausen, als wir die Steintreppe hinter uns gelassen und ein paar Meter durch einen gewundenen Gang mit menschlicher Deckenhöhe zurückgelegt hatten, nur um in einer rechteckigen Nische zu landen, an dessen niedriger Decke wir uns fast die Köpfe stießen. Vor uns befand sich zwischen schwarz gestrichenen Säulen mit großen weißen Rauten eine Art Tür mit einem Schild darauf: *ARRÊTEZ. C'EST ICI L'EMPIRE DE LA MORT*. Stopp. Hier beginnt das Reich des Todes.

3
DIE FARBE BRAUN EXISTIERT NICHT

»Ich hau ab!«, rief Morris und wich zurück. »Macht, was ihr wollt, aber hier bleibe ich nicht.«

»Kommt nicht infrage«, sagte Gabriella und ging näher.

»Ihr könnt nicht einfach gehen«, erklärte Ichiro ernst. »Vergesst nicht, dass ihr einen Vertrag unterschrieben und einen Vorschuss erhalten habt.«

Morris begann zu fluchen. Gabriella versuchte ihn zu besänftigen, doch der Amerikaner war wild entschlossen.

»Du kannst dir dein Geld sonst wo hinstecken«, geiferte er. »Bye-bye!«

Entschlossen machte er sich auf den Rückweg zur Treppe. Ich war drauf und dran, ihm zu folgen.

»Will noch jemand aufgeben?«, fragte unser Auftraggeber mit vielsagendem Unterton.

»Ich würde gern mit John zurückgehen«, flüsterte Odette beschämt und trat schüchtern den Rückzug an.

»Noch jemand?«, insistierte Ichiro, als er sah, dass wir tatsächlich die Flucht ergreifen wollten.

Es bestand kein Zweifel daran, wer das Geld tatsächlich dringend brauchte: Gabriella, Oliver und ich. Keiner von uns rührte sich. Aber nicht, weil wir nicht gewollt hätten.

»Dann lasst uns weitergehen«, sagte Ichiro wutschnaubend und betrat das Reich des Todes.

Ich sah noch, wie Odette uns traurig zuwinkte und im Schein ihrer Handylampe in dem engen Tunnel verschwand.

Stumm folgten wir drei Ichiro in ein großes Gewölbe, dessen grobe Kalksteindecke zu beiden Seiten von dicken Steinsäulen getragen wurde. Ich hätte nicht sagen können, aus welcher Zeit die Säulen stammten, aber sie schienen keine zweitausend Jahre alt zu sein. Vielleicht ein paar Hundert. Oder weniger. Nach dreißig oder vierzig Metern gelangten wir in eine schmale Höhlung, die uns direkt zu dem haarsträubendsten Ort führte, den ich je in meinem Leben betreten hatte. Kein Zweifel, das war das Reich des Todes. Überall lagen Millionen menschlicher Knochen, hauptsächlich Oberschenkel und Schienbeine, vom Boden bis zur Decke ordentlich aufeinandergestapelt. Dazwischen auf halber Höhe eine lange Reihe von Totenschädeln, die uns aus leeren Augenhöhlen anstarrten. Wie viele Skelette hier wohl lagen? Bestimmt Millionen.

Ich sah, dass Gabriella erschüttert bei Oliver Schutz suchte und wie er seinen Arm über ihre Schultern legte und sie an sich zog. Wären wir nicht an diesem Ort gewesen, hätte ich vielleicht verletzt reagiert, aber dem Tod und den Toten so nah, konnte ich weder denken noch etwas empfinden. Was ist es nur, dass menschliche Überreste solch elementare und irrationale Angst bei uns auslösen? Es waren nur Knochen, die gleichen Knochen wie in unseren Skeletten, die uns ein Leben lang tragen. Wieso machten sie solche Angst, wenn kein Fleisch mehr an ihnen war? Vielleicht, weil sie uns daran erinnern, dass wir nicht ewig leben.

Ich weiß nicht, wie lange wir unterwegs waren, bis wir auf das erste Schild stießen, das uns eine Erklärung lieferte: *Ossements de l'ancien cimetière St. Laurent déposés en 1848 dans l'ossuaire de l'ouest et transférés en 1859* – Gebeine des alten Friedhofs St. Laurent, 1848 ins westliche Beinhaus verbracht und 1859 hierher verlegt. Alle hundert oder zweihundert Meter hing ein ähnliches Schild, allerdings mit den Namen anderer Friedhöfe, weshalb wir uns die Geschichte anhand des jeweiligen Datums bald zusammenreimen konnten: Vom ausgehenden 18. Jahrhundert an bis zum Beginn des 19. Jahrhunderts waren die Pariser Friedhöfe aus unterschiedlichen Gründen (Epidemien, Kriege und Ähnliches) derart überfüllt gewesen, dass die Pariser sich ihrer unterirdischen Tunnelanlage besannen und Millionen alter Gebeine – natürlich schön und geschmackvoll – dort einlagerten, um Platz für weitere Tote zu schaffen.

Wenn du dich an einem solchen Ort befindest und plötzlich von irgendwoher einen grässlichen Schrei aus der Ferne hörst, gefriert dir natürlich das Blut in den Adern, und das gesamte Körperhaar einschließlich Bart stellt sich auf, als hätte dich der Blitz getroffen.

»Was war das?«, fragte ich aufgeregt.

Ein Blick in Gabriellas verängstigtes Gesicht bewirkte, dass ich die Frage sofort bereute. Sie drückte sich noch enger an Oliver, als wäre er eine dieser kompakten Steinsäulen.

»Das war der Schrei einer Frau«, sagte Ichiro und kam zu mir, dem Letzten in der Reihe. »Ich würde sogar behaupten, das war Odette, zumindest klang es nach ihrer Stimme.«

»Ob sie zurückgekommen sind?«, murmelte Oliver überrascht.

»Odette und Morris …?«, stotterte Gabriella, die am ganzen Körper zitterte. »Nein … Das glaube ich nicht.«

»Lasst uns zurückgehen«, schlug Ichiro vor.

»Und wenn wir auf eine Mörderbande stoßen, die eine Frau getötet hat oder so was?«, fragte der Engländer entsetzt.

»Dann helfen wir ihr, Mann!«, erwiderte ich entschlossen,

als sähe ich mich ständig mit Mörderbanden konfrontiert. Als junger Spund hatte ich mich zwar hin und wieder geprügelt, wenn ich etwas zu viel getrunken hatte, aber das war nichts im Vergleich zu einer Mörderbande. Doch wenn jemand um Hilfe rief, musste ihm geholfen werden. Da gab es keine Diskussion.

»Bleibt ihr beiden erst mal hier«, sagte Ichiro. »Komm, Hubert, wir gehen nachsehen, was da los ist.«

Wir liefen durch die Katakomben zum Eingang zurück, wo sich Odette an den riesigen rothaarigen Amerikaner klammerte. Beim Anblick der vielen Knochen hatte sie vor Schreck aufgeschrien.

»Morris!«, rief Ichiro überrascht. »Was macht ihr hier? Ihr wolltet doch zurück?«

Morris schenkte ihm einen mörderischen Blick und schubste Odette grob von sich.

»Wir können nicht zurück«, erklärte er wutschnaubend. »Die Treppe ist weg.«

»Wie bitte?«, fragte ich besorgt.

»Ich habe gesagt, dass die Treppe, über die wir runtergekommen sind, verschwunden ist!«, spuckte er mir hin, als wäre ich der Blödmann und nicht er. »Ein großer Stein blockiert sie. Der Ausgang ist versperrt.«

Ich spürte Panik in mir aufsteigen. Dann fiel mir ein, dass Kazuhiko aus diesem Grund in der Galerie geblieben war. Nur Ichiro lächelte zufrieden, und in seinen Augen stand ein fanatischer Glanz.

»Dann ist ja alles gut«, erklärte er. »Wir haben uns auf Saitos Spiel eingelassen und sind auf dem richtigen Weg. Ich würde sonst was dafür geben, wenn mein Vater das erleben könnte.«

Ich fragte mich langsam, ob es in der Ahnengeschichte der Familie Koga nicht ernst zu nehmende Fälle von Wahnsinn gegeben hatte oder ob ich mich hatte einwickeln lassen und mein Leben riskierte für eine Geldsumme, die es vielleicht gar nicht wert war.

Wir kehrten zu Oliver und Gabriella zurück, die uns überrascht ansahen und regelrecht erstarrten, als wir ihnen erklärten, dass der Ausgang versperrt sei. Vielleicht hätte uns die Vorstellung, in der Falle zu sitzen, weniger Sorgen gemacht, wenn wir nicht von den vielen Knochen umringt gewesen wären, aber in diesem gigantischen Beinhaus war die Vorstellung einfach grauenhaft.

Odette hängte sich an Gabriella, Gabriella an Oliver und Morris an mich. Unauffällig drängte ich mich an den anderen vorbei und gesellte mich zu Ichiro, sodass jetzt Morris der Letzte in der Reihe war. Sollten uns die Toten von hinten angreifen, würde es ihn zuerst treffen. Schon komisch, dachte ich, die Japaner haben Angst von den Geistern der Toten, während wir aus dem Abendland uns vor Skeletten fürchten.

Wir wanderten lange durch die endlosen Katakomben und erblickten schließlich überraschend das Zeichen, das wir gesucht hatten: An der rechten Wand voller Oberschenkel- und Schienbeinknochen war in einer Nische die erlesene Reihe stummer und glotzender Totenschädel unterbrochen und durch japanische Schriftzeichen ersetzt worden, die man aus den oberen Schädelteilen, also aus Stirn und Scheitelbein, gebildet hatte. Jetzt glotzten die leeren Augenhöhlen nach unten, was der Botschaft mehr Schliff und Glanz verlieh: ファン・ゴッホ und ein Pfeil nach unten.

Außer Ichiro, der einen Jubelschrei von sich gab, hatten wir anderen natürlich keine Ahnung, was diese Zeichen besagten, aber sie hatten zweifelsohne mit Ryoei Saito zu tun.

»Was steht da?«, fragte ich den entzückten Japaner.

»Van Gogh«, stammelte er aufgeregt. »Das heißt van Gogh,

45

geschrieben im Katakana-System, die meistgenutzte Silben-schrift in Japan, um fremde Orts- oder Personennamen pho-netisch auszudrücken.«

Er hatte das Ziel seines Lebens vor sich, das Versteck von van Goghs *Bildnis des Dr. Gachet*. Nach den vielen Jahren der Kämpfe und Mühen würde er es endlich in Händen halten können. Dann mal los, sagte ich mir, um diesem Wahnsinn schnellstmöglich ein Ende zu machen.

Namen und Pfeil wiesen auf einen Metallring am Boden, mit dem sich wohl irgendeine noch unsichtbare Falltür öffnen ließ. Wir waren uns alle einig, dass Morris als Erster daran zie-hen sollte. Zum Glück brauchte es keinen zweiten Anlauf. Ob-wohl die Falltür ebenso wie der Boden der Katakomben mit einer dünnen Kalksteinschicht überzogen war, bestand sie aus Aluminium und ließ sich leicht und lautlos öffnen.

»Das Ding hat Metallscharniere«, verkündete der Yankee-Handwerker, »und leider auch Scharnierbänder.«

»Und das bedeutet was?«, fragte Odette.

»Dass es sich wieder schließt, wenn wir da unten sind, und wir es von innen nicht mehr öffnen können.«

Auf meiner Stirn brach kalter Schweiß aus.

»Wir werden da unten eingesperrt sein?«, fragte ich ent-setzt.

»Wir sind bereits eingesperrt, du Idiot«, schimpfte Morris, dem es eindeutig an Benehmen und Sozialkompetenz man-gelte. »Hast du immer noch nicht kapiert, dass der Ausgang versperrt ist?«

Unfähig, mich noch länger zu beherrschen, bot ich ihm die Stirn.

»Wenn du mich noch ein Mal beleidigst, Morris, haben wir beide ein Problem«, erklärte ich gedehnt. »Du magst vielleicht stärker sein, aber du wirst dein blaues Wunder erleben, hast du mich verstanden? Also benimm dich anständig, denn von uns hat dich bisher noch keiner respektlos behandelt.«

Wie jeder Schulhof-Rabauke gab Morris angesichts meiner Drohung klein bei.

»Entschuldige«, murmelte er und ließ den Kopf hängen. »Ich bin nur ein wenig nervös.«

»Das sind wir alle«, knurrte ich. »Trotzdem beleidigen wir uns nicht gegenseitig. Reiß dich zusammen, du bist ein erwachsener Mann.«

Obwohl ich das eher bezweifelte, denn eigentlich verhielt er sich wie ein ungezogener kleiner Junge.

»Was ist, gehen wir runter?«, fragte Ichiro, der mit seinem Handy in das Loch hineinleuchtete, um zu sehen, was uns dort unten erwarten mochte. »An der Wand ist eine Metallleiter befestigt, und in ungefähr vier Meter Tiefe besteht der Boden aus festgestampfter Erde. Sieht ziemlich gemütlich aus«, sagte er lachend. »Also los. Will jemand als Erster runtergehen? Nein? Dann gehe ich zuerst.«

Morris hielt die Falltür fest, und Ichiro kletterte mit dem Handy im Mund die Leiter hinab. Kurz darauf war nur noch ein Lichtschein zu sehen. Da sich niemand aufraffen konnte, ging ich als Nächster. Alle anderen folgten, der Amerikaner wieder als Schlusslicht.

»Soll ich die Falltür jetzt loslassen?«, rief er von oben. »Ich kann auch bleiben und sie festhalten.«

»Dann bleib oben und halte sie fest«, rief Ichiro von unten.

Wir fanden uns an einem Ort wieder, der mit modernerem Werkzeug aus dem Stein gehauen worden war als die Katakomben weiter oben. Der Boden war eben und gerade, die Wände waren mit weißem Aluminium ausgekleidet, und die Steindecke war ebenfalls weiß gestrichen, aber sonst gab es nichts. Ein vollkommen leerer Raum. Er war auch nicht sehr groß, ungefähr fünf Meter lang und drei oder vier Meter breit.

»An der Decke sind Leuchten angebracht, man kann Glühbirnen erkennen«, stellte Gabriella fest. »Wie macht man die wohl an?«

Sie bekam keine Antwort. Nirgendwo war ein Lichtschalter zu entdecken. Aber die Schädel hatten eindeutig den Namen »Van Gogh« auf Japanisch gebildet, weshalb die Wahrscheinlichkeit eines Irrtums eher gering war. Es musste hier sein.

Morris' Stimme erklang durch den Leiterschacht.

»Die gehen bestimmt an, wenn ich die Luke schließe!«

»Dann schließ sie!«, befahl Ichiro.

Oben herrschte Stille.

»Soll ich dann auch runterkommen oder oben bleiben?« In seiner Stimme schwang sowohl Ärger als auch Furcht mit. Er wollte nicht allein mit den Toten in den Katakomben bleiben, was durchaus verständlich war. Aber wenn er runterkäme und die Luke sich nicht mehr öffnen ließe, wie sollten wir dann je wieder rauskommen?

»Ich glaube nicht, dass Ryoei Saito beabsichtigte, die Steuerfahnder zu töten, wenn sie hierher gelangen sollten, oder?«, murmelte Oliver ängstlich. »Es wird doch kein tödliches Gas ausströmen, wenn Morris die Luke schließt?«

Ichiro musste lachen.

»Natürlich nicht, Oliver! Herr Saito war kein Mörder. Erinnere dich, in seinem Brief stand, alles sei nur ein Spiel, das er sich ausgedacht hätte, um die japanischen Finanzbeamten zu verspotten, nicht, um sie zu töten. So was hätte er nie getan. Er wollte sie demütigen, er wollte sie besiegen, aber nicht töten. Beruhigt euch wieder und lasst uns weiterspielen.« Er hielt einen Moment nachdenklich inne. »Erinnert ihr euch daran, dass er in seinem Brief erwähnte, das Spiel beginne in Paris?

Vielleicht ist das *Bildnis des Dr. Gachet* gar nicht hier, sondern wir stehen erst am Anfang. Wie dem auch sei, ich bin davon überzeugt, dass wir keine Angst haben müssen. Niemand wird uns vergasen wie in einem Vernichtungslager im Zweiten Weltkrieg.«

»Soll ich jetzt runterkommen oder nicht?«, rief der Amerikaner wieder.

»Komm runter!«, befahl Ichiro.

Ein dumpfer, trockener Schlag ließ uns alle resigniert aufseufzen. Kaum war die Luke zugefallen, gingen – wie der Handwerker prophezeit hatte – die Deckenlichter an, und der Raum war plötzlich hell erleuchtet. Aber es ging nicht nur das Licht an. Plötzlich geschahen mehrere Dinge auf einmal, die den Raum völlig veränderten.

Aus einer schmalen, langen Öffnung in der Decke schob sich langsam eine weiße Leinwand aus Linoleum, und ungefähr vier Meter davon entfernt erhob sich ein rechteckiger Fels wie das Periskop eines U-Bootes aus dem Boden – was uns beinahe zu Tode erschreckte. Aus seinem Inneren stiegen drei kleine Scheinwerfer auf, jeder mit einem Regler ausgestattet, offensichtlich, um sie einzuschalten und zu dimmen. Der rechteckige Fels kam auf halber Höhe zum Stillstand und sah jetzt aus wie eine Steuerkonsole. Zeitgleich tauchte an der Wand mit der Leiter, die wir herabgestiegen waren, direkt unter der Decke eine Lichtleiste auf. Trotzdem starrten wir alle auf die Leinwand, denn auf ihr war mit schwarzen Linien Père Tanguys Silhouette skizziert, wenn auch nicht genau wie bei van Gogh, sondern eher im Stil von Blek le Rat, es fehlten nur die Farben.

»Was zum Teufel soll das?«, schimpfte Gabriella und schaltete ihre Handylampe aus, um Strom zu sparen.

Morris spielte bereits mit den Reglern, denn die Lichter bestanden aus drei Farben: Rot, Grün und Blau.

»RGB?«, wunderte sich Oliver.

»Was …?«, fragte Odette irritiert.

Das Deckenlicht wurde schwächer, und ein Strahler aus der Lichtleiste richtete sich auf die Leinwand, genauer gesagt, auf den weißen Hut von Tanguy. Gleich darauf setzte sich ein Scheinwerfer der Steuerkonsole in Bewegung und richtete sein Licht auf dieselbe Stelle.

»Was hat das zu bedeuten?«, rief ich verwirrt. »Was geschieht hier?«

»Ich fürchte, wir müssen malen«, stammelte Oliver und trat an die Konsole mit den Scheinwerfern und Reglern.

»Malen?«, wunderte sich Gabriella. »Meinst du mit Licht?«

Plötzlich befanden sich nur noch die beiden an diesem seltsamen Ort. Wir anderen waren verschwunden. Wenn gemalt werden sollte, wenn auch mit Licht, war das ihr Metier, deshalb mussten auch sie diese Aufgabe lösen. Ich entspannte mich. Sollten sich doch die anderen anstrengen, schließlich waren sie die Künstler. Ichiro, Odette, Morris und mir fehlten nur ein paar bequeme Sessel, von denen aus wir das Ganze gemütlich verfolgen könnten.

»Siehst du?«, sagte Oliver zu Gabriella. »Das sind die drei Primärfarben, Rot, Grün und Blau. Ich glaube, wir müssen Tanguys Hut mit den Reglern in derselben Farbe ausmalen wie auf dem Bild von Blek le Rat.«

Wir vier zückten unsere Handys und suchten rasch die Fotos, die wir von dem Wandbild gemacht hatten. Der Hut war dunkelgrün.

»Ich fange mit Rot an«, verkündete Gabriella.

»Okay«, sagte Oliver nach einem Blick auf seine Fotos. »Aber nicht zu viel. Es wirkt wie Pfefferminzgrün.«

»Dann muss ich mehr Grün als Blau dazugeben«, erwiderte Gabriella. »Wir dürfen nicht zu stark mischen.«

Im Geiste arbeiteten sie mit ihren Farbpaletten, denn sie waren die Grundlage ihrer Farbkenntnisse, obwohl auch mir klar war, dass echte Pigmente und Farben aus der Tube nichts mit den Farben des Lichts zu tun hatten. Echte Farben zu mischen, soll heißen, sie zusammenzumischen, ergibt immer Schwarz, während das Zusammenfügen von Lichtfarben immer Weiß ergibt. Es sind absolut entgegengesetzte Effekte.

Gabriella drehte langsam einen Dimmer nach dem anderen und betrachtete dabei das Ergebnis auf der Leinwand. Sie begann mit Grün und dunkelte es nach und nach mit Rot und Blau ab.

»Ja!«, rief Oliver. »Du hast es! Nimm noch ein bisschen Rot raus, aber nur ein bisschen.«

Als die Lichter bestätigten, dass Gabriella den Hut mit der richtigen Farbe versehen hatte, erklang ein seltsamer Ton, eine Art schriller *Piep*, wie ein Schlussakkord. Ich glaubte, ein leichtes Beben des Bodens unter meinen Füßen zu spüren, sagte mir aber sogleich, dass das nicht sein konnte, dass es sich um Einbildung handeln musste. Der Strahler, der auf den Hut gerichtet war, änderte seine Farbe und verharrte auf Gabriellas Pfefferminzgrün, das der Version von Blek le Rat entsprach, während die anderen Strahler ihr Licht jetzt auf Tanguys Gesicht und Hände warfen.

»Die sind Schwammgelb!«, versicherte Oliver Gabriella, die mit gerunzelter Stirn ihre eigenen Fotos betrachtete.

»Was zum Teufel ist denn Schwammgelb?«, fragte sie ungläubig.

Er war verdattert.

»Na ja«, meinte er dann. »So heißt diese Sprayfarbe. Keine Ahnung, wie dieses Gelb bei Öl- oder Acrylfarben genannt wird.«

»Neapelgelb«, erklärte sie stolz.

Auch wenn Künstler gewöhnlich dazu neigen, sich anderen wegen ihrer Kunst überlegen zu fühlen, wusste ich, dass es auch bei ihnen deutliche soziale Unterschiede gibt und sie ihre Farben jeweils anders benennen. Schwammgelb verlor angesichts des eleganten, feinen Neapelgelbs seine ganze rebellische Kraft. Obwohl es dieselbe Farbe war.

Es fiel ihnen allerdings ziemlich schwer, besagtes Gelb zustande zu bringen, und sie kamen bei ihren Diskussionen darum ordentlich ins Schwitzen. Mit Grün und Rot fabrizierten sie einen Art Bronzeton, der nach geringen Zugaben von Blau erst zu Rost und dann zu heller Eiche tendierte. Erst nach einer geraumen Weile, nachdem Gabriella mit dem entsprechenden Regler ganz vorsichtig noch ein wenig Rot hinzugefügt hatte, erklang das Piepen, was ihre Bemühungen mit Erfolg krönte und die Farbe Schwamm-Neapel-Gelb auf Gesicht und Händen fixierte. Wieder spürte ich dabei ein Vibrieren des Bodens. Diesmal stärker.

»Habt ihr das gemerkt?«, fragte ich die anderen.

»Wir haben es *gesehen*«, brummte Morris und zeigte auf den Boden, der jetzt nicht mehr so eben war wie anfangs. Ein Netz aus Linien und kleinen Wölbungen, nur wenige Zentimeter voneinander entfernt, hatte den Boden nahezu holprig gemacht.

Odette ging in die Hocke (sie trug ein geblümtes Sommerkleid mit Spagettiträgern) und wischte die Erde von einer der kleinen Wölbungen.

»Autsch!«, rief sie und steckte sich den Zeigefinger in den Mund.

Ichiro lief rasch zu ihr.

»Was ist …?«, wollte er fragen und verstummte abrupt, als er erkannte, woran sich Odette verletzt hatte.

Ein sehr spitzer Metallstachel ragte aus dem Boden.

»*Tetsubishi*«, flüsterte er erschrocken.

»Tetsu-was?«, hakte ich nach.

»*Tetsubishi*«, wiederholte er, richtete sich auf und half Odette aufzustehen. »Eine ganz alte japanische Waffe. Die japanischen Ninjas überzogen den Boden mit spitzen Krähenfüßen von mehreren Zentimetern Länge, wobei die Stachelspitzen immer nach oben zeigten, um die Fußsohlen der gegnerischen Krieger und die Hufe der Pferde zu verletzen.«

»Und warum sprießen diese Ninja-Stacheln in Paris aus dem Boden, als wären sie Pflanzen?«, wollte Gabriella wissen.

»Ich weiß es nicht«, murmelte Ichiro und sah sich besorgt um, aber es gab eindeutig nichts, worauf wir uns stellen konnten. Die Leiter wäre als sicherer Steigbügel bestenfalls für zwei oder drei Personen geeignet, aber Oliver und Gabriella mussten vor der Lichtkonsole stehen bleiben, und Morris war zu schwer.

Wegen unserer besorgniserregenden Entdeckung hatten wir gar nicht bemerkt, dass das weiße Licht schon länger auf Tanguys Bart und Augenbrauen gerichtet war. Ein neuerliches Piepen und das folgende Beben des Bodens (worauf die Stacheln jetzt sichtbar herausragten) holte uns abrupt in die Wirklichkeit zurück. Das bedeutete, dass diese japanischen Waffen immer weiter aus dem Boden ragen würden, wenn wir zu viel Zeit verstreichen ließen, ohne die Regler zu bedienen. Der Mechanismus der Falle enthielt ein Chronometer.

Odettes und Gabriellas Sandaletten mit den dünnen Sohlen würden keinen Schutz bieten. Oliver und Morris hatten zwar Stiefel mit dicken Gummisohlen an, aber Ichiro und ich trugen Schuhe mit Ledersohlen, die schon bald von den Ninja-Waffen durchstochen wären.

»Odette, stell dich auf die Leiter«, sagte Ichiro. »Und du, Morris, gib Gabriella deine Stiefel.«

»Kommt überhaupt nicht infrage!«, rief sie entsetzt, weil sie ihre schönen Füße mit den lackierten Fußnägeln nicht in die Schuhe dieses schmierigen, ungepflegten Amis stecken wollte.

»Die Stacheln werden sich in deine Fußsohlen bohren, bis sie bluten, Gabriella«, versuchte Ichiro sie zu überzeugen, aber diese Frau war sturer als ein Maultier und ließ sich trotz unser aller Flehen nicht erweichen. Der arme Morris verstand nicht, warum sie seine wunderbaren Stiefel nicht haben wollte, obwohl er sie ihr leihen würde, und wir alle waren so höflich, ihn nicht darüber aufzuklären. Am Ende zeigte sich Gabriella bereit, Oliver die Steuerung zu überlassen und von der Leiter aus mit ihm zusammenzuarbeiten.

Erneutes Piepen. Neuerliches Beben des Bodens. Die spitzen Eisenstacheln ragten jetzt einen halben Zentimeter heraus. Sie sahen aus wie Kanülen, wenn auch viel größer.

Oliver lief rasch zur Konsole.

»Violett. Bart und Brauen sind Vatikan-Violett«, flüsterte er und griff mit beiden Händen zu den Reglern. Gabriella stand auf der Leitersprosse und schaute sich die Handyfotos an.

»Was für ein Violett?«, fragte sie ungläubig.

»Ich sagte doch schon, ich kenne nur die Farbnamen der Spraydosen. Nenn sie, wie du willst, aber beeil dich.«

»Windsor Purple.«

»Windsor Purple?«, wiederholten wir anderen verdattert. Doch die Antwort war nur ein verächtliches Schnauben.

»Fang mit Rot an«, sagte sie zu Oliver. »Füge Blau hinzu, aber nicht viel. Das ist zu viel! Weniger Blau.«

»Dann aber auch weniger Grün«, maulte er, und zum Glück stimmte sie zu.

Sie brauchten mindestens zehn Minuten, vielleicht auch fünfzehn, bis sie sich beim Vatikan-Violett oder diesem ominösen Windsor Purple geeinigt hatten. Pigmentfarben hatten vielleicht verrückte Bezeichnungen! Zum Glück rührten sich die Stacheln nicht, solange die Regler betätigt wurden, denn kaum, dass sie fertig waren und wieder das gefürchtete *Piep* erklang, wuchsen sie auf einen Zentimeter aus dem Boden und bohrten sich in meine und Ichiros Schuhsohlen. Ich spürte mindestens fünf oder sechs Stacheln. Kurz darauf tröpfelte aus unseren Schuhen das Blut. Ich sah, wie Ichiro seine Brieftasche aus der Hosentasche zog, sie mir zeigte und sich dann schmerzerfüllt an die Wand lehnte, um sie unter einen Schuh zu schieben. Keine schlechte Idee, dachte ich mir. Kreditkarten bestanden aus Hartplastik und mein Portemonnaie war aus wasserfestem Leder und hatte noch dazu ein Inlet. Der Weg zur Wand war der schmerzhafteste und blutigste meines Lebens. Ich musste wohl oder übel in die Stacheln treten.

Nach Tanguys Bart war die kobaltblaue Jacke dran, also viel Blau, ein bisschen Grün und einen Hauch Rot. Bei dem gelben Halstuch taten wir uns wieder schwerer, vor allem, weil die Künstler sich bei der Intensität der drei Farben nicht einigen konnten, bis am Ende herauskam, dass Gabriella recht hatte und zwei der Regler, der rote und der grüne, fast auf Maximum stehen mussten, während Blau nur zur Abtönung diente.

Ein weiteres Piepen und noch längere schmerzhafte *tetsubishi*. Unter die Portemonnaies stopften wir unsere Hemden und schließlich auch die von Oliver und Morris, die wir vorher zu dicken Polstern zusammengelegt hatten. Leider bestanden sie aus dünnen Sommerstoffen. Nur Morris' Sweatshirt, das wir in Streifen rissen und unter uns aufteilten, verhinderte, dass wir noch mehr Blut verloren. Diese verfluchten *tetsubishi*!

Schließlich fehlte nur noch das Kolorieren von Tanguys Hose, die auf meinen Fotos braun war. Aber unsere Künstlerexperten erklärten mir hochnäsig, dass die Farbe Braun nicht existiere und nie existiert hätte, nicht mal in der Realität, und nur ein stumpfes oder mattes Gelb oder Orange sei. Ich erstarrte. Für Oliver hatte die Hose die Farbe der Haut eines Wurmes und für Gabriella war sie Indischrot. Wie das Blut von Ichiro und mir. Meine Fußsohlen brannten, als wäre ich über glühende Kohlen gelaufen.

Zum Glück hatte Saito seinerzeit nichts von modernen Smartphones mit integrierter Kamera oder modischen Stiefeln mit dicken Gummisohlen wissen können. Auch nicht, dass sich zwei junge Künstler an sein verdammtes Spiel wagten, anstelle von Bürokraten, die keine Ahnung von Farbsättigung haben. Wer weiß, wie es den Armen sonst ergangen wäre. Ich mochte gar nicht daran denken.

Nachdem das letzte Piepen erklungen war und die Stacheln der Ninja-*tetsubishi* zum letzten Mal ein ordentliches Stück heraustraten, war alles vorbei. Die Leinwand wurde wieder nach oben gezogen und verschwand in dem langen Spalt in der Decke, und mit ihr die wunderschön mit Licht kolorierte Figur Tanguys. Die spitzen Stacheln versanken langsam wieder im Boden, bis sie ganz verschwunden waren und nur noch Löcher zurückließen, über die wir gefahrlos gehen konnten. Die Steuerkonsole mit den Scheinwerfern und Reglern zog sich ebenfalls wieder in den Boden zurück. Es war, als wäre nichts geschehen. In dem Moment öffnete sich an der rechten Wand langsam und leise schnarrend eine Geheimtür. Der Ausgang war frei. War unser Martyrium damit beendet, oder stand uns noch mehr bevor?

Die Frauen stiegen vorsichtig von der Leiter herunter, die beiden Männer mit Stiefeln überprüften die Schäden an ihren Sohlen (sie waren hinüber), und Ichiro und ich sanken leichenblass zu Boden und streiften die Reste unserer Schuhe ab.

Unsere Füße waren stark angeschwollen und blutverschmiert, weil das Blut sich in den Schuhen angestaut hatte.

Odette zauberte einen Erste-Hilfe-Beutel aus ihrer Tasche. Was ein Glück, dass uns eine Krankenschwester begleitete!

»Den habe ich immer dabei«, sagte sie und hielt den Beutel in die Höhe. »Wegen der Kinder. Ich habe zwei kleine Söhne, und ihr macht euch keine Vorstellung, wie oft der zum Einsatz kommt.«

Zuerst reinigte sie unsere Wunden mit Kochsalzlösung und sterilen Tüchern und rieb unsere Füße anschließend mit Chlorhexidin ein. Dann forderte sie uns auf, sie hochzuhalten, bis das Desinfektionsmittel getrocknet war (wir gaben ein so lächerliches Bild ab, dass alle lachen mussten, selbst Ichiro und ich, denn wir fühlten uns schon besser. Am Ende klebte sie uns bunte Pflaster mit Tiermotiven auf jede einzelne Wunde.

»Bastelt euch aus den Resten von Johns Sweatshirt Überzieher«, empfahl sie noch.

»Was ist denn das?«, fragte Ichiro.

»Entschuldigt«, sagte sie lächelnd, »das ist Krankenhaus-Slang. Überzieher streift man über die Schuhe, wenn man den OP-Saal betritt.«

»Sie meint, wir sollen uns Morris' Sweatshirt wie eine Art Strümpfe um die Füße wickeln«, erklärte ich.

»Genau«, erwiderte sie lächelnd.

Als Ichiro und ich wieder aufstehen konnten und zu der offenen Tür hinkten, folgten uns die anderen in respektvollem Schweigen.

Ichiro verließ den verfluchten Raum als Erster, dicht gefolgt von mir. Wir betraten einen Flur, in dessen Zentrum ein steinerner Tisch stand, mit merkwürdigen Gegenständen darauf, und dahinter befand sich eine Treppe.

»Was ist denn das?«, fragte Morris und ging näher.

In einer schmutzigen Plastiktüte steckte ein wunderschöner japanischer Holzschnitt. Darauf abgebildet war ein Fischer mit einem großen Strohhut, der sein Bambusfloß mithilfe einer Stange den Fluss hinunterbewegt, am Flussufer jede Menge Schilf und im Hintergrund der Berg Fuji, halb verdeckt von einem kleineren grünen Berg. Auf dem Floß steht eine kleine Hütte, darunter brennt ein Feuer, aus dem eine lange, feine Rauchsäule aufsteigt, die sich am oberen Bildrand verliert. Auf der Rückseite eine japanische Handschrift.

»*Kore ga egaka reta bashō*«, las Ichiro halblaut.

Außerdem lag auf dem Steintisch eine Art quadratische Holzmarke von ungefähr sechs oder sieben Zentimetern, an deren Ecken seltsame Symbole eingraviert waren. Daneben ein verrosteter alter Schlüssel, der zu keiner modernen Tür passen dürfte.

Wir nahmen alles mit und machten uns an den Aufstieg, voller Sorge, uns womöglich einer neuerlichen Prüfung Saitos stellen zu müssen. Doch zum Glück blendete uns nach fünfzehn Minuten die Sonne, und unsere Lungen füllten sich mit der kontaminierten Pariser Luft. Durch einen Gully-Deckel mitten in einem öffentlichen Park nahe der Place Pigalle, die wegen der Nachmittagshitze wie ausgestorben dalag, gelangten wir an die Erdoberfläche, ganz in der Nähe der Basilika Sacré-Cœur, am Fuße des Montmartre. Mit anderen Worten, fünfhundert Meter von der Galerie Boutique du Père Tanguy entfernt. Wir waren im Kreis gegangen und hatten es nicht bemerkt.

Nachdem wir von einem Arzt versorgt worden waren, der Ichiro und mir eine ordentliche Dosis Antibiotikum gespritzt hatte, entschieden wir, im Restaurant des Hotels zu Abend zu essen, in dem wir einquartiert waren, und zu besprechen, wie unsere nächsten Schritte aussehen sollten. Um zu verhindern, dass unser Gespräch belauscht wurde, setzten wir uns in einen hübschen Nebenraum mit Balkonen zur Straße und einem langen ovalen Tisch mit Blumendekoration. Nur John Morris war fehl am Platze, er war noch nie in einem solchen Lokal gewesen und schien sich derart unwohl und unsicher zu fühlen, dass er sich besonders unleidlich gebärdete. Wie ich am Nachmittag gegoogelt hatte, litt Warren, seine Heimatstadt in Michigan, unter extrem hoher Arbeitslosigkeit und befand sich im wirtschaftlichen und kulturellen Niedergang. Johns Persönlichkeit war seiner Herkunft geschuldet, das musste man akzeptieren oder sich ständig mit ihm zanken, was eher keine gute Idee war.

Ichiro saß am Kopfende des Tisches und zeigte sich glücklich und begeistert darüber, die erste Etappe von Saitos Spiel geschafft zu haben. Er war sichtlich stolz, dass er ausgerechnet uns als Mitstreiter für sein skurriles Abenteuer ausgewählt hatte, und behandelte uns so herzlich, als würde er uns schon ein Leben lang kennen. Auch zwischen uns anderen schien sich eine Art freundschaftliches Band zu spinnen, obwohl wir uns am Morgen zum ersten Mal gesehen hatten. Doch nach unserem Irren durch die Pariser Tunnel und Katakomben kam es uns vor, als würden wir uns schon lange kennen.

Wir genossen den guten französischen Wein, lachten und scherzten, bis unser Gastgeber das Portfolio mit den Gegenständen, die wir aus dem Pariser Untergrund mitgebracht hatten, auf den Tisch legte. Beim Anblick des japanischen Holzschnitts, der Holzmarke mit den seltsamen Symbolen und des alten Schlüssels breitete sich am Tisch Schweigen aus.

»Wir fahren alle nach Japan«, verkündete Ichiro euphorisch. »Dort geht Saitos Spiel weiter.«

4

DAS NINJA-HAUS

Zwei Tage später landeten wir am späten Vormittag auf dem Internationalen Flughafen Tokio-Narita, und Ichiro versprach, schon bald mit uns in sein Haus in Shizuoka zu fahren, damit wir seine Frau und seinen Vater kennenlernten, die mit großem Interesse unser Abenteuer verfolgten. Aber vorher müssten wir noch ein paar Dinge in der Hauptstadt erledigen, wie er ironisch hinzufügte.

In Tokio herrschte eine Bruthitze, die Luft war stickig und schwül, weshalb uns augenblicklich der Schweiß ausbrach, und die hohe Luftfeuchtigkeit vermittelte uns das Gefühl, heißen Wasserdampf einzuatmen. Wir fühlten uns regelrecht erschlagen, als wir den klimatisierten Flughafen verließen.

Einquartiert waren wir im Hotel Ascott Marunouchi, mitten im Zentrum Tokios, neben dem alten Kaiserpalast. Doch Ichiro ließ uns keine Zeit, die Koffer auszupacken, denn vor der Tür wartete bereits ein Minibus, der uns an den Ort bringen sollte, der auf dem Holzschnitt abgebildet war: der Fischer auf dem Fluss. Es handelte sich um ein Werk von Utagawa Hiroshige, einem berühmten japanischen Vertreter des *ukiyō-e* im 19. Jahrhundert. Beim *ukiyō-e* wurden die Motive zunächst auf feines Papier gemalt, aus denen man Druckplatten aus Holz anfertigte. Mit diesen Platten übertrug man abschließend die Farben auf die Leinwand. Auf diese Weise konnten die Bilder in großen Mengen hergestellt werden – sehr zur Freude der japanischen Bevölkerung des 18. und 19. Jahrhunderts, die die Kunstwerke in Massen kaufte.

Die Farbdrucke der *ukiyō-e*-Holzschnittkunst gelangten Mitte des 19. Jahrhunderts nach Europa und revolutionierten die Malerei einer neuen künstlerischen Strömung: den Impressionismus. Die japanischen *ukiyō-e*-Künstler Hiroshige und der ebenso wichtige und berühmte Hokusai hatten großen Einfluss auf die Künstler; bei allen Impressionisten und Postimpressionisten sind Spuren von ihnen zu finden, besonders bei Vincent van Gogh, der sie direkt kopierte.

Der Holzschnitt, den Ryoei Saito uns in den Pariser Katakomben hinterlegt hatte, war ein Werk dieses berühmten Hiroshige. Es hieß *Der Fluss Sagami und* war die Nummer achtzehn einer bedeutenden Serie mit dem Titel *36 Ansichten des Bergs Fuji,* die er von 1858 bis 1859 kurz vor seinem Tod gemalt hatte. Überraschend an der Geschichte, die uns Ichiro auf dem Flug nach Japan erzählte, war, dass das Motiv *Der Fluss Sagami* auch auf dem *Porträt des Père Tanguy* zu sehen ist. Allerdings nur zum Teil, denn bei van Gogh bleiben Fischer und Fluss hinter Tanguys Kopf und Hut verborgen.

Das fanden wir im direkten Vergleich mit Hiroshiges Holzschnitt bestätigt. Dieselbe Rötung des Himmels, dieselben Schilfrohre, dasselbe Blau des Flusses und vor allem derselbe Berg Fuji mit verschneitem Gipfel und teilweise verdeckt von einem kleineren Berg, der nicht wie bei Hiroshige grün, sondern blau war. Der Berg vor dem Fuji, erklärte uns Ichiro, sei der Mount Ōyama, zu dessen Fuße die Stadt Atsugi in der Präfektur Kanagawa liege. Sie befände sich in unmittelbarer Nähe zu Tokio, weshalb sie als eine der vielen Trabantenstädte der Metropolregion gilt. Durch Atsugi fließe der Sagami, dessen Lauf sich seit damals, als Hiroshige ihn malte, nicht verändert habe.

Vor diesem Hintergrund bekam Saitos Botschaft auf der Rückseite des Bildes, die Ichiro uns noch in Paris laut vorgelesen hatte, erst einen Sinn: *Wo dieses Bild gemalt wurde.* Dorthin mussten wir also fahren. Natürlich wussten wir nicht, an welcher Stelle Hiroshige beim Malen gestanden hatte, aber Ichiro war davon überzeugt, dass wir sie mithilfe des Bildes schon finden würden.

Der Minibus holte uns nach dem Essen vor dem Hotel ab (es war schrecklich, in dieser sengenden Hitze den glühenden Bürgersteig zu überqueren), und als wir zwanzig Minuten später in Atsugi eintrafen, hatte ich nicht das Gefühl, Tokio überhaupt verlassen zu haben. Wir wurden an einer Stelle abgesetzt, wo sich der Sagami träge durch die Stadt schob, flirrend im kräftigen Sonnenlicht. Zum Glück hatte uns Ichiro auf der Fahrt mit einer ganzen Ladung landestypischer Produkte eingedeckt, mit denen man die Hitze bekämpfen konnte. Das Schlichteste war ein kleines Handtuch zum Trocknen des Schweißes, das wir immer zur Hand haben sollten, aber auch kleine Päckchen, die sich nach kräftigem Drücken in eine Art Eiskissen verwandelten, um Stirn und Nacken zu kühlen. Dazu gab es erfrischende Sprays für Arme, Hals und Gesicht, seltsame Klebestreifen, die als eine Art eisgekühlte Schuheinlage verhinderten, dass die Füße beim Laufen zu heiß wurden, sowie eine Flasche eiskalten Wassers. Aber das Merkwürdigste von allem waren die Augentropfen.

Nach unseren bisherigen Erfahrungen sollten wir diese Hilfsmittel auch wirklich benutzen, weshalb wir die seltsamen japanischen Gepflogenheiten gern übernahmen. Aus dem ganzen Arsenal kannten wir nur das Mückenspray und von Zahnarztbesuchen die Kühlpäckchen, auch wenn die japanische Version viel stärker war. Ichiro warnte uns, dass wir am Fluss nicht nur von gewöhnlichen Stechmücken attackiert werden würden, sondern dass auch große Schwärme Riesenmoskitos wie durstige Vampire über uns herfallen könnten. Weshalb wir uns von oben bis unten einsprühten und das gesamte Spray verbrauchten.

Gegen den brutalen Temperaturwechsel beim Aussteigen half jedoch kein Wundermittel. Ichiro meinte, wir sollten immer flussabwärts gehen und die Berge Fuji und Ōyama im Blick behalten, und wenn wir feststellten, dass die Perspektive der auf dem Bild glich, hätten wir die richtige Stelle gefunden. Allerdings hatte Ichiro nicht bedacht, dass Atsugi wie alle Städte seit dem 19. Jahrhundert unaufhörlich gewachsen war und damit dem Fluss Sagami immer mehr Raum genommen hatte, denn wo früher seine Ufer mit Schilf gesäumt waren, gab es jetzt überall Häuser und Baustellen. Aber nichts konnte Ichiros feste Überzeugung trüben. Er war ein geborener Optimist.

Wir folgten dem Lauf des Sagami über mehrere Kilometer und fanden die gesuchte Stelle nicht. Wir waren erschöpft, die Hitze brachte uns fast um, und die arme Odette konnte keinen Schritt weitergehen. Da uns aber noch ein gutes Stück Weg bevorstand, kehrten wir bei Einbruch der Dunkelheit (gegen neunzehn Uhr) ins Hotel zurück und verschoben die Suche auf den nächsten Tag, wenn wir uns nach ein paar Stunden Schlaf gestärkt und erholt hatten.

Um uns miteinander auszutauschen, hatten wir fünf hinter Ichiros Rücken eine WhatsApp-Gruppe eingerichtet. Nicht, um ihn auszuschließen, aber schließlich war er unser »Förderer«, und das trennte ihn schon per Definition von uns, den »Geförderten«. Die Gruppe gab es schon seit Paris, aber wir hatten uns bisher nur Guten Morgen und Gute Nacht gewünscht (noch so ein Blödsinn). An jenem Abend jedoch traf genau in dem Augenblick, als ich ins Bett gehen wollte, eine WhatsApp-Nachricht ein. Als ich sah, dass es niemand aus

Amsterdam, sondern einer meiner Gefährten im Abenteuer war, reagierte ich nicht darauf. Ich war schrecklich müde und brauchte meine Zeit der Stille und des Alleinseins. Ich war kein sonderlich kontaktfreudiger Mensch, und den ganzen Tag in Gesellschaft dieser Plaudertaschen zu verbringen war für mich ermüdender als die Suche nach van Goghs Bild selbst.

Aber das Piepen hörte nicht auf, und schließlich schob ich mir das Kopfkissen hinter den Rücken, schaltete das Licht ein und sah nach, was diese Nervensägen mitzuteilen hatten.

Odette hatte Fotos von ihren Kindern hochgeladen, zwei kleine Jungs wie Millionen andere, die ihrer Mutter ähnlich sahen, vor allem wegen der Mandelaugen und dem dunklen Haar. Die anderen schrieben, wie reizend die Kleinen seien, und Gabriella beglückwünschte sie zum guten Aussehen des Vaters. Morris hatte Bilder von sich und einem Freund beim Motorradrennen in Michigan hochgeladen. Oliver und Gabriella alberten herum und schickten Fotos von ihren letzten Bildern, was mich schon mehr interessierte. Neue Künstler und ihre Werke zu entdecken hatte mich schon immer gereizt. Olivers Bilder in den Straßen von Liverpool und Gabriellas Leinwände auf verschiedenen Webseiten waren höchst interessant. Es war auch keine Überraschung, dass Olivers Bilder in den typisch knalligen Farben der zeitgenössischen Street-Art-Kunst das Chaos der Welt thematisierten, schäbige und deprimierende urbane Landschaften, genauso wenig wie Gabriellas Op-Art, ein Stil, der auf optischen Effekten von Linien, geometrischen Formen, chromatischen Kontrasten und Wiederholungen von Mustern basierte.

Wenn die bildende Kunst die Welt, das Leben und die Sitten unterschiedlicher Epochen widerspiegelte, fragte ich mich bei den zeitgenössischen Künstlern oft, ob sie nur das Schlechteste unserer Zeit wahrnahmen oder ob unsere Zeit tatsächlich so schlecht war, wie sie sie abbildeten – was ziemlich deprimierend wäre. Wenn allerdings Werke wie die zerschnittenen und in Formol konservierten Kühe eines Damien Hirst (Engländer), die Griffelkunst von Christopher Wools (Nordamerikaner) oder die bemalten Schädel von Jean-Michel Basquiat (Nordamerikaner) auf dem internationalen Kunstmarkt derart hoch gehandelt wurden, können junge Künstler gegen solcherart pathetische Beispiele nur wenig ausrichten.

Am nächsten Morgen fanden wir uns um sechs Uhr wieder in Atsugi ein und nahmen unsere Suche an genau der Stelle, an der wir sie am Vortag abgebrochen hatten, wieder auf. Schon kurz darauf entfernte sich der Weg vom Flusslauf, bis wir ihn ganz aus den Augen verloren. Das Ufer hatte sich in ein zweihundert Meter breites, unzugängliches und schlammiges Gelände voller Lagerhallen und Grünflächen, verfallener japanischer Häuser und Äcker verwandelt … Und die Berge Fuji und Ōyama waren immer noch nicht aus der Perspektive von Hiroshiges Bild zu sehen.

Wir machten eine Pause in einem kleinen Schnellrestaurant für Arbeiter, in dessen Auslage Musterteller der japanischen Gerichte mit Nummern sowie ein Gerät standen, in das man Yen-Münzen warf und die entsprechende Nummer des Gerichts drückte. Das spuckte daraufhin das Wechselgeld und einen Bon aus, der dem Kellner ausgehändigt wurde (all das machte Ichiro, der uns riet, keine Experimente zu wagen, und für alle Curryreis bestellte). Das Essen schmeckte gut, und auf den Tischen standen Karaffen mit frischem Wasser, das einzige Getränk, das hier angeboten wurde.

Eine knappe halbe Stunde später machten wir uns wieder auf den Weg, entfernten uns aber immer weiter vom Flussbett. Wir passierten mehrere riesige Brücken, deren Träger im schlammigen Ufer verschwanden, gefolgt von Sportplätzen in jedem erdenklichen Zustand von Verfall und Ungepflegtheit. Am Ende gingen wir mit Ichiro in ein Geschäft für Arbeitskleidung, wo er uns allen robuste Gummistiefel kaufte. Sie schützten offensichtlich nicht nur vor Wasser, sondern auch vor chemischen Stoffen, Fetten, Jauche und Öl. Mit dieser seltsamen Ausstattung konnten wir die asphaltierten Wege verlassen und begaben uns in ein großes Sumpfgebiet, das uns zurück zum Fluss führte.

Irgendwann tauchten auch der Fuji und der Ōyama wieder auf – wir kamen unserem Ziel näher.

Eine Stunde später hatten wir die Stelle endlich gefunden. Jeder mit einer Kopie des Bildes in der Hand – um die Silhouette beider Berge damit zu vergleichen –, kamen wir überein, dass dies exakt der Platz sein musste, an dem Hiroshige sein Bild *Der Fluss Sagami* gemalt hatte. Dann machte sich Enttäuschung unter uns breit, als wir erkannten, wie es heute dort aussah: Wir standen mitten in einem Sumpf unter den gigantischen Eisenträgern einer Brücke, und in einer Entfernung von ungefähr hundertfünfzig Metern waren die ersten Häuser von Atsugi und weitere hundertfünfzig weiter das Flussufer zu erkennen. Nicht zu vergleichen mit dem wunderschönen Anblick, den Hiroshige auf sein Bild gebannt hatte. Und es gab auch nirgendwo Schilf. Nun ja, über der hohen Mauer eines alten japanischen Hauses ragten noch ein paar vereinzelte Pflanzen, traurige Überbleibsel in all der Verschandelung, praktisch unsichtbar hinter den grässlichen Brückenpfeilern. Das konnte kein Zufall sein, und Ichiro lächelte.

»Los!«, rief er munter und vergaß dabei, dass uns die dicke Schlammschicht an den Stiefeln nicht gerade erlaubte, wie Gazellen loszuspringen.

»Das ist geschlossenes Privatgelände, Ichiro«, sagte Gabriella beim Anblick der hohen Mauer.

Aber er, der unerschütterliche Optimist, zog den alten Schlüssel, den wir in Paris gefunden hatten, aus der Tasche und hielt ihn hoch, als sei er die einzige Antwort, die sie für ihre Skepsis verdiente.

An der nördlichen Seite der Steinmauer – Richtung Fluss und Berge – befand sich ein altes Holztor mit einem dreieckigen, schweren Schloss.

»Dieses Schloss ist über hundert Jahre alt«, erklärte Ichiro und rüttelte daran. Aber das Schloss verfügte über einen Riegel, der in jeweils zwei dicken, an der Steinwand und am Tor befestigten Eisenringen steckte.

»So alt es auch sein mag«, erwiderte Morris, der Ichiro beiseiteschob und das Schloss in der Hand wog. »Das ist ein ausgezeichnetes Schloss.«

»Probier es mal mit dem Schlüssel, Ichiro«, schlug Oliver vor. »Vielleicht passt er ja.«

»Das wäre unglaublich«, spottete ich.

Aber der Schlüssel passte perfekt. Mit ein wenig Kraft, weil er lange nicht benutzt worden war, ließ er sich drehen und das Schloss öffnen.

»Ich wusste es!«, rief Ichiro und drückte das schwere Holztor auf.

Tatsächlich öffnete es sich mit einem lauten Quietschen.

Dahinter lag ein jahrelang vernachlässigter Garten, die Bäume und Pflanzen waren teils abgestorben, teils verwuchert. Von der Schönheit japanischer Gärten war nicht viel übrig. Das lag wohl hauptsächlich an der Brücke, sie ließ keinen Sonnenstrahl durchdringen, und Regen sowie Taifune hatten ein Übriges getan. Wäre da nicht das wilde Schilfrohr gewesen, hätten wir uns an jedem beliebigen Ort auf der Welt befinden können.

»Das ist ein traditionelles japanisches Haus«, murmelte Ichiro.

Das hätte er uns nicht sagen müssen, es war unverwechselbar mit seinem nach oben gewölbten Dach und den Dachrinnen in Form eines Drachen.

»Irgendwo hier müsste der *roji* sein«, sagte Ichiro wie zu sich selbst, während er mit dem Gummistiefel totes Gestrüpp beiseiteschob.

»Was ist ein *roji*?«, fragte Gabriella.

»Ein Steinweg, der durch den Garten zum *engawa* führt, zum Holzbalkon des Hauses.«

»Warum gehen wir nicht direkt hinein?«, fragte Morris, der sich zu langweilen begann. »Es ist nicht mehr lange hell, und wer weiß, was uns da drinnen erwartet.«

Ichiro nickte, und wir gingen über das Gestrüpp auf das Haus zu. Wie alle alten japanischen Häuser war dieses zum Schutz vor Erdbeben und sintflutartigem Regen auf Pfählen errichtet.

Ichiro erklomm die Holzveranda und verbeugte sich respektvoll vor der Haustür, zwei schwere hölzerne Schiebetüren ohne irgendeinen Verschluss. Ich hatte immer geglaubt, die Wände von japanischen Häusern seien aus Papier, doch dieses Haus bestand aus Holz, einem wunderschönen dunklen Zypressenholz, wie ich später erfuhr.

Ichiro schob die beiden Flügel auf und trat ein.

»Das hier ist der *genkan*, der Eingangsbereich«, erklärte er uns mit glänzenden Augen. »Hier zieht man die Schuhe aus. Und das Möbelstück dort ist der *getabako*, der Schuhschrank. Ein Haus mit Schuhen zu betreten und alles schmutzig zu machen, zeugt von mangelndem Respekt und schlechten Manieren, erst recht in einem alten und schönen Haus wie diesem. Aber ich glaube, wir sollten unsere Stiefel schon wegen der schützenden Gummisohlen anbehalten – nicht, dass es uns wie in den Katakomben von Paris ergeht.«

»Keine Sorge, Ichiro«, erwiderte Morris, der schon weiter-gegangen war. »Wir bitten hinterher um Verzeihung.«

Als Morris den ersten Raum nach dem *genkan* betrat, ver-mutlich den Salon, ging das Licht an. Es handelte sich ein-deutig um moderne Lampen, zumindest aus dem Jahr 1994 oder 1995, als Ryoei Saito veranlasst hatte, dieses respektable alte Haus in eine tödliche Falle für uns zu verwandeln. Jeder Schritt, den wir durch diesen *kyakuma* genannten Salon (zur Bewirtung der Gäste) machten, verursachte auf dem Boden ein schrilles Geräusch, das uns zu Tode erschreckte.

Ichiro war irritiert.

»Das ist höchst merkwürdig«, murmelte er, wobei er die Silben in die Länge zog. »Wieso gibt es hier einen *uguisubari* …? Ich meine, einen Nachtigallenboden. Den gibt es eigent-lich nur in Ninja-Häusern.«

»Schon wieder diese Ninjas?«, rief Morris aufgebracht.

»Wofür ist denn dieser Ugui… dieser Nachtigallenbo-den gut?«, fragte Oliver, der seinen Blick durch den *kyakuma* schweifen ließ in Erwartung, dass sogleich ein großes Unglück geschehen würde.

»Damit die Bewohner Eindringlinge hören können«, er-klärte Ichiro. Er machte einen weiteren Schritt, und der Boden zirpte. »Unter den Holzdielen befinden sich kleine metallische Zapfen, deren Vibration einen Klang ähnlich dem Gesang einer Nachtigall erzeugen. Eigentlich wurden sie früher aus-schließlich in die Paläste der Adligen oder in Ninja-Häuser eingebaut, sozusagen als Alarmanlage gegen Überfälle. Aber in diesem Haus scheint es niemanden zu geben, der sich vor einem Einbruch schützen müsste.«

Nein, hier gab es eindeutig niemanden, der sich vor einem Überfall schützen musste. Das Haus selbst musste sich schüt-zen. Und zwar vor uns, den Eindringlingen. Als wir hörten, wie die Flügel der hölzernen Schiebetür mit einem dumpfen Knall zufielen, war uns klar, dass wir wieder in der Falle saßen.

»Die Schiebetür hat sich von selbst geschlossen«, rief Ichiro ungläubig.

Zu mehr blieb keine Zeit. Plötzlich schossen aus den *kyakuma*-Wänden Hunderte kleine, ungefähr fünf Zentimeter lange Metallstifte, die sich schmerzhaft in unsere Beine und Schenkel bohrten.

»*Fukibari*!«, jaulte Ichiro. »Wir müssen hier raus! *Fukibari*!«

Das musste er uns nicht zweimal sagen. Der Hosenstoff wurde zerfetzt, und unsere Beine begannen zu bluten, die Metallstifte bohrten sich überall hinein, als wären wir Nadelkissen. Zum Glück waren die Gummistiefel kniehoch, weshalb ein Teil der spitzen Nadeln abprallte, doch oberhalb davon gab es keinen Schutz. Oliver, Odette und Gabriella folgten Ichiro in den *genkan*, aber auch dort waren die Wände mit Metallnadeln gespickt. Morris und ich rannten hingegen zu einer Schiebetür, aus der keine *fukibari* herausschossen. Im Glauben, sie führe zu einer Art Schrank, in den wir uns flüchten könnten, riss ich die Flügel auf und starrte auf ein herabhängendes Seil. Morris schubste mich zur Seite und zog mit aller Kraft an dem Seil, worauf eine Holzleiter herunterglitt.

»Hier entlang!«, rief ich den anderen zu, während Morris schon die Leiter erklomm. Als er auf eine Sprosse in der Höhe meines Ohrs trat, hörte ich es in seinen Stiefeln schwappen. Offensichtlich wollte Saito uns zwar nicht umbringen, hatte aber durchaus eingeplant, uns Verletzungen und Schmerzen zuzufügen. Ich erinnere mich nicht, wie die anderen ins Obergeschoss gelangten, denn ich kletterte in aller Eile die Leiter hinauf und ergriff oben die kräftige Hand von Morris, der mich hochzog.

Aber das Obergeschoss war kein Obergeschoss, zumindest

nicht im Sinne von Zimmern in einem Haus. Diese Ebene war nur einen Meter hoch und man konnte sich nicht aufrichten, selbst wenn man wollte. Natürlich wollten wir es auch gar nicht. Wir waren viel zu erledigt und litten an unseren Verletzungen. Das Problem war allerdings, dass wir uns mit den vielen Metallstiften im Körper auch nicht einfach hinlegen konnten.

»Kommt nicht auf die Idee, die Nadeln einfach herauszuziehen«, befahl uns Odette, als sie oben ankam. »Wartet, bis ich euch helfe! Solange müsst ihr durchhalten!«

Odette als Kleinste von uns allen, die in etwa die Größe einer Japanerin hatte, war die Einzige, die die Nadeln auch in den Po getroffen hatten. Aber sie schlug sich tapferer als wir alle zusammen, als sie sich selbst verarztete. Ihr wunderbarer Notfallbeutel war inzwischen doppelt so groß wie der in Paris. Als gute Krankenschwester hatte sie wohl geahnt, dass noch einiges auf uns zukommen würde, und vorsichtshalber ein ganzes Arsenal an Notfallartikeln eingepackt. Ob Ichiro sie deshalb verpflichtet hatte? Morris hatte seine Fähigkeiten als Handwerker und Bauarbeiter schon mehrfach unter Beweis gestellt, und auch die Krankenschwester Odette schien bei diesem Abenteuer unentbehrlich zu sein. Ichiro musste genau gewusst haben, wovon er sprach, als er uns von der Rache eines toten Mannes erzählte, auch von den Gefahren, denen wir ausgesetzt sein würden, hatte es aber verschwiegen.

Nachdem sich Odette selbst verarztet hatte, kroch sie auf allen vieren von einem zum anderen und war dabei bemüht, ihre Latexhandschuhe nicht schmutzig zu machen. Mit einer Pinzette entfernte sie die Nadeln und versorgte die Wunden mit Kochsalzlösung und Desinfektionsmittel sowie sterilen Kompressen und jede Menge Pflaster. Als sie mit mir fertig war, reichte sie mir Feuchttücher, um mir – wieder einmal –

das Blut von Beinen und Füßen zu wischen, die in den Stiefeln größtenteils verschont geblieben waren, und eilte zu Gabriella. Ich sank auf den Holzboden, erschöpft und unfähig, darüber nachzudenken, dass wir in diesem Haus eingeschlossen waren und bestimmt noch größere Probleme bekommen würden, bis wir ans Ende gelangten. Ich starrte an die Decke, an der es auch Lampen gab, allerdings weniger als im Untergeschoss.

»Wir können nicht mehr zurück«, hörte ich Gabriella sagen. »Also müssen wir einen Weg finden, weiter nach oben zu gelangen.«

»Vielleicht müssen wir auf die Decke drücken«, sagte ich mit Blick nach oben. »Vielleicht ist das wieder eine Falle.«

Diejenigen, die bereits versorgt waren (man musste sich nur den Haufen Metallstifte ansehen, die Odette entfernt hatte), drückten mit vereinten Kräften auf alte Querbalken und Holzpfosten, in der Hoffnung, dass sie nachgaben. Ja, an einer Ecke weiter hinten, wo Morris auf die Decke drückte, gab sie tatsächlich nach. Hier benötigten wir keine Leiter, wir mussten uns in dem Loch lediglich aufrichten. Nach einem weiteren Drücken mit vereinten Kräften standen wir mit der oberen Körperhälfte auf dem Dachboden, und über uns wölbte sich ein hohes Satteldach.

»Wie sollen wir da rauskommen?«, fragte Odette, die sich im Halbdunkel umschaute. »Da ist nirgendwo eine Tür.«

»Dann muss es eine Luke im Boden geben«, behauptete ich.

»Aber dann landen wir wieder im Untergeschoss«, protestierte Oliver, »und werden wieder mit Nadeln beschossen.«

Morris baute sich mit verschränkten Armen vor ihm auf.

»Glaubst du etwa, ein Haus hat nur einen Raum?«, fragte er herablassend. »Wir waren bisher nur im Salon. Erinnerst du dich daran, wie groß der war? Gut, dann schau dir diese Fläche mal an, und sag mir, wo der Salon ist.«

Nach kurzem Überlegen zeigte Oliver auf die ungefähre Stelle.

»Genau«, sagte Morris. »Im ersten Stock muss es noch andere Räume geben, in die wir von hier aus gelangen könnten. Suchen wir nach einer Luke, wie Hubert vorgeschlagen hat.«

Was ein Glück, dass wir uns sogleich auf die Suche machten, denn als unter unseren schweren Stiefeln erneut der Nachtigallenboden erklang, lösten sich am hohen Dachfirst aus dem Querbalken lange Ketten mit kleinen scharfen Sicheln, die gefährlich hin und her schwangen. Aber es kam noch schlimmer, denn es waren keine scharfen Sicheln. Es handelte sich um eine seltsame Art von zweischneidigen Messern mit einem Enterhaken. Diese Messer waren höllisch scharf und schnitten uns in die Arme, mit denen wir unsere Köpfe zu schützen versuchten. Es war die Hölle. Wütend wie ein verletztes Tier stürzte sich Morris auf die Ketten, doch als er eine ergreifen wollte, drehte sich die Kette unvermittelt nach oben und das Messer schnitt ihm in die Hand. Ichiro schrie hysterisch:

»Hör auf, Morris! Hör auf! Auf den Boden! Werft euch alle auf den Boden, schnell!«

Als wir alle auf dem Boden lagen, konnten uns die Spitzen dieser Messer nicht mehr erreichen, sie hingen zu hoch.

»Das sind *kyoketsu shoge*«, erklärte uns Ichiro mit dem Mund dicht am Boden. »Auch eine Erfindung der Ninjas. Das Schlimmste daran sind nicht die Messer, sondern die Ketten. Wenn du in einer davon hängen bleibst, bist du verloren.«

»Suchen wir endlich die verdammte Luke, um hier wegzukommen?«, brüllte Morris, der langsam die Nerven zu verlieren schien. Seine dicken Finger bluteten stark. Ich sah auch einen Schnitt am Kopf und mehrere Wunden an den Armen. Natürlich erging es mir nicht viel besser. Den anderen auch nicht.

Die Ketten mit den Enterhaken schwangen ununterbrochen hin und her. Da der tragende Dachbalken sehr lang war, mussten es mindestens fünfzig oder sechzig dieser verdammten tanzenden Messer sein. Um die Luke zu finden, mussten wir flach über den Boden robben. Und der Boden hörte nicht auf, in unseren Ohren zu dröhnen, bis dieser Nachtigallengesang klang wie das, was er wirklich war: ein schrilles Kreischen, wenn zwei Metallteile aneinanderreiben.

Schließlich robbte Oliver über einen Teil des Bodens, der nicht kreischte. Mit vereinten Kräften gelang es uns, das rechteckige Teilstück anzuheben, und wieder war Morris der Erste auf der Leiter, die er mit je einem Fuß um die Längsstreben gekeilt einfach hinunterrutschte. Odette war die Nächste, sie benutzte wie jeder normale Mensch die Sprossen, und desinfizierte unten angekommen Morris Hände vorsichtig mit sterilem Mull. Sie sagte zwar nichts, wusste aber als Krankenschwester, dass eine Blutvergiftung genauso gefährlich sein konnte wie die *fukibari* oder *kyoketsu shoge*.

Wir gelangten in einen Raum, der so leer war wie der Salon, aber kleiner. Ichiro erklärte uns, dass es sich wahrscheinlich um ein Schlafzimmer handelte. Die Japaner benutzen andere Betten als wir im Westen. Sie legen zum Schlafen Futons auf den Boden, rollen sie morgens wieder ein und verstauen sie in Schränken. Auf diese Weise und mittels der *fusuma* genannten Schiebetüren konnte man je nach Bedarf die Räume unterteilen und für andere Zwecke nutzen. Auch dort erklangen die metallischen Nachtigallen unter unseren Füßen, was mir überhaupt nicht gefiel, weil das Geräusch bisher immer eine Gefahr angekündigt hatte.

Und die drohte erneut. Unsere Verletzungen von den Enterhaken bluteten noch, als aus den Wänden unvermittelt die gefährlichsten aller Ninja-Artefakte auf uns zuflogen: die *shuriken,* vierzackige Wurfsterne, die man aus den entsprechenden Filmen kennt. Diese Sterne bohrten sich nicht nur schmerzhaft in die Haut, sondern surrten auch noch laut, wenn sie sich im Flug um die eigene Achse drehten. Zumindest blieben sie nicht stecken, denn ihre Spitzen waren kurz und stumpf, sie verursachten hauptsächlich Kratzer und fielen einfach zu Boden.

Wir rannten aus dem Zimmer, doch jedes Mal, wenn wir einen neuen Raum betraten und der Nachtigallenboden zu hören war, tauchten geheimnisvollerweise auch die *shuriken* wieder auf. Es gab kein Entkommen aus dem Haus, auch nicht die Möglichkeit, sich zu Boden zu werfen, denn diesmal schossen sie aus allen erdenklichen Richtungen auf uns zu – aus den Wänden, aus der Decke.

Verzweifelt suchten wir nach einer Schutzzone, und als wir keine fanden, machten wir uns auf den Weg zurück zum Salon, weil uns die *fukibari* lieber waren als die *shuriken.* Aber das Haus war sehr groß und entpuppte sich wegen der zahlreichen Schiebetüren als wahres Labyrinth. Wenn es wenigstens Möbel gegeben hätte, hinter denen wir uns hätten verschanzen können, aber es gab nichts.

Nach einer ganzen Weile voller Angst und Schrecken hörten wir Ichiro von irgendwo gedämpft etwas rufen. Zu dem Zeitpunkt hatte ich den Dreh bereits heraus, wie ich die *shuriken* mit den Armen abwehren konnte.

Wir liefen in die Richtung, aus der Ichiros Rufen gekommen war, wo er auf dem Boden hockte und nach unten blickte. Er hatte ein Stück Holz aus der Schiebetür und ein weiteres aus dem Boden gebrochen.

»Da unten ist der Brunnen des Hauses. Los!«, befahl er.

Der Brunnen speiste das Haus mit Wasser. Ich stellte mich mit gespreizten Beinen über die Öffnung, während die anderen sich mit den herausgebrochenen Holzstücken vor den fliegenden Ninja-Sternen schützten. Mir war unbegreiflich, wie dieses Loch direkt ins Erdinnere führen konnte, wenn das Haus auf ungefähr dreißig Zentimeter hohen Pfählen stand.

»Das ist Wahnsinn, Ichiro«, sagte ich schnaufend wie ein Pferd. »Wir wissen nicht, ob es dort unten einen Ausgang gibt, und wenn doch, wie weit entfernt er ist. Wir könnten ertrinken.«

Er sah mich genauso entschlossen an wie zuvor Gabriella, als er ihr den alten Schlüssel zeigte.

»Das ist ein Ninja-Haus, Hubert!«, erklärte er ebenfalls schnaufend. »Als Kind habe ich schon welche gesehen. In Japan werden Schulausflüge in diese Häuser gemacht. Die alten stehen nur zum Teil auf Pfählen, meist der sichtbare vordere Teil. Das restliche Haus ist direkt auf dem Boden errichtet, um solche Brunnen anlegen zu können, denn sie waren die einzige Möglichkeit, lebend hier rauszukommen, wenn der Feind gesiegt hatte. Glaub mir, Hubert, ich weiß, wovon ich rede.«

Zwischen meinen Beinen klaffte der Brunnen dunkel wie ein Wolfsmaul. Ich nahm mein Handy und leuchtete nach unten. Ein schmaler, in den Stein gehauener Brunnenschacht, kaum geeignet für ein Bad zu zweit. Ungefähr zwei Meter weiter unten schimmerte das schwarze Wasser im Lichtschein. Mit den vielen Wunden in diese Brühe springen? Uns blieb wohl keine andere Wahl.

»Lass dich einfach ins Wasser fallen, Hubert«, drängte Ichiro. »Unten angekommen, suchst du nach einem Tunnel und schwimmst hinein.«

»Ist dieser Tunnel lang?« Ich fürchtete mich davor, im verseuchten Wasser der japanischen Trabantenstadt keine Luft mehr zu bekommen.

»Mach dir darüber keine Sorgen«, drängte Ichiro. »Die Ninjas waren ja nicht dumm. Spring schon!«

Nachdem ich hastig meine Brille abgenommen und in die Brusttasche gesteckt hatte, sprang ich mit den Beinen voraus. Innerlich fluchend tauchte ich in das eiskalte Wasser ein und traf mit den Stiefeln auf den Grund, weshalb ich mich abstoßen konnte und wieder an die Oberfläche gelangte, um nach Luft zu schnappen. Ich war so erschöpft, dass selbst das Atmen schmerzte.

»Such den Tunnel!«, befahl Ichiro von oben.

Mithilfe von Händen und Füßen fand ich tatsächlich knapp unter der Wasseroberfläche eine Öffnung.

»Ich habe ihn gefunden!«, rief ich.

»Dann schwimm rein, damit Morris runterspringen kann! Schwimm bis ans Ende! Und streif die Stiefel ab, sonst ziehen sie dich noch runter.«

Ich konnte nicht mehr denken, ich reagierte nur noch. Also streifte ich die Stiefel ab und ließ sie auf den Grund sinken, holte noch einmal tief Luft (das hatte ich im Fernsehen Taucher machen sehen), atmete mehrfach schnell hintereinander ein, um meine Lungen mit so viel Sauerstoff wie möglich zu füllen, und tauchte dann in die Öffnung hinein. Das Handy hatte ich im Mund, aber plötzlich schoss mir durch den Kopf, dass Wasser in den Akku dringen und mir das Gerät ins Gesicht explodieren könnte. Auch wenn das eher unwahrscheinlich war, gefror mir fast das Blut in den Adern. Zum Glück funktionierte die Taschenlampe auch unter Wasser, und in dem Moment etwas zu sehen war ein unbezahlbarer Trost.

Ich schwamm geradeaus durch den Tunnel und entdeckte zu meiner Rechten eine zweite Öffnung. War das nun der Ausgang? Ichiro hatte gesagt, dass ich bis zum Ende schwimmen sollte. Über dem zweiten Tunnel entdeckte ich die bekannten japanischen Schriftzeichen ファン・ゴッホ und einen Pfeil, der nach unten wies. Mein Blick war etwas getrübt, aber es handelte sich zweifelsohne um dieselben Schriftzeichen, die wir in den Katakomben in Paris gesehen hatten, der Name van Gogh auf Japanisch – an den Punkt in der Mitte erinnerte ich mich ganz genau. Das war der richtige Weg. Vielleicht waren wir dem Versteck von van Goghs *Bildnis des Dr. Gachet* schon ganz nah.

Also bog ich nach rechts ab und schwamm zügig weiter, bis der Tunnel plötzlich zu Ende war. Ich blickte nach oben und erkannte die Wasseroberfläche eines weiteren Brunnens. Rasch stieg ich auf und hielt den Kopf über Wasser, um gierig Luft zu holen. Dieser Ort führte nirgendwohin, es war nur eine Erweiterung des unterirdischen Tunnels, wenn auch jüngeren Datums, denn der Name van Gogh mit dem Pfeil war nichts anderes als das Werk Saitos.

Das Licht meiner Handylampe streifte an der schmalen unterirdischen Höhle entlang und fiel auf eine Art kleinen Altar. In diesem Tunnel stand das Wasser höher, weshalb ich mich mit den Händen am Rand hochzog. Es war höllisch kalt, und ich zitterte am ganzen Körper, als ich mich dem kleinen Altar näherte. Darauf lag ein weiterer Holzschnitt im *ukiyō-e*-Stil, ebenfalls in einer Plastiktüte. Diesen erkannte ich sofort, obwohl ich den Namen des Künstlers nicht wusste: Es war das Original des Bildes, das Vincent am oberen rechten Rand in sein *Porträt des Père Tanguy* eingebaut hatte, ein großer blühender Kirschbaum mit grauem Stamm, dessen rosafarbene Krone sich über einen Fluss neigt. Natürlich war das Original wesentlich schöner als die Kopie meines Landsmannes, aber man konnte die beiden Werke auch nicht vergleichen. Auf der Rückseite des Holzschnitts standen ebenfalls von Hand geschriebene Worte auf Japanisch.

»Hast du was gefunden?« Morris' Stimme und sein Plätschern im Wasser holten mich schlagartig in die Wirklichkeit zurück.

»Scheint eine weitere Spur zu sein«, sagte ich und ergriff die Tüte. Wegen ihres Gewichts musste sie noch mehr enthalten: eine weitere fast quadratische Holzmarke wie die in Paris, aber diesmal mit anderen Symbolen, einer Art Halbkreis mit einem Zipfel.

»Hau schon ab«, sagte er gewohnt freundlich. »Ich bleibe hier, bis Odette kommt, sie ist gleich nach mir gesprungen. Wenn du das jetzt mitnimmst, wundern sich die anderen, nichts zu finden. Der Letzte ist Ichiro, er soll die Tüte mitnehmen.«

Morris' Kopf funktionierte gar nicht so schlecht, wie es den Anschein hatte. Ich nickte und tauchte wieder ab. Dann schwamm ich bis zur Abzweigung zurück und bog nach rechts ab. Da ich in der Höhle atmen konnte, fiel mir das Schwimmen bis ans Ende der Röhre nicht schwer. Mit dem Handy hatte ich weniger Glück. Die Lampe blinkte ein paar Mal und erlosch. Ich tauchte im Dunkeln durch offenes und wärmeres, wenn auch noch ziemlich tiefes Gewässer. Sehen konnte ich nichts, also ließ ich ein wenig Luft aus meinem Mund entweichen und folgte den aufsteigenden Luftblasen. Oben angekommen empfing mich der Sternenhimmel über Atsugi, und ich konnte eine wunderbar frische Luft atmen. Ich fand mich mitten im Fluss Sagami unter der Brücke wieder, die über das Ninja-Haus führte und deren Pfeiler ich in der Dunkelheit nur schemenhaft erkennen konnte.

Ich schwamm den Lichtern der Stadt entgegen zum Ufer und sank vollkommen erschöpft in den Schlamm. Mein Atem ging hektisch, und ich war übersät mit Wunden, die im eiskalten Wasser aufgehört hatten zu bluten und jetzt wieder aufgingen. Einer nach dem anderen tauchten auch meine Gefährten auf. Als Letzter Ichiro, dessen schwarzes Haar wie eine Badehaube an seinem Kopf klebte.

Als er endlich das Ufer erreicht hatte und in den Schlamm sank, hob er triumphierend den Arm mit der hermetisch verschlossenen Plastiktüte samt Holzschnitt und Holzmarke.

5
DER KIRSCHBAUM VON YOSHITSUNE

Jemand muss uns gefunden und Hilfe geholt haben, denn ich erinnere mich nur daran, dass kurze Zeit später mehrere Krankenwagen mit Blaulicht und Sirenen eintrafen und uns alle aus dem Schlamm holten. Unterwegs wurde mir etwas gespritzt, was mich einschlafen und erst im Krankenhaus wieder aufwachen ließ. Ich war von oben bis unten mit Pflastern überzogen, und in meinem rechten Arm steckte eine Kanüle, die wiederum mit einer Infusion an einem Metallständer verbunden war. Wegen der japanischen Beschriftung konnte ich nicht lesen, was mir verabreicht wurde. Da mich niemand besuchen kam und ich auch nicht verstand, was das Krankenhauspersonal sagte oder was im Fernsehen lief, dämmerte ich zwischen den Essenszeiten meistens vor mich hin.

Obwohl ich mein Handy nirgendwo entdecken konnte und mir auch ziemlich sicher war, dass es nicht mehr funktionierte, hatte ich kurz überlegt, ob ich vielleicht meine Eltern anrufen sollte. Doch eigentlich war das keine gute Idee, nicht nur wegen der Zeitverschiebung von acht Stunden, sondern auch, weil sie sich nur unnötig Sorgen machen würden. Wir hatten schon länger nicht mehr telefoniert, und zu meinem Bruder Johannes hatte ich auch keine so enge Beziehung, um ihn wissen zu lassen, dass ich in einem japanischen Krankenhaus lag. Er wusste ja nicht einmal, dass ich nicht in Amsterdam weilte.

Ich stamme aus einer Bauernfamilie, aus dem kleinen Dorf Nuenen nahe bei Eindhoven. Als Erster der Familie hatte ich studiert und auch als Erster das Dorf verlassen. Die Feldarbeit hatte inzwischen mein Bruder übernommen, für den ich eigentlich ein Fremder war. Weder meine Eltern noch mein Bruder hatten mich je in meiner Kunstgalerie besucht, das hielten sie wohl nicht für nötig. Sie verstanden ja sowieso nichts davon, wozu sich also die Mühe machen? Annelien hatten sie auch nie gemocht. Sie fanden sie großspurig und dumm, aber als ich mich von ihr scheiden ließ, gefiel ihnen das auch nicht. Nachdem ich drei Jahre gelitten und immer wieder gehofft hatte, dass sie mir zuhörten und mich verstanden, wurde mir am Ende bewusst, wie sinnlos es war, sich deshalb zu grämen. Meine Familie war, wie sie war, und ich passte schlicht nicht dazu. Vielleicht war ich deshalb so introvertiert.

Ich hatte auch keine Freunde, die ich hätte anrufen können. Nach meiner Scheidung von Annelien vor drei Jahren musste ich feststellen, dass alle unsere Freunde vor allem *ihre* Freunde waren; sie waren es schon gewesen, als wir uns kennenlernten. Ich hatte keine eigenen Freunde, nicht, weil ich kein sozialer Mensch wäre, sondern weil ich ziemlich introvertiert war. Zurückhaltenden oder gar schüchternen Menschen fällt es immer schwer, mit anderen in Kontakt zu kommen. Sie werden zwangsläufig zu Einzelgängern. Alleinsein war hingegen kein Problem für mich, ich kam gut mit mir allein zurecht.

Deshalb rief ich die zwei Tage im Krankenhaus niemanden an und sprach auch mit niemandem. Ohne wenigstens eine knappe Auskunft über meinen Zustand erhalten zu haben, legte man mich achtundvierzig Stunden später auf eine Bahre und verfrachtete mich in einen Krankenwagen. Ich sah weder Ichiro noch meine Gefährten, doch es beruhigte mich, dass die knapp zweistündige Fahrt in absoluter Stille vonstattenging, weder Sirenen noch Hektik oder Sanitätspersonal. Ich hatte nur eine Tasche mit meinen Sachen (Brille, Kleidung, Portemonnaie samt Ausweis und Karten) bei mir.

Als der Wagen hielt und der Fahrer die Türen öffnete, wusste ich zwar immer noch nicht, wo ich mich befand, hatte aber durchaus eine leise Ahnung. Die feuchte Hitze Tokios war verschwunden, und es wehte eine angenehm frische Brise. Der Fahrer half mir von der Bahre (obwohl ich mich stark genug fühlte, allein aufzustehen), setzte mich in einen Rollstuhl (als könnte ich nicht selbst laufen) und schob mich zur Tür eines Hauses, das von außen sehr luxuriös wirkte. Er klingelte, sagte etwas auf Japanisch, bekam eine Antwort in derselben Sprache und verabschiedete sich von mir mit einer Verbeugung.

Noch bevor er den Wagen wieder starten und losfahren konnte, gingen die großen Türflügel der wunderschönen Villa auf, und ein weißhaariger alter Mann mit Brille, ebenfalls in einem Rollstuhl, empfing mich wie ein Vater seinen verlorenen Sohn: mit einem breiten, glücklichen Lächeln. Ich schämte mich ein bisschen, weil ich noch immer den blauen Krankenhauspyjama trug.

»*Ohayō gozaimasu, Hubert-san!*«, rief der alte Japaner glücklich, als er auf mich zurollte. Da erkannte ich ihn, er hatte denselben funkelnden und entschlossenen Blick wie sein Sohn. »Ich bin Kentaro Koga, Ichiros Vater.«

Was bedeutete, dass ich mich, wie vermutet, in Shizuoka befand, der Heimatstadt von Ichiro und Ryoei Saito.

Zwei kräftige Japaner in schwarzem Anzug tauchten hinter Kentaro auf und schoben uns durch einen wunderschönen Garten zu dem modernen mehrstöckigen Haus im westlichen Baustil, das gut und gern in den Schweizer Alpen hätte stehen können. Auf dem *engawa*, dem Holzbalkon, standen zwei lächelnde Japanerinnen vor der Eingangstür. Die ältere war gewiss Ichiros Mutter, und die andere Frau um die vierzig musste seine Frau sein.

»Darf ich dir Fumiko, meine Frau und Ichiros Mutter vorstellen«, sagte Kentaro und zeigte auf die ältere Frau, die sich verbeugte. »Sie spricht kein Englisch, aber meine Schwiegertochter Midori, Ichiros Frau, schon.«

Midori verbeugte sich ebenfalls, war aber gleich darauf wieder eine moderne Frau und nahm alles Weitere selbst in die Hand.

»*Irasshaimase, Hubert-san*«, sagte Midori, als sie näher kam und sich erneut verbeugte. »Die anderen sind schon da und warten auf dich.«

Dann sagte sie etwas zu dem Mann hinter mir, der mich daraufhin über eine kleine Rampe neben der Treppe auf den *engawa* schob. Der erste Raum war eindeutig der *genkan*, in dem die Japaner die Schuhe ausziehen, bevor sie das Haus betreten, denn dort stand ein Regal voller Schuhe. Der Mann beugte sich über mich, zog mir respektvoll die Schuhe aus und eine Art Badeschlappen an (sie bestanden aus Frottee).

Wie in dem verfluchten Ninja-Haus folgte auf den *genkan* der *kyakuma*, der große Salon, wo mich der Gastgeber und meine Gefährten erwarteten. Ich freute mich sehr, sie alle wiederzusehen, und sie begrüßten mich mit großem Hallo, als der schwarz gekleidete Mann mich in den Raum schob. Meine ebenfalls von oben bis unten zugepflasterten Gefährten standen im gleichen Krankenhauspyjama und mit den gleichen Badeschlappen auf den eigenen Beinen, weshalb auch ich aufsprang, denn einen Rollstuhl brauchte ich nun wirklich nicht.

Morris, Oliver, Ichiro, Gabriella und Odette umarmten mich herzlich, was ich mit freudigem Herzen erwiderte. Midori setzte sich neben Ichiro, und Kentaro ließ sich an einen flachen Holztisch in der Mitte des *kyakuma* schieben. Fumiko, Ichiros Mutter, verschwand lächelnd durch eine Tür.

Wer hätte geglaubt, dass wir vor einer Woche noch völlig Unbekannte waren! Gemeinsam im Schützengraben zu liegen verbindet ungemein.

»Dann lagen wir tatsächlich alle auf derselben Station?«, nahm Odette das unterbrochene Gespräch wieder auf.

»Tür an Tür«, versicherte Ichiro.

»Das hättet ihr uns aber auch sagen können«, protestierte Oliver.

»Als ich euch das letzte Mal sah«, fügte Morris laut lachend hinzu, »wart ihr alle noch pitschnass, verletzt und von Kopf bis Fuß mit Schlamm überzogen.«

»Genau wie du!«, erwiderte ich und zeigte auf seinen Kopf-verband. »Als du dort unten in der Höhle aufgetaucht bist, hast du wirklich schrecklich ausgesehen. Du hast mich fast zu Tode erschreckt!«

»Also, kommen wir jetzt zu unseren Diagnosen«, sagte Ichiro und hob dabei die Stimme, um unsere Aufmerksamkeit zu erregen. »Ihr werdet überrascht sein.«

»Ist denn nicht offensichtlich, was mit uns passiert ist?«, fragte Odette.

»Nein, ganz und gar nicht«, widersprach Ichiro.

»Dann erzähl mal – ich wüsste nicht, was so geheimnisvoll daran sein soll«, erwiderte sie selbstbewusst. »Verbrennungen, Schnitte, Stichverletzungen …«

»Alles nur oberflächlich«, präzisierte Ichiro.

»Von wegen oberflächlich!«, empörte sie sich. »Hast du etwa schon vergessen, wie viele Metallnadeln ich euch aus den Beinen gezogen habe?«

»Wie mir die Ärzte in der Notaufnahme erklärten«, mischte sich Kentaro ein und beugte sich vor, »gab es keinerlei schwere

Verletzungen. Allerdings konnten sie sich nicht erklären, wie ihr euch diese vielen kleinen Schnitte zugezogen habt …«

»Kleine Schnitte!«, protestierte Odette.

»Ich kann dir den Arztbericht gern zeigen«, spöttelte Ichiro. »Aber du wirst ihn nicht lesen können.«

»Nur wenige Schnitte gingen in tiefere Hautschichten«, erklärte Kentaro weiter. »Ihr hattet Angst und Schmerzen, eine Überdosis Adrenalin im Blut … Und ja, allerhand kleine *fukibari* in den Beinen.«

»Sie waren fünf Zentimeter lang!«, rief Oliver empört. »Wir haben stark geblutet!«

»Hört mal«, versuchte Kentaro uns zu beruhigen. »Wie ich euren Arztberichten entnehmen konnte, hatte Ryoei nicht die Absicht, im Ninja-Haus jemanden zu töten, auch nicht in den Pariser Katakomben. Er wollte den Beamten nur einen Schrecken einjagen, wenn sie versuchen sollten, den van Gogh zu suchen. Und da ich ihn ein wenig kannte, habe ich keinen Zweifel daran, dass ihm die Organisation dieses Abenteuers in seinen letzten Lebensjahren einen ungeheuren Spaß gemacht hat. Er hat sich das alles ausgedacht, um Steuerfahnder, langweilige Bürokraten und Finanzbeamte ein wenig in Bedrängnis zu bringen. Solchen Leuten kannst du keine Grenzerfahrungen zumuten, denn sie könnten tatsächlich sterben, dessen war sich Ryoei sehr wohl bewusst.«

Odette ging zu Kentaro, krempelte direkt vor seiner Nase ihren Blusenärmel hoch und zog das Pflaster ab.

»Ich hoffe, Sie erkennen, dass das ein Irrtum ist, wenn Sie das hier sehen«, sagte sie und zeigte ihm den Schnitt von ungefähr sechs Zentimeter Länge, der schon sauber vernarbte.

»Ich behaupte ja nicht, dass ihr nicht gelitten hättet, Odette«, erwiderte Kentaro bekümmert. »Ich weiß, dass ihr leiden musstet, dass es viele und sehr schmerzhafte Wunden waren. Ich will damit nur sagen, dass nichts wirklich lebensgefährlich war, und bin mir sicher, dass die Geschosse der Ninja-Waffen exakt so eingestellt waren, dass ihr Flug schwächer ausfiel als normalerweise.«

»Es sind sehr viele *fukibari* durch die Luft geflogen«, brachte uns Ichiro in Erinnerung, »und viele *shuriken*. Es waren so viele spitze Objekte, die auf uns zugeschossen kamen, dass wir es nicht gleich gemerkt haben. Aber in Wirklichkeit hatten sie nicht die Geschwindigkeit, um uns ernsthafte Verletzungen zuzufügen, nur kleine Läsionen.«

»Mensch, dann bin ich Herrn Saito ja wirklich dankbar, dass er uns nicht töten wollte«, kommentierte ich. »Aber ich denke schon lange, dass jemand, der sich für ein paar armselige Beamte einen derartigen Rachefeldzug ausdenkt, nicht ganz richtig im Kopf sein kann.«

»Schau mal, Hubert«, sagte Kentaro, »Ryoei war ein exzentrischer Mann, wir Japaner nennen das extravagant. Er war allseits bekannt und konnte deswegen einfach nicht verzeihen, was er als Ehrverletzung betrachtete. Er hat ganz allein und ohne jegliche Hilfe das kleine väterliche Geschäft aufgebaut, und am Ende war Daishowa ein multinationaler Papierkonzern mit Filialen in Kanada, den Vereinigten Staaten, Australien. Alle in Shizuoka, die ihn kannten, wissen, dass er nicht fähig war zu töten. Er war ein Kapitalist und außerdem schwer korrupt. Aber kein Mörder. Und es passt gut zu seinem exzentrischen Charakter, dass er sich auf Kosten derjenigen, an denen er sich rächen wollte, amüsierte.«

»Wenn du mich vor aller Welt demütigst«, erklärte Ichiros Frau Midori mit ironischem Lächeln, »jage ich dir schmerzhafte *tetsubishi* in die Füße, *fukibari* in die Beine, spitze *kyoketsu shoge* in Arme, Oberkörper und Kopf und lasse fliegende *shuriken* auf dich los.«

Wir lachten. Das war die verquere Logik eines rachsüchtigen alten Mannes, aber Midori hatte ihn gut imitiert. Wir rissen die Pflaster ab, denn die brauchten wir nicht mehr. Außerdem heilten Wunden an der Luft besser, wie Odette sagte.

Kurze Zeit später rief uns Fumiko, Ichiros Mutter, zum Essen. Zwei Kellner folgten beflissen ihren Anweisungen. Im Haus gab es ein traditionelles Esszimmer für die Familie, aber auch ein westlich eingerichtetes mit normalen Stühlen und einem großen Tisch für Gäste, weshalb wir uns nicht im Schneidersitz auf den Boden setzen mussten. Auch forderte uns niemand auf, vor dem Essen zu duschen oder uns anzuziehen.

Der Tisch bog sich unter der Fülle der Speisen, und Fumiko bat uns zuzugreifen. Es gab sechs verschiedene Miso-Suppen, Platten mit Eingemachtem, gefüllte Pfannkuchen, Reis mit grünem Tee und Ochsenragout, fermentierte Sojabohnen, Ente mit Nudeln, Lachs in Meersalzkruste, frischen Tofu mit zwei Soßen, eine war aus Gurken, die andere weiß ich nicht und habe es nie erfahren. Alles in Hülle und Fülle. Nur Morris und ich aßen mit Besteck.

Nach einer großen Auswahl an Desserts (mit schwarzen Bohnen gefüllte Reistörtchen, Eis aus schwarzem Sesam, grünem Tee, Ingwer …) tranken wir noch einen Kaffee, bedankten uns bei Fumiko für das gute Essen und kehrten in den *kyakuma* zurück. Diesmal setzte sich Ichiros Mutter zu uns, obwohl sie kein Englisch verstand. Midori beugte sich öfter zu ihr hinüber und erklärte ihr, worüber wir gerade redeten. Die gute Frau war sympathisch, aber auch sehr reserviert.

Kentaro, dem sein Unmut, an den Rollstuhl gefesselt zu sein, anzumerken war – denn wie Ichiro war er unfähig, ruhig zu sitzen –, überreichte dem Mann, der neben ihm stand (und der wegen seines Aussehens ein Angestellter des Bestattungsunternehmens sein musste) eine Mappe, damit er an alle eine

Kopie des Drucks verteilte, den wir im Brunnen des Ninja-Hauses gefunden hatten. Wie alle Bilder im *ukiyō-e*-Stil, die ich bisher gesehen hatte, zog mich auch dieses in seinen Bann. Es war unglaublich schön. Auch wunderte mich keineswegs, dass die Impressionisten vom *ukiyō-e* so fasziniert waren. Man konnte sich an diesen Bildern einfach nicht sattsehen. Der blühende Kirschbaum war so schön, dass nur große Künstler ihn mit diesen Farben und aus dieser Perspektive darstellen konnten.

»Als ihr im Krankenhaus lagt«, begann Kentaro zu berichten, »habe ich Nachforschungen über die Gegenstände angestellt, die ihr in Paris und Tokio gefunden habt. In Paris war es Hiroshiges Werk *Der Fluss Sagami*, der euch zum Ninja-Haus in Atsugi führte, wo ihr wiederum das Werk gefunden habt, das van Gogh ebenfalls auf sein *Porträt des Père Tanguy* kopiert hat. Ich glaube, es gibt jetzt keinen Zweifel mehr daran, dass sich Ryoei von besagtem Porträt für sein Spiel inspirieren ließ.«

Ja, daran hatte ich beim Anblick des Kirschbaums auch schon gedacht. Meine Gefährten nickten zustimmend.

»Dieser Holzschnitt stammt ebenfalls von Hiroshige«, fuhr Kentaro fort. »Er ist die Nummer 45 einer anderen seiner berühmten Serien, *Gojûsan tsugi meisho zue*, oder *Die 53 Stationen des Tōkaidō*, gemalt 1855.«

Ich sah die Verwirrung in den Gesichtern der anderen, bis mir klar wurde, dass ich genauso verwirrt dreinblickte. Wir hatten nur wenig verstanden von dem, was Kentaro gesagt hatte.

Als er uns so stumm und verdattert dreinblicken sah, lachte er herzlich auf, und sein Gesicht legte sich dabei in viele Falten.

»Wenn ihr Lust habt, können wir morgen in das Tōkaidō-

Hiroshige-Kunstmuseum hier in Shizuoka gehen. Leider hängen dort nur die Bilder von Hiroshige, die mit Shizuoka und der Tōkaidō-Bahnstrecke zu tun haben, aber es lohnt sich. Und da dieses Jahr sein hundertsechzigster Todestag gefeiert wird – er starb während der Choleraepidemie im Jahr 1858 –, sind aufsehenerregende Veranstaltungen geplant, die ihr euch nicht entgehen lassen dürft, wenn euch Hiroshige gefällt.«

»Warte mal, *otōsan*«, unterbrach Ichiro ihn ungeduldig. »Lass mich ihnen das erst erklären. Du redest nicht mit Japanern. Angefangen damit, dass sie gar nicht wissen, was die Tōkaidō ist, denn sie haben nicht mal die Hälfte dessen, was du gesagt hast, verstanden.«

»Du hast recht«, räumte Kentaro zähneknirschend ein. »*Suminasen, Ichiro.*«

»Es ist ganz einfach«, sagte Ichiro. »Tōkaidō bedeutet ›Strecke des Ostmeeres‹. Das ist eine bestimmte Bahnstrecke und der einzige Weg, um von Tokio, das damals Edo hieß und die Hautstadt des Militärgouverneurs Shogun war, nach Kyoto zu gelangen – das war wiederum die Hauptstadt des Kaisers, der nur symbolische und religiöse Macht besaß. Alles begann im Jahr 1603, als der Shogun anordnete, die Stadt Edo zu errichten. Auf dieser Strecke des Ostmeeres gab es dreiundfünfzig Bahnhöfe, oder besser gesagt, dreiundfünfzig Zoll- und Kontrollstationen auf den fast fünfhundert Kilometern zwischen Tokio und Kyoto. An jeder Station wurde das Gepäck durchsucht, mussten die mitgeführten Waren deklariert und ein Dokument vorgelegt werden, das zu der Reise berechtigte, und wenn du das nicht vorweisen konntest, durftest du nicht weiterreisen, du musstest nach Hause zurückkehren und wurdest dort festgenommen. Die Shogune hatten große Angst vor Revolten und Machtverlust, und um die Heere daran zu hindern, sich frei zu bewegen, legten sie fünf bis sechs überwachte

Routen durch ganz Japan an. Aber die Tōkaidō-Strecke war die wichtigste, weil sie die beiden Hauptstädte, die militärische und die kaiserliche, miteinander verband.«

»Und die *ukiyō-e*-Künstler«, mischte sich Kentaro wieder ein, »fertigten zahlreiche Holzschnitte der dreiundfünfzig Stationen an. In Wirklichkeit malten sie fünfundfünfzig Bilder, Edo und Kyoto eingeschlossen. Hiroshige war einer von diesen Künstlern, der gleich mehrere Serien von den Stationen malte. Und wie ich vorhin erklärte, ist das Bild aus dem Ninja-Haus, das Vincent van Gogh kopierte, eines aus der Serie *Die 53 Stationen des Tōkaidō*.«

»Um genau zu sein«, schnitt Ichiro seinem Vater wieder das Wort ab, als der Luft holte, »trägt das Bild den Titel *Ishiyakushi: Yoshitsune Kirschbaum nahe am Noriyori-Schrein*, was heißt, es handelt sich um die Station Ishiyakushi, die es natürlich noch gibt, und dort lebte ein gewisser Yoshitsune, dem dieser wunderschöne *sakura* gehörte: der blühende Kirschbaum.«

»Und dieser schöne *sakura* stand nahe dem Noriyori-Schrein«, ergänzte Kentaro.

Wenn Ichiro schon eine Atombombe war, wirkte das Zusammenspiel mit seinem Vater wie eine kosmische Thermonuklearreaktion, die jedes Gehirn und jeden menschlichen Willen zum Schmelzen brachte. Mir war absolut schleierhaft, wie die arme Fumiko einen Mann wie Kentaro und einen Sohn wie Ichiro aushielt, begann aber langsam die Geschichte zu verstehen, die uns Ichiro in Paris erzählt hatte: dass sein Vater im Leichenwagen Ryoei Saitos Sarg geöffnet und das herausgenommen hatte, was er für ein Van-Gogh-Gemälde hielt. Ich konnte auch verstehen, dass diese Suche für Vater und Sohn zur Obsession geworden war. Sie ähnelten sich sehr.

»Ishiyakushi ist heute Teil der Stadt Suzuka«, fuhr Midori fort, um das gegenseitige Überbieten von Ehemann und

Schwiegervater auszubremsen, »die ziemlich bekannt ist, weil dort die berühmte Formel-1-Rennstrecke liegt. Sie gehört zur Präfektur von Mie, vierhundert Kilometer westlich von Tokio.«

»Der Noriyori-Schrein existiert natürlich nicht mehr«, fügte Kentaro hinzu. »Den hat sich die Stadt einverleibt. Aber Ryoei Saitos Nachricht enthält eine ziemlich deutliche Spur.«

Er drehte die Kopie um und las:

»*Der Buddha der Heilung.*«

»Denn in Ishiyakushi«, ergänzte Ichiro, »steht ein buddhistischer Tempel namens *Ishiyakushi-ji*, in dem eine wertvolle Abbildung von *yakushi*, dem Buddha der Heilung, steht. Sie stammt aus dem 9. Jahrhundert.«

»Wie ihr seht, gab Yakushi, der Buddha der Heilung, dem Tempel seinen Namen und der Tempel wiederum dem Dorf. Weshalb Hiroshiges Bild und Saitos Nachricht auf den Tempel des Buddhas der Heilung in Ishiyakushi verweisen«, schloss Kentaro.

Im *kyakuma* breitete sich Schweigen aus. Aus dem Augenwinkel sah ich, wie Gabriella eine Haarsträhne ins Gesicht fiel. Gleich darauf sprang Ichiro auf.

»Was?«, rief er provozierend. »Wollt ihr schon wieder aufgeben, wie in Paris?«

Niemand antwortete, alle sahen nur verloren vor sich hin. Das Ninja-Haus war eine schreckliche Erfahrung gewesen, und obwohl die Kogas sie herunterspielten (wahrscheinlich zu Recht, aber meiner Meinung nach auch, um zu verhindern, dass wir aufgaben), war der Albtraum zeitlich noch zu nah. So nah, dass wir unmöglich Freude über ein neuerliches Abenteuer empfinden konnten. Midori schien das zu verstehen.

»Ich glaube, es wäre besser, wenn ihr noch ein paar Tage wartet, bis ihr nach Ishiyakushi fahrt«, schlug sie vor. »Ihr müsst euch erst etwas ausruhen. Wenn aber jemand von euch aussteigen und heimfahren will, kann er das natürlich jederzeit tun.«

Kentaros und Ichiros Blicke sprühten Blitz und Donner.

»Aber dann bliebe uns ja nur der Vorschuss!«, klagte Morris empört. »Es ging uns beschissen, es war die Hölle, aber wenn wir jetzt abreisen, verlieren wir die halbe Million Dollar, die ihr uns am Ende zahlen müsstet. Ich finde das nicht gerecht.«

Alle senkten ein wenig beschämt den Kopf. Ja, wir waren wegen des Geldes hier.

»Du hast einen Vertrag unterschrieben, John«, brachte Ichiro ihm verstimmt in Erinnerung. »Wir hätten euch keinen Vorschuss zahlen müssen, haben es aber getan.«

Die Atmosphäre war ungemütlich geworden. Unvermittelt hatte sich ein herzliches, unterhaltsames Gespräch in einen Streit über Geld verwandelt. Da wandte sich Midori diskret an ihre Schwiegermutter Fumiko, die mit einer kaum wahrnehmbaren Handbewegung zustimmte, was außer mir keinem aufzufallen schien, und fragte dann:

»Für wie viel Geld würdest du denn bleiben, John?«

Er hatte nicht gesagt, dass er abreisen wollte, weshalb diese Frage die Familie teuer zu stehen kommen könnte. Mich überraschte viel mehr, dass bei den Kogas die beiden Frauen das Geld verwalteten und wohl auch für unsere Verträge verantwortlich zeichneten. Irgendwas hatte ich noch nicht verstanden.

»Für das Doppelte!«, rief Morris streitlustig. »Wenn ihr mir das Doppelte bezahlt, bleibe ich. Aber hey, das will ich schriftlich!«

»Seid ihr damit einverstanden?«, fragte Ichiros Frau in die Runde und ließ ihren Blick durch den Raum schweifen. Ich wusste nicht, was ich sagen sollte. Natürlich wollte ich eine Million Euro (mir waren Euro angeboten worden, nicht Dollar wie Morris), wer hätte die nicht gewollt? Man müsste schon ziemlich verrückt sein, um eine solche Summe auszuschlagen. Aber eigentlich hätte ich meinen Part des Vertrages auch für das vereinbarte Geld erfüllt, denn an Aussteigen hatte ich keinen Moment gedacht. War es unfair, wenn ich Morris' Forderung mit meinem Schweigen unterstützte? Wahrscheinlich schon, aber alle anderen waren in derselben Lage.

»Sehr gut«, kam Kentaro Midori zuvor. »Dann gibt es das Doppelte, und das wird schriftlich festgehalten. Morgen früh bekommt ihr neue Verträge. Aber gleich danach brecht ihr nach Ishiyakushi auf.«

6

VAN GOGHS OHR

Im Hotel in Tokio hatten wir ein westliches Frühstück bekommen. Desgleichen im Krankenhaus, wahrscheinlich, weil wir Ausländer waren, aber im Haus der Kogas wäre es ein Mangel an Respekt gewesen, uns nicht das beste japanische Frühstück zu servieren. Was ein Glück, dass es in rauen Mengen Kaffee und Tee dazu gab, denn sonst wäre es für uns ziemlich hart gewesen, den Tag mit Reis, Suppe, Tofu, gebratenem Fisch und Algen mit Eiern zu beginnen. Beim Frühstück unterschrieben wir schweigend unsere neuen Verträge mit der doppelten Geldsumme. Ich schämte mich ein wenig, auch wenn ich innerlich Luftsprünge machte.

Um Punkt sechs Uhr früh holte uns ein Minibus ab. Der Tag hatte regnerisch begonnen, war aber schon warm. Ich sah den Berg Fuji in Nebel gehüllt und musste bei diesem Anblick an den Himmel der *ukiyo-e*-Holzschnitte denken. Jetzt verstand ich, warum die Künstler ihn so gemalt hatten.

Wie es der Zufall wollte, saß ich neben Gabriella, und obwohl ich wusste, dass sie sich sehr gut mit Oliver verstand, waren die drei Stunden Fahrt nach Ishiyakushi ein großes Vergnügen für mich. Mehr als ein gutes Verhältnis oder vielleicht eine Freundschaft (eher unwahrscheinlich) konnte ich nicht erwarten und hoffte nur, dass mein Blick nicht das unstillbare Verlangen preisgab, das diese Frau in mir auslöste.

95

Wir sprachen natürlich über Kunst. Ich erzählte ihr von den Künstlern, die ich in meiner Galerie verkaufte, und bot ihr an, ein paar ihrer Werke auszustellen, sollte sie keinen Exklusivvertrag mit einem Kunsthändler in Mailand haben. Sie erwiderte, dass sie gegenüber traditionellen Galerien eine Aversion (ich glaube, sie sagte sogar »Abscheu«) verspüre, weil sie immer die Exklusivrechte von den Malern verlangten, bevor sie ihre Bilder ausstellten und zum Verkauf anboten.

»Das Exklusivrecht zu verlangen, sich des ganzen Werkes eines Künstlers zu bemächtigen, ist in der heutigen Welt lächerlich«, sagte sie verächtlich. »Ihr Galeristen macht das nur, um die Konkurrenz auszuschalten und euch beim Verkauf weniger anstrengen zu müssen, denn ihr wisst, dass ihr uns an der Angel habt und auf diese Weise niemand ein besseres Angebot machen kann, weil wir euch gehören. Ich lasse mich auf dieses Spiel nicht ein. Deshalb habe ich auch keine Galerie in Mailand oder sonst wo.«

»Wie verkaufst du dann deine Bilder?«, fragte ich, obwohl ich es mir schon denken konnte.

»Übers Internet«, erklärte sie stolz. »Ich habe meine eigene Webseite und verkaufe auch auf großen Online-Portalen und Versteigerungen. Mein Werk ist das wert, was die Leute dafür bezahlen wollen, sie können auch gegen andere bieten, das ist nur gerecht. Darüber habe ich kürzlich mit Oliver gesprochen. Obwohl er ein Street-Art-Künstler ist, würde er auch gern in Galerien verkaufen, weil man nur so auf den Kunstmessen präsent sein kann. Sein Mann ermuntert ihn immer wieder, von der Hauswand auf Leinwand umzusteigen und seine Werke Galeristen anzubieten, aber ich habe ihm abgeraten und gesagt, es sei viel besser, unabhängig und frei zu bleiben, weil es mit Leuten wie euch immer kompliziert ist. Heutzutage seid ihr doch echte Dinosaurier.«

Moment mal … Das war zu viel Information auf einmal. Oliver war also verheiratet und zudem mit einem Mann, was Gabriella aus seinem sexuellen Radar ausschloss, die beiden waren also nur Freunde! Andererseits sah Gabriella in mir einen von ihr zutiefst verachteten traditionellen Galeristen, einen Dinosaurier, der die Künstler ausbeutete, wenn er unverschämterweise das Exklusivrecht von ihnen verlangte.

»Ich kann dich verstehen«, sagte ich schließlich mit Blick aus dem Fenster. »Aber das Exklusivrecht hat einen Sinn, auch wenn du es nicht glauben magst. Als Galerist bist du damit in der Pflicht, das Werk des Künstlers zu bewerben, alles für ihn zu tun, was in deiner Macht steht, damit er seine Bilder ausstellen und verkaufen kann. Wenn du das Exklusivrecht nicht hast, steckst du einen Haufen Zeit und Geld in einen Künstler, und hinterher streicht ein anderer Galerist, der ebenfalls Bilder von ihm ausstellt, die Einkünfte ein.«

Gabriellas Blick konnte verächtlicher nicht sein.

»Ihr kapiert es einfach nicht, oder? Wenn ein anderer Galerist das Werk eines Künstlers verkauft, den du ebenfalls in deiner Galerie ausstellst, wertet das den Künstler auf, und der Preis der Bilder, die bei dir hängen, steigt. Galeristen konkurrieren nicht, sie addieren. Aber das werdet ihr nie kapieren. Ihr seid kurzsichtig und hochmütig. Zum Glück wird es euch nicht mehr lange geben. Plattformen für Online-Versteigerungen und moderne Galerien, die offen sind für den Wandel, werden euch in den Ruin treiben. Du wirst schon sehen.«

Der Ruin war schon verdammt nah, und ich war versucht, es ihr zu beichten, hielt aber lieber den Mund. Vielleicht hatte sie recht. Denn tatsächlich kündeten die Trompeten schon seit einigen Jahren von einem Zeitenwandel auf dem Kunstmarkt und vom Ende meines Berufsstands. Doch die meisten Kunsthändler und Galeristen waren derart an die traditionelle Form gewöhnt (ich arbeitete schon während meines Kunststudiums in einer Galerie und eröffnete nach dem Abschluss meine eigene nach dem gleichen Modell), dass wir einfach ignorierten, dass der Zeitgeist unser Verschwinden ankündigte. Wie viele Menschen hatten im letzten Jahr einen Fuß in meine Galerie gesetzt? Und wie viele von denen hatten etwas gekauft? Besser nicht darüber nachdenken.

Ich verschoss meine letzte Munition: »Aber ohne Galerie kannst du nicht auf internationalen Kunstmessen ausstellen …«

»Es gibt viele Arten von Kunstmessen«, erwiderte sie mit einem Anflug von Mitleid in ihrem wunderschönen Gesicht. »Es lohnt sich nicht mehr, sich an Galeristen wie dich zu binden, die entscheiden, welche Künstler sie präsentieren und welche sie vorrangig bewerben. Ich stelle auf unabhängigen Messen und auf Online-Messen aus, die in diesem Sektor immer mehr an Bedeutung gewinnen.«

Sie hatte eindeutig recht. Wenn wir den verschwundenen van Gogh gefunden hatten, würde ich mit dem Geld meinen Übergang in die digitale Welt einläuten … Aber meine Galerie würde ich trotzdem nicht schließen. Das hatte auch sentimentale Gründe.

»Würdest du mir helfen, mein Geschäftsmodell zu verändern und die Kunstwelt kennenzulernen, in der du dich bewegst?«, fragte ich ein wenig eingeschüchtert.

Sie starrte mich stumm an und lächelte schließlich.

»Willst du mich unter Vertrag nehmen?« Nach der Frage lachte sie laut auf.

»Ich weiß schon, dass es dir nicht an Geld fehlen wird und dass andere Projekte auf dich warten«, erklärte ich und schob meine Brille hoch. »Ich biete dir nur an, eine traditionelle Ga-

lerie im Zentrum von Amsterdam für die Zukunft umzuge-
stalten, und zwar, wie du es für richtig befindest. Vielleicht bist
du ja interessiert. Ich habe überhaupt nichts gegen Verände-
rung.«

»Echt, Hubert, ich bin sprachlos!«, erwiderte sie noch immer lachend. »Ich denke darüber nach und sage dir dann Bescheid, einverstanden? Ich finde die Idee ziemlich gut. Du hast
Mut!«

Ich hätte sie am liebsten auf den Mund geküsst, aber eine
Stimme in meinem Kopf sagte mir, dass das keine gute Idee
war. Und wenn in Italien jemand auf sie wartete? Da Oliver
jetzt keine Konkurrenz mehr darstellte, nahm das Gespenst
eines Jemand in Mailand Gestalt an und wurde immer größer.

Allerdings saß im Minibus ein anderer großer Idiot: Morris natürlich, der genau in diesem Augenblick einen Sitzplatz-
wechsel vorschlug. Er saß neben Odette, und die beiden waren offensichtlich wie Wasser und Öl. Die französische Mutter
und der ungeschlachte Yankee-Handwerker hatten nur wenig
gemein. Ich konnte mir schlicht nicht vorstellen, dass Morris
Odettes Kinder niedlich fand, auch nicht, dass sich Odette für
Morris' Cross-Maschinen interessierte.

Auf der restlichen Fahrt neben dem dicken Rothaarigen,
der nun Gabriellas Platz einnahm, wuchs mein Ärger, und
meine Nerven wurden derart strapaziert, dass ich mich nur
schwer beherrschen konnte. Dann trafen wir zum Glück in
Ishiyakushi ein, einem kleinen Stadtteil von Suzuka, der mit
seinen flachen Häusern noch immer wie ein Dorf wirkte.
Der Minibus hielt auf einer schmalen Straße direkt vor dem
Eingang zu einem Tempel, der angesichts von Ichiros strahlendem Gesicht und seinen überschwänglichen Gesten zweifelsohne Ishiyakushi-ji, der Tempel des Buddhas der Erlösung

sein musste. Vor dem Aussteigen präparierten wir uns wieder mit sämtlichen Mitteln gegen die grässliche Sommerhitze in diesem Land.

Ich hätte viel lieber Yoshitsunes *sakura*, den wunderschönen blühenden Kirschbaum gesehen, als den Tempel aufzusuchen, weil ich davon überzeugt war, dass mich seine Schönheit berührt hätte. Aber der Frühling war vorbei und Yoshitsune schon über hundert Jahre tot, weshalb sein Kirschbaum das Wachstum der Stadt Suzuka wahrscheinlich auch nicht überlebt hatte. Also musste ich mich wohl mit dem Ishiyakushi-ji und seinem Buddha begnügen.

Beim Aussteigen wurden wir von einem lautstarken Zikaden-Konzert begrüßt. Es klang, als wären es Millionen, auch wenn man keine einzige sehen konnte.

Über dem Tempeleingang hing ein Schild, auf dem die frühere Zollstation Ishiyakushi der Tōkaidō-Route abgebildet war, ebenfalls von Hiroshige aus einer anderen seiner Serien, aber mir gefiel das Bild mit Yoshitsunes blühendem Kirschbaum weit besser.

»Los geht's!«, rief Ichiro und winkte uns ungeduldig heran.

Wir gingen eine Steinrampe hinauf, passierten ein kleines Vordach mit Drachenmotiven und gelangten in einen großen üppigen Garten voller Bäume und Pflanzen. Wenn im Frühjahr diese Kirschbäume blühten, musste der Garten ein magischer Ort sein. Doch jetzt waren die Bäume nur grün. Das machte den Garten zwar nicht hässlich, aber der wolkenverhangene Himmel machte ihn auch nicht schöner. An einem Regentag hat ein Garten immer etwas Trauriges und Melancholisches.

Ein paar alte Japaner in durchsichtigen Regenmänteln liefen über die gefliesten Wege, die gesäumt waren von schmalen, knapp einen Meter hohen Steinsäulen mit vertikal eingemeißelten Schriften, gekrönt von einer Art Laternen mit kleinen Spitzdächern.

»In Japan besucht man den Tempel nicht nur zum Beten«, erklärte Ichiro. »Der Tempel, egal ob buddhistisch oder shintoistisch, ist ein Ort der Zusammenkunft mit Freunden, Nachbarn und Bekannten; man plaudert, trinkt Tee oder geht spazieren. Unsere Tempel sind so etwas wie ein sozialer Treffpunkt mit religiösen Funktionen, deshalb sieht man Priester oder Mönche an Werktagen nur selten. Ein Tempel ist immer offen, und um die Gartenpflege und Reinigung kümmern sich ehrenamtlich Rentner. Das ist eine weitverbreitete Tradition.«

»Und was machen wir jetzt hier?«, schnitt Morris ihm das Wort ab.

»Ich weiß so wenig wie du«, erwiderte Ichiro und sah sich um.

»Ich denke, wir müssen nach einem Hinweis suchen«, erklärte Gabriella. »Etwas, das darauf verweist, wohin wir gehen und was wir tun sollen.«

»Wir sollten uns aufteilen«, schlug Oliver vor. »Wenn zwei Gruppen suchen, kommen wir schneller voran. Dieser Garten ist riesig und verfügt über viele Verstecke.«

Auf dem Weg zum Haupttempel drifteten wir auseinander. Entlang den Wegen standen kleine, verschlossene Heiligenschreine, von deren Dachtraufen eine Schnur mit einer Glocke hing, die fast den Boden berührte. Einmal stand ich vor einem wunderschönen trockenen japanischen Garten mit künstlerisch angeordnetem Schotter und großen Steinen.

Dann schlenderte ich allein zwischen den Bäumen entlang und war in Gedanken bei meinem Gespräch mit Gabriella. Eigentlich erinnerte ich mich nicht an seinen Inhalt, sondern an ihre Gesten, ihre Blicke, ihre rebellische Art, ihren Kampf für die Freiheit … In diese Frau könnte ich mich verlieben. Ja, das könnte ich. Aber meine Liebe würde nie erwidert werden. Sie nahm mich gar nicht richtig wahr und war viel zu schön und zu schlau, um zum jetzigen Zeitpunkt ihres Lebens nicht auf einen Blick zu wissen, welcher Typ Mann ihr gefiel.

Meine Gedanken verdüsterten sich wie der Himmel, als ich aus der Ferne Odette rufen hörte. Sie hatte etwas gefunden. Ich machte auf dem Absatz kehrt und lief in die Richtung, aus der ihre Stimme gekommen war. Zwei ältere Männer lächelten mich an, als ich an ihnen vorbeirannte. Die Japaner sind wirklich ausgesprochen höflich und freundlich.

Ich war schon im Begriff, falsch abzubiegen, als ein weiteres Rufen von Odette mich in die entgegengesetzte Richtung verwies. Auch die anderen liefen in diese Richtung. Alle auf dem Weg zum Haupttempel, dessen Türen jetzt offen standen. Odette erwartete uns oben auf der Holztreppe, neben ihr stand ein junger buddhistischer Mönch, der uns einigermaßen sprachlos anstarrte.

»Im Tempel hängt ein Bild von Vincent van Gogh«, erklärte Odette. »Aber dieser Priester kennt den Namen des Künstlers nicht und lässt mich nicht rein.«

»Ein Bild von van Gogh im Tempel von Ishiyakushi-ji?«, murmelte Ichiro überrascht und grüßte den Mönch mit einer Verbeugung.

Der junge Mönch, der kein orangefarbenes oder rotes Gewand trug, wie bei einem Buddhisten zu erwarten gewesen wäre, sondern ein graues Hemd unter dem schwarzen Habit, neigte den rasierten Kopf zum Gruß. Die beiden Männer unterhielten sich kurz, und dann ließ der Mönch uns eintreten.

»Er sagt«, erklärte Ichiro, »das sei kein Bild von Vincent van Gogh, sondern ein Werk von Ogata Kōrin aus dem frühen 18. Jahrhundert.«

Es verschlug mir den Atem, als ich van Goghs Bild *Schwert-lilien* an der hinteren Wand entdeckte, zu der uns der Mönch geführt hatte. Wenn das Bild von van Gogh stammte, und das tat es ohne Zweifel, wie konnte es dann im 18. Jahrhundert von einem Japaner gemalt worden sein?

»Das ist ein Werk des berühmten Ogata Kōrin, gemalt 1705«, übersetzte Ichiro die Ausführungen des Mönchs. »1701 malte er in Edo Schwertlilien auf einen Stellschirm und hatte damit solchen Erfolg, dass er gebeten wurde, auch den Tempel von Ishiyakushi-ji sowie viele andere Orte auf der Tōkaidō-Strecke mit seinen berühmten Schwertlilien zu verschönern.«

»Aber das Bild ist von van Gogh!«, rief Oliver verblüfft.

Ich hatte es mir inzwischen genauer angesehen, und da ich die Bilder meines Landsmannes seit meiner Jugend gut kannte, entdeckte ich gravierende Unterschiede zwischen beiden Wer-ken. Auf den ersten Blick wirkten sie tatsächlich identisch.

»Nein, Oliver«, widersprach ich ihm freundlich (seit ich wusste, dass er kein Konkurrent war, fühlte ich mich eindeu-tig besser). »Achte mal auf den Hintergrund. Auf diesem Bild von Ogata Kōrin ist er gelb. Auf van Goghs Bild gibt es im Hintergrund kleine Sonnenblumen und vorn einen rötlichen Erdstreifen. Außerdem ist das Blau der Schwertlilien bei van Gogh deutlich heller als bei Kōrin.«

»Da irrst du dich, Hubert«, warf Ichiro ein. »Die Lilien sind nicht unterschiedlich blau. Oder waren es nicht … Van Goghs Hellblau ist ein durch Lichteinfall und Alterungsprozesse ver-ursachter Schaden. In Wirklichkeit malte van Gogh die Lilien im selben Kobaltblau wie Ogata Kōrin.«

»Du meine Güte!«, rief Odette. »Jetzt wissen wir, was ihn für sein Bild Schwertlilien inspirierte! Sie sind identisch bis hin zu den Farben!«

»Wie schon in Paris erwähnt«, fügte Ichiro hinzu, »bewunderten sowohl Impressionisten als auch Post-Impressionisten die japanische Malerei, und van Gogh ganz besonders.«

»Du kannst es Bewunderung nennen, Ichiro«, murmelte Gabriella mit gerunzelter Stirn. »Aber heutzutage nennt man so was schlicht und einfach Plagiat.«

»Zumindest der Hintergrund ist anders«, sagte ich ein wenig verstimmt, obwohl ich Gabriella absolut recht geben musste.

»Schön und gut, aber die Frage ist doch, ob das Saitos Spur ist«, rief Morris, der es satthatte, von Dingen zu hören, die er nicht verstand und die ihn auch nicht interessierten. »Wenn ja, sollten wir hier suchen.«

»Ganz ruhig, John«, murmelte Ichiro lächelnd auf Englisch. »Solange wir den Mönch nicht los sind, machen wir gar nichts.«

Dann redete er in seiner Sprache mit dem jungen Buddhisten, der nach wiederholten Verbeugungen beider Männer schließlich verschwand.

»Warum trägt er Schwarz?«, wollte Gabriella wissen, als wir wieder unter uns waren. »Ich dachte, Buddhisten tragen orangefarbene Gewänder.«

»Ja, die meisten tragen orangefarbene Gewänder«, räumte Ichiro ein. »Aber dieser Mönch gehört zur Zen-Gruppe. Im Zen-Buddhismus tragen die Mönche je nach Position Schwarz, Weiß oder Grau. Wie auch immer, unser Buddhismus unterscheidet sich in vielem vom restlichen Buddhismus. Sagen wir mal so, er wurde seit seiner Einführung aus China dem Charakter der Japaner angepasst, indem viele Traditionen des Shintoismus, unserer angestammten Religion, assimiliert wurden. Heutzutage existieren beide Glaubensrichtungen friedlich nebeneinander.«

»Das finde ich sehr interessant«, sagte ich, und es stimmte.

Die Zen-Philosophie faszinierte mich schon länger wegen ihrer Kunst, gelassen und mit innerem Frieden zu leben.

»Okay, aber wir sind nicht hier, um über Religion zu reden.« Morris spielte mal wieder den Miesepeter. Er ging zu einer Wand und begann zu klopfen, zu drücken, vorsichtig abzutasten … Wie der ganze Tempel bestand die Wand aus Holz, weshalb das Klopfen im ganzen Gebäude widerhallte.

»Beeilen wir uns!«, drängte Ichiro. »Wenn der Mönch das hört, kommt er gleich wieder zurück.«

Wir setzten unsere Rucksäcke ab und stürzten uns auf alles, wohinter sich eine Tür oder eine Luke verbergen könnte. Oliver setzte Odette auf seine Schultern, damit sie die Decke absuchen konnte. Und wir alle machten uns Sorgen, dass der Mönch oder einer der höflichen Rentner plötzlich in der Tür stehen könnte.

Ichiro stieß einen Freudenschrei aus.

»Hier!«, rief er, direkt unter Ogata Kōrins Bild über den Holzboden gebeugt. Es war so offensichtlich, dass ich mich kurz darüber ärgerte, nicht selbst darauf gekommen zu sein.

An der Stelle gaben drei Holzdielen von ungefähr einem Meter Länge leicht nach, wenn man darauf drückte. Es war kaum wahrzunehmen und konnte sowohl am Holz als auch an seiner Abnutzung liegen, denn diese Dielen waren so passgenau und perfekt verlegt, dass Morris sie nur mit einem kleinen Schraubenzieher herauslösen konnte. Es war ein winziger Schraubenzieher, wie Optiker ihn benutzen, um die Schräubchen an der Brille festzuziehen, allerdings hatte dieser einen kleinen grünen Plastikgriff.

Als er die Diele ein Stückchen angehoben hatte, ließ sie sich ganz herausnehmen, und darunter führte eine schmale Treppe ins Erdinnere.

»Macht die Taschenlampen an«, sagte Ichiro, schnappte

sich seinen Rucksack und stieg in die Öffnung. »Und macht schnell, sonst erwischen sie uns noch!«

Immer diese Hetze, dachte ich. Es wirkte, als hätte er uns einen Stromschlag verpasst! Alle holten hektisch ihre LED-Taschenlampen aus den Rucksäcken. Diesmal waren wir dank der Kogas besser ausgerüstet als in den Pariser Katakomben oder im Ninja-Haus. Denn unsere Gastgeber hatten uns am Morgen, nachdem wir den neuen Vertrag unterzeichnet hatten, mit den neuesten Modellen der Smartphones (einschließlich SIM-Card), die wir vorher benutzten, ausgestattet, weil die alten das Bad im Sagami tatsächlich nicht überlebt hatten. Wie uns Ichiro stolz erklärte, hielten die neuen Handys jedweden Flüssigkeiten stand. Meine kurze Sorge war schnell verflogen, als ich das nagelneue Smartphone in der Hand hielt – der Wahnsinn!

Einer nach dem anderen gingen wir rasch die Treppe hinunter, Morris als Letzter, denn er musste die Dielen wieder in die Öffnung legen. Falls der Mönch zurückkehrte, sollte er denken, wir seien wieder gegangen oder hätten uns in Luft aufgelöst, das war uns egal. Wir waren erneut auf dem Weg in den Untergrund, jetzt gab es kein Zurück mehr.

Die in der Erde gegrabene Treppe war schmal und sehr lang. Der Geruch nach Feuchtigkeit ließ ahnen, dass hier schon seit geraumer Zeit niemand mehr hinuntergegangen war. Zumindest nicht seit den Neunzigerjahren des zwanzigsten Jahrhunderts. Wir gingen im Entenmarsch, und die Größten mussten den Kopf einziehen, um sich nicht an der steil abfallenden Decke zu stoßen.

Nach ungefähr zehn Minuten gelangten wir in eine Kammer, die gerade groß und hoch genug war, damit wir alle sechs dicht gedrängt stehen konnten. Aber es war wenigstens nicht heiß. Wände und Decke waren verputzt, um die feuchte Erde zu verstärken und zu verhindern, dass sie bei einem der vielen Erdbeben in Japan einstürzten. Gegenüber dem Treppenende erkannten wir im Schein unserer Taschenlampen gut sichtbar eine gepanzerte Stahltür.

»Falls es euch interessiert, ich glaube, wir befinden uns etwa fünfzehn Meter tief unter der Erde. Unter dem Garten hinter dem Tempel«, murmelte Morris.

Er warf einen Blick auf sein nagelneues Handy.

»Und außerdem haben wir kein Netz, sind also mal wieder von der Welt abgeschnitten«, schimpfte er.

»Ich glaube, die Tür lässt sich ganz einfach aufdrücken«, sagte Oliver, ohne ihn weiter zu beachten. »Sie hat weder Griff noch Bügel.«

»Dann mal los«, sagte Ichiro enthusiastisch und legte beide Hände auf die Tür.

Mit sanftem Druck ließ sie sich mühelos öffnen, und einer nach dem anderen betraten wir ein großes Gewölbe, vielleicht gar größer als die Kammer in den Pariser Katakomben. In der Mitte stand eine Art riesiger Steinaltar mit flachen und tiefen quadratischen Öffnungen. In drei der tiefen Öffnungen steckten alte Tuben mit Ölfarbe. Vielleicht waren diese über zwanzig Zentimeter langen Tuben nicht so alt, um von Julien Tanguy hergestellt worden zu sein, aber viel moderner wirkten sie auch nicht. In einer weiteren Öffnung befanden sich Pinsel in allen Größen und Stärken bis hin zu großen Quasten. In einer fünften Öffnung lagen unter einer Glasscheibe jede Menge Baumwolltücher, vermutlich zum Reinigen der Malgerätschaften. Und im letzten tiefen Loch, das ebenfalls mit einer Glasscheibe bedeckt war, standen mehrere Flaschen Terpentin und Lösungsmittel für Künstler. Um ihre Verdunstung zu verhindern, waren die Flaschen mit Aluminium oder Wachs verplombt.

»Was macht man denn mit diesen Farben?«, fragte Odette überrascht.

»Das ist doch offensichtlich«, antwortete Gabriella. »Wir müssen etwas malen.«

»Aber diesmal nicht mit Licht«, ergänzte ich und nahm einen Pinsel zur Hand.

»Nein«, erwiderte sie. »Diesmal sollen wir mit echter Ölfarbe malen. Habt ihr die Namen der Farben gesehen?«

Ich jedenfalls nicht, also nahm ich wahllos eine Tube heraus und hielt sie ins Licht der Taschenlampe. »Bleigelb« las ich und ließ die Tube fallen, als hätte ich mich verbrannt.

»Die Farben sind giftig!«, entfuhr es mir erschrocken.

»Nicht giftiger als damals bei den Impressionisten«, erwiderte Gabriella. »Ihr dürft euch nur nicht mit den schmutzigen Händen an den Mund oder in die Augen greifen, verstanden? Dann könnten sie wirklich giftig sein.«

»Ich sehe aber nirgendwo ein Motiv, das wir malen sollen«, erklärte Oliver, der sich in alle Richtungen umschaute. »Kommt hier etwa auch eine Leinwand von der Decke herunter?«

Morris murmelte verstimmt etwas vor sich hin.

»Was hast du gesagt?«, fragte ich ihn.

»Wir müssen die Tür schließen!«, knurrte er missmutig. »Wie in Paris! Damit es losgehen kann, muss die verdammte Tür zugemacht werden, und dann sind wir wieder eingeschlossen!«

»Aber diesmal wirst du nicht kneifen, John«, sagte Ichiro. »Das hast du heute Morgen unterschrieben.«

Morris schlug mit solcher Wucht gegen die Wand, dass es sicherlich schmerzte, aber er ließ es sich nicht anmerken.

An der Innenseite hatte die gepanzerte Tür tatsächlich einen Griff. Als ich sie schließen wollte, entdeckte ich Löcher im Rahmen und an der Tür Stahlstifte, die beim Schließen in die Löcher einrasten und die Tür unweigerlich blockieren würden. Wenn ich sie schloss, waren wir wieder eingesperrt, und wenn ich sie nicht schloss, würde Saitos Prüfung nicht beginnen. Ich seufzte resigniert. Besser, nicht lange darüber nachzudenken. Ich schloss die Tür, und wie ich befürchtet hatte, war ein metallisches Schnappen zu hören, als die Stifte einrasteten.

Augenblicklich gingen kräftige Scheinwerfer an, gefolgt von einem seltsamen Geräusch.

»Die Wand da hinten öffnet sich in der Mitte!«, rief Odette.

Zwei große Steinplatten schoben sich zur Seite und verschwanden in den Wänden, dazwischen kam ein kleiner Raum zum Vorschein. Genauer gesagt ein kleines Schlafzimmer mit einem schmalen Bett an einer Wand, darüber mehrere Bilder, ein Fenster, zwei Türen, zwei Holzstühle und ein kleiner Holztisch mit Waschschüssel und Krug sowie ein Handtuch am Haken.

Auffällig war, dass das gesamte Zimmer vollkommen weiß war. Nirgendwo ein Farbtupfen. Und dennoch konnte ich, der dieses Bild schon oft gesehen hatte, alle Möbel in ihren Originalfarben sehen. Es war eine räumliche Nachbildung des *Schlafzimmers in Arles*, das van Gogh im Oktober 1888 gemalt hatte, mit echten Gegenständen in einem echten Raum, aber alles schneeweiß und makellos. Nicht einmal die Zeit hatte irgendwo ein Staubkorn hinterlassen.

Gabriella war die Erste, die die Stufe zu van Goghs Zimmer hinaufging, während wir stumm vor Verblüffung (oder Ahnungslosigkeit, wie in Morris' Fall) dastanden. Sie trat langsam an das Bett, fasziniert und verzückt darüber, in dem Zimmer des berühmten Gelben Hauses zu stehen, das van Gogh in Arles gemietet hatte, um einen Künstlerverein zu gründen.

So sehr ich meinen Landsmann auch bewunderte und so

sehr mir seine Bilder auch gefielen, neigte ich nicht dazu, ihn zu idealisieren, wie es die Familie van Gogh praktisch seit seinem Tod getan hatte. Der dichte Schleier, den seine Nachfahren über Vincents wahre Persönlichkeit gelegt hatten, war für viele Kunstliebhaber wie mich eine Beleidigung unserer Intelligenz und des Malers selbst. Van Gogh war unleidlich und arrogant gewesen, ein erbärmlicher Egoist, den niemand ertrug, ein gewalttätiger, unreifer Kerl, den die entsprechenden Auszüge aus der Korrespondenz mit seinem Bruder Theo, die seine Schwägerin Jo Bonger veröffentlicht hatte, sowie das rührselige Klischee vom verrückten, unglücklichen und armen Künstler, das er selbst bediente und das jahrhundertelang von seiner Familie aufrechterhalten wurde, zu einem umgänglichen, gutmütigen Heiligen gemacht hatten. Nichts lag dem wahren Menschen ferner, denn eigentlich brauchte er diese Maskerade nicht. Vincent van Gogh war einer der größten Maler aller Zeiten.

Als er Paris verließ und sich in Arles niederließ, hatte er einen Traum: Er wollte einen Verein gründen, in dem sich alle Künstler gegenseitig unterstützten, um die schwere Last der Kreativität, der Melancholie und des Wahnsinns zu ertragen, wie er glaubte. Künstlervereine waren damals populär, aber du musstest erst berühmt und bewundert werden, damit andere Künstler in deiner Nähe arbeiten wollten. Doch Vincent war weder berühmt, noch wurde er bewundert; tatsächlich konnten die Künstler, die ihn in Paris kennenlernten (Anquetin, Toulouse-Lautrec, Russell, Angrand, Signac, Bernard …), ihn nicht ausstehen. Sie ertrugen ihn nur, weil sein Bruder Theo der wichtigste Kunsthändler jener Zeit war und sie darauf hofften, dass Theo auch ihre Werke kaufte.

Der geplante Künstlerverein, für den er das berühmte Gelbe Haus anmietete, weckte bei keinem Künstler Interesse.

Niemand war so verrückt, mit ihm zusammenzuleben. Nur Paul Gauguin war auf Theos Drängen bereit, ein paar Wochen in Arles zu verbringen, weil der ihm versprochen hatte, seine Schulden zu begleichen und Vorschüsse auf seine Werke zu gewähren. Das Ende dieses traurigen Experiments war der berühmte Streit der beiden Genies aus nicht bekannten, allerdings vorstellbaren Gründen (Vincent musste jeden Streit gewinnen und immer recht haben, oder er wurde jähzornig und gewalttätig, was einmal so weit ging, dass er mit einem Schlachtermesser auf seinen alten Vater losging). Van Gogh verfolgte Gauguin einen Tag lang mit einem Rasiermesser über die Felder von Arles, und als ihm der entsetzte Gauguin schließlich entwischte und aus der Stadt floh, schnitt van Gogh sich das linke Ohr ab.

»Alles ist mit Leinwand überzogen«, sagte Gabriella gerade und strich mit der Hand über die Bettdecke. »Und diese Leinwand besteht aus grundierter Baumwolle. Bereit, um bemalt zu werden.«

»Und woher sollen wir wissen, welche Farben wir benutzen müssen?«, fragte Morris verwirrt. »Ist das die Prüfung?«

Wir erstarrten. Es schien mir vollkommen unbegreiflich, dass er das Bild *Schlafzimmer in Arles* noch nie gesehen hatte. Neben seinen allseits bekannten Sonnenblumen und der Sternennacht war es eines der berühmtesten Bilder van Goghs. Ich konnte mich an die Farben jedes einzelnen Gegenstands in diesem kleinen Schlafzimmer genau erinnern und war mir zudem ziemlich sicher, dass Gabriella, Oliver und Ichiro – der Vincent schon über zwanzig Jahre lang studierte – es auch wussten. Bei Odette war ich mir nicht ganz sicher, vermutete aber, dass sie im Laufe ihres Lebens außer den Schwertlilien auch das Bild vom Schlafzimmer gesehen hatte. Morris' Unkenntnis war schlicht unerhört.

Die Darstellung des Schlafzimmers – jetzt mit einer weißen Leinwand überzogen – war beeindruckend. Darin hatte van Gogh am 23. Dezember 1888 das scharfe Rasiermesser genommen, mit dem er Gauguin bedroht hatte, sein linkes Ohr ergriffen und es fast vollständig abgeschnitten; übrig geblieben war nur ein Stück vom Ohrläppchen. Er blutete so stark, dass der ganze Raum voller Blut war. Und in einem Bett wie diesem hatte man ihn am nächsten Morgen halb tot vorgefunden. Er wurde sofort ins Krankenhaus eingeliefert, was eine Zeitspanne von knapp zwei Jahren in Krankenhäusern und Psychiatrien einläutete und 1890 zu seinem Tod führte – aufgrund eines mysteriösen Schusses, der als Suizid eingestuft wurde, aber wegen des Schusswinkels nicht von van Gogh selbst abgegeben worden sein konnte, wie viele Experten heutzutage behaupten.

Das Schreckliche an dieser Geschichte von van Goghs Ohr war, dass sie immer mit seinem angeblichen Wahnsinn begründet wurde. Tatsächlich ist dieser Wahnsinn selbst noch im 21. Jahrhundert ein Mysterium, weil kein Psychiater oder Neurologe ihn diagnostizieren konnte. Er entsprach keiner bekannten Geisteskrankheit. Niemand wusste mit Gewissheit, woran genau van Gogh litt.

»Essen wir was, bevor wir anfangen?«, fragte Morris plötzlich, öffnete seinen kleinen Rucksack und holte die *bentō*-Box heraus, die uns am Morgen in Ichiros Haus ausgehändigt worden war. »Ich habe Hunger.«

7

EIN KURZES ELEKTRISCHES ZISCHELN

»Ich mache mir Sorgen wegen der Lösungsmittel«, sagte Oliver zwischen zwei Bissen.

Wir saßen essend auf dem Boden, bevor wir loslegten, denn wie Morris hatten wir alle Hunger und wussten, dass uns harte körperliche Arbeit bevorstand, wenn wir diese dreidimensionale Leinwand vollständig kolorieren wollten.

»Wieso?«, fragte Odette.

»Weil sie giftig sind«, erwiderte er. »So lange, wie sie hier schon liegen, verdunsten sie womöglich, sobald wir die Tuben öffnen, und dann müssen wir sie in der abgestandenen Luft hier drinnen einatmen. Beim Sprayen trage ich immer einen Mundschutz. Sprayfarben sind auch gefährlich.«

Gabriella schüttelte mit vollem Mund energisch den Kopf.

»Vielleicht ist die Luft gar nicht so abgestanden«, sagte Morris gleichgültig. »Ich habe an einigen Stellen einen leichten Luftzug bemerkt. Bei meiner Arbeit benutzen wir auch oft giftiges Material, aber wenn du richtig damit umgehst, ist das kein Problem. Ich trage nie einen Mundschutz, obwohl es vorgeschrieben ist.«

»Und was ist mit den Farben?«, fragte Odette. »Sie wirken ziemlich alt und enthalten Zink, Kobalt, Blei … Alles hochgiftige Substanzen.«

»Genug jetzt!«, empörte sich Gabriella, die inzwischen aufgegessen hatte. »Was seid ihr bloß für Feiglinge! Nennt mir einen Künstler, der an Ölfarben oder Lösungsmitteln gestorben ist.«

»Mir fällt gerade keiner ein …«, erwiderte Oliver stirnrunzelnd. »Aber auch bei van Gogh hieß es, dass er wegen der giftigen Farben vielleicht an Bleivergiftung gestorben sein könnte.«

»Schon, aber es gibt keine stichhaltigen Beweise dafür«, widersprach Ichiro. »Und in neuesten Studien wird behauptet, dass er gar nicht verrückt war, sondern nur in einem sehr verwirrten Gemütszustand. Er wusste ganz genau, dass gewisse Farben giftig sind, denn er hat ein paarmal versucht, sich umzubringen, indem er Bleiweiß gegessen hat.«

Gabriella sah ihn aufgeregt an.

»Er hat Bleiweiß gegessen?«

»Direkt aus der Tube«, bestätigte Ichiro.

»Hat ihn das etwa umgebracht?«, fragte sie.

»Gabriella«, erwiderte Oliver gönnerhaft, »alle Welt weiß, dass sich van Gogh mit einem Revolver erschossen hat.«

»Das ist auch nicht ganz sicher …«, sagten Ichiro und ich wie aus einem Munde, aber niemand hörte auf uns.

»Ich weiß sehr wohl, wie van Gogh starb!«, rief sie aufgebracht. »Ich meine doch nur, dass es ihn nicht umgebracht hat, wenn er Bleiweiß aus der Tube gegessen hat! Wäre es so giftig, wie ihr glaubt, hätte er an Vergiftung sterben müssen, bevor er sich erschießen konnte, oder?«

»Nun ja …«, räumte Oliver ein.

»Sag ich doch«, schloss Morris mit vollem Mund. »Vergessen wir den Blödsinn.«

»Ich will allerdings klarstellen«, fuhr Gabriella fort, »dass ich auch nicht für die Verwendung dieser Farben bin! Heutzutage haben wir viel bessere Alternativen – wasserlösliche Acrylfarben oder mit Wasser mischbare Ölfarben, die benutze ich. Aber wenn wir heute mit alten Farben und Lösungsmitteln arbeiten, wird auch nichts passieren, verdammt noch mal! Wenn ihr solche Angst habt, könnt ihr euch ja ein Tuch vor Nase und Mund binden.«

Die empörte Gabriella stand auf, wischte sich die Hände an der Hose ab, ging zu dem Steinaltar und nahm eine Tube aus einem der Löcher.

»Alles dicke Zweihundertsiebzig-Gramm-Tuben«, sagte sie beim Studieren des Etiketts. »Und es sind sehr viele, also haben wir mehr als genug Farbe.«

»Und wenn wir uns irren und nicht die richtige Farbe auftragen?«, sorgte sich Odette und machte ein Gesicht, als säße ein schwieriger Patient vor ihr. »Woher weiß das der Mechanismus, der uns bei dieser Prüfung kontrolliert?«

»Mach dir darüber mal keine Sorgen«, beruhigte Ichiro sie. »Van Gogh hat in seinem verzweifelten Versuch, seine Bilder zu verkaufen, von vielen Motiven mehrere Versionen gemalt, so auch vom Schlafzimmer in Arles, davon sogar drei. Die erste hängt im Amsterdamer Van-Gogh-Museum, die zweite im Art Institute of Chicago und die dritte im Musée d'Orsay in Paris. Alle drei weisen Farbunterschiede auf, aber nicht, weil van Gogh das so wollte, sondern weil die Farben im Laufe der Zeit verblassten, vor allem wegen des schädlichen Einflusses von Sonnenlicht. Er hat drei identische Versionen gemalt. Aber heute wissen wir, dass die Wände nicht blau waren, wie heute auf allen drei Bildern zu sehen ist, sondern blasslila, und dass die Türen auch nicht blau, sondern violett waren. Das Rot auf seinen Bildern verblasst zunehmend, auf seinen zahlreichen Sonnenblumen ist es bei einigen schon braun …«

»Braun existiert nicht«, warf Oliver ein.

»Das war nur zum besseren Verständnis«, erwiderte Ichiro leicht verstimmt. »Wir wissen inzwischen, dass Braun nicht existiert. Nennen wir es Dunkelorange, ist das für dich in Ordnung?«

Oliver und Gabriella nickten unisono.

»Also, wie ich schon sagte«, fuhr Ichiro nach einem resignierten Seufzer fort, »sind einige von van Goghs Sonnenblumen heute dunkelorange, obwohl er sie leuchtend gelb gemalt hat.«

»Aber woher wissen wir, welche Version sich Ryoei Saito für diese Prüfung ausgesucht hat?«, beharrte Odette.

»Als Referenz nehmen wir am besten die Amsterdamer Version, weil sie die bekannteste ist«, sagte ich. »In Wirklichkeit wissen nur wenige von den anderen beiden Versionen, und die sind auch nicht mehr vollkommen identisch. Sagen wir einfach, wenn vom *Schlafzimmer in Arles* die Rede ist, dann ist das Bild im Amsterdamer Van-Gogh-Museum gemeint.«

Ichiro zeigte sich einverstanden, und unsere beiden Künstler räumten nach kurzem Überlegen ein, dass ich recht hatte. Somit war ich zum Anleiter der Prüfung auserkoren, auch weil ich die vereinbarte Version besser kannte als alle anderen. Außerdem wusste man Ende des letzten Jahrhunderts noch gar nichts von den katastrophalen Farbschäden an van Goghs Bildern, weshalb Ryoei Saito zwangsläufig die Amsterdamer Version zum Vorbild genommen haben dürfte, dessen Zustand des Bildes damals praktisch derselbe gewesen sein dürfte wie dank modernster Restaurationstechniken heute.

»Also«, sagte ich und kniff die Augen zusammen, während ich versuchte, das Bild so genau wie möglich im Geiste heraufzubeschwören. »Die Bettdecke ist rot, ein leuchtendes Blutrot.«

»Van Gogh benutzte reines Karminrot«, stellte Ichiro klar.

Gabriella wühlte in den Löchern des Steinaltars und zog drei Tuben Karminrot heraus.

»Das sind alle«, sagte sie. »Für die Bettdecke müssten sie reichen. Aber das Malen ohne Palette wird ziemlich unbequem. Wir müssen den Pinsel voller Farbe vom Tisch ins Zimmer tragen.«

»Die flachen Öffnungen dienen zum Mischen«, mutmaßte Oliver, der sich den Tisch genauer ansah. »Und da es sich nicht um eine Leinwand, sondern um ein ganzes Zimmer handelt, müssen wir für die großen Flächen Quaste benutzen und für die Details die Pinsel. Je nach Konsistenz, die wir der Farbe geben, schaffen wir es mit den Quasten bis ins Zimmer. Bei den Pinseln gilt das Gleiche: Je weniger Lösungsmittel wir hinzufügen, desto dickflüssiger bleibt die Farbe.«

»Beginnen wir mit dem Karminrot«, sagte Gabriella, öffnete eine Tube und drückte die sämige, leuchtend rote Masse in Spiralen heraus. »Diese Farbe ist nicht aus dem 19. Jahrhundert«, sagte sie, als sie mit der Fingerspitze darüberfuhr. »Sie mag einen alten Namen haben und in der Tube stecken, ist aber frisch und geschmeidig. Die kann nicht älter als schätzungsweise zwanzig oder fünfundzwanzig Jahre sein. Aber modern ist sie natürlich auch nicht. Die Textur ist völlig anders und nicht homogen.«

»Anscheinend hat Saito sie für diese Prüfung extra anfertigen lassen«, mutmaßte Ichiro.

Gabriella nickte, nahm die Glasscheibe von den Lösungsmitteln und öffnete eine Flasche. Der Geruch nach Terpentin waberte durch den Raum, doch Gabriella schüttete es ungerührt in ein Glas und begann mit einem dicken Pinsel die Masse zu verrühren.

Ich verstand immer besser, warum Ichiro und sein Vater Kentaro uns für dieses Abenteuer ausgewählt hatten. Ob Tokioter Staatsanwälte oder Steuerfahnder wohl den nötigen Kunst- und Sachverstand gehabt hätten, um das alles zu bewerkstelligen? Wir fünf ergänzten uns wie die Teile eines Puzzles. Jeder von uns beherrschte etwas, und zwar so perfekt, dass wir Saitos Prüfungen bestehen konnten.

Während ich beseelt über all das nachdachte, stieg mir der Terpentingeruch in die Nase und verursachte mir leichte Kopfschmerzen. Trotzdem trat ich an den Tisch, um zu überprüfen, ob das Rot, das Gabriella vorbereitete, auch wirklich der Originalfarbe der Bettdecke entsprach. Hochzufrieden stellte ich fest, dass Ichiros herausragende Kenntnisse der Farben, die van Gogh benutzt hatte, absolut zutrafen.

»Ich habe die Farbe dick genug angerührt, damit sie nicht tropft«, erklärte Gabriella. »Nehmt euch alle einen Quast und tunkt ihn gut ein. Wir gehen zum Bett.«

»Passt bitte auf, dass ihr das Bettzeug und die Kissen nicht bespritzt«, bat ich sie. »Auch nicht das Holz am Bett oder den Boden. Und Vorsicht bei den Rändern.«

Morris knurrte leise, aber ich wusste, dass er tun würde, worum ich gebeten hatte. Als Mensch mochte er unerträglich sein, doch als Handwerker war er richtig gut.

Nur Odette und ich beteiligten uns nicht, wir waren am wenigsten dafür geeignet. Also beschränkten wir uns aufs Zusehen, wie sich die Bettdecke in dem weißen Schlafzimmer langsam karminrot färbte.

»Es sind noch zwei ganze Tuben Karminrot übrig«, verkündete Gabriella, als sie fertig waren.

»Und was malen wir als Nächstes an?«, fragte Morris.

»Die Wände und die Decke«, schlug ich vor. »Und dann die Tür und das Fenster.«

»Wände und Decke sind hellblau, stimmt's, Hubert?« Gabriella sah mich fragend an. Was für wunderschöne Augen sie hatte, was für einen bezaubernden Blick, ich hätte eine Ewigkeit darin versinken können. »Hubert …?«

Ertappt schloss ich rasch die Augen und beschwor im Geiste das Gemälde herauf.

»Ja, hellblau«, bestätigte ich dann. »Weil das Rot im ursprünglichen Lila der Wände verblasst und nur dieses Hellblau übrig ist, würde ich sagen, dass wir das Blau mit Zinkweiß mischen, um Himmelblau zu gewinnen.«

»Aber van Gogh hat nie Himmelblau benutzt«, protestierte Ichiro. »Er mochte es nicht. Er hat lieber Kobaltblau oder Ultramarin mit Kadmiumgelb gemischt.«

»Ja, aber das heutige Blau auf dem Bild ist nicht mehr wie von van Gogh gewünscht«, widersprach ich und wappnete mich mit Geduld. »Das hast du selbst gesagt. Also müssen wir diese Farbe improvisieren, und ich glaube, dass wir mit diesem Mischverhältnis den richtigen Farbton bekommen.«

Ichiro nickte bekümmert, und Gabriella suchte nach den entsprechenden Tuben. Es gab tatsächlich fünf Tuben Himmelblau und zehn Tuben Zinkweiß, weshalb sie sofort ein wenig Lösungsmittel zu den Farben gab und die Mischung anrührte. Ichiro und ich standen neben ihr und verlangten mehr Himmelblau oder mehr Zinkweiß, wenn wir es für nötig hielten. Schließlich waren wir beide zufrieden mit dem Ergebnis und hatten durch die wiederholten Farbzugaben auch die nötige Menge für die drei Wände und die Decke des Zimmers zusammen. Gabriella war erneut die richtige Konsistenz gelungen, damit wir keine Farbe durch Klecksen verloren. Man merkte, dass sie sich mit Ölfarben gut auskannte.

Als ich meinen Part als Ratgeber erfüllt hatte, zog ich mich zurück, damit die anderen, einschließlich Odette, Wände und Decke streichen konnten. Da ich aber befürchtete, dass sie dabei ziemlich klecksen würden, ging ich ebenfalls in das Zimmer, nahm das Handtuch vom Haken und hängte den Spiegel und die fünf Bilder ab. Die Stühle und den Tisch mit den Gegenständen schob ich zur Seite, nur das Bett ließ sich nicht verrücken, es war am Boden befestigt. Dann machte ich den Malern wieder Platz, die sich inzwischen schon ordentlich bekleckert hatten. Wenn wir hier rauskämen – und nicht wieder im Krankenhaus landeten –, müssten sie erst einmal unter die Dusche. Natürlich hatte ich mich beim Verrücken der Möbel ebenfalls schmutzig gemacht, vor allem am roten Bett.

Für die dunkleren Türen nahmen wir das verbliebene Blau von Gabriellas Wandmischung (das Zimmer war nicht sehr hoch, weshalb Morris und Oliver problemlos die Decke streichen konnten) und gaben etwas Ultramarin dazu, für die Rahmen, die Zimmerecken, die Jacken an der Garderobe über dem Kopfende des Bettes und die Waschutensilien (den Krug, die Schüssel, die Flasche, die kleinen Gläser) sogar noch ein wenig mehr. Alles lief wie am Schnürchen, noch war keine Desaster passiert. Wir kamen gut voran.

Dann waren die Grüntöne und ihre unterschiedlichen Schattierungen dran. Wir begannen mit dem Smaragdgrün für Rahmen und Querstreben des Fensters sowie die Kerben der Fußbodendielen. Dann gingen wir zum hellen Limettengrün für Bettlaken, Kissen und einen Teil der Fensterscheiben über, was uns gelang, indem wir Zitronengelb mit Zinkweiß und einem Spritzer Viridiangrün mischten. Für das Handtuch, die Stuhlkissen und einen Teil der Fensterscheiben fügten wir diesem Farbton ein wenig Smaragdgrün hinzu. Was übrig blieb, mischten wir mit Zinkweiß für den Hintergrund der beiden Bilder an der rechten Wand, mussten dann aber wieder zu Smaragdgrün greifen, um die sinnlosen vertikalen Linien auf besagten Bildern und die große Baumkrone auf dem Bild über dem Kopfende des Bettes zu kolorieren.

Insgesamt verbrauchten wie eine halbe Tube Viridiangrün,

eine ganze Tube Zinkweiß, eine halbe Zitronengelb und eine halbe Smaragdgrün. Der Steintisch sah grässlich aus, überall schmutzige Lappen, leere Terpentinflaschen, ausgedrückte, nicht benutzte oder halb leere Farbtuben, schmutzige Quaste und Pinsel … Aber wir amüsierten uns prächtig. Wir alle hatten so gute Laune wie bei einem Jahrmarktbesuch. Trotz der Kopfschmerzen, die einige wegen des Terpentins hatten, verhielten wir uns wie Kinder, die mit Farben spielen durften. Odette hatte uns ein Gramm Paracetamol gegeben, das wir in der Wasserflasche aus unserem Rucksack auflösten. Schon bald brauchte auch sie ein Schmerzmittel.

»Fehlt nur noch das Holz«, verkündete ich den müden, aber glücklichen Malern.

»Diesmal mische ich die Farbe zusammen«, erbot sich Oliver, damit Gabriella sich ausruhen konnte. Aber genau das wollte sie auf gar keinen Fall.

»Du?«, fragte sie verächtlich. »Was weißt denn du vom Mischen von Ölfarben und Lösungsmittel?«

»Ich kenne das richtige Mischverhältnis, um den gewünschten Ton zu erhalten«, verteidigte er sich.

»Aber ihr Sprayer mischt doch gar nicht!«, empörte sich Gabriella. »Ihr habt Flaschen mit allen möglichen Farben und setzt sie einfach ein, ohne zu mischen.«

»Van Gogh mochte auch keine Mischungen«, ließ Ichiro verlauten. Gabriella warf ihm einen tödlichen Blick zu. »Er sagte, das Mischen nähme den Farben Glanz und Leuchtkraft.«

»Aber er mischte auch«, stellte sie kategorisch klar. »Wenn ihm nichts anderes übrig blieb, mischte er auch. Oliver hat in seinem ganzen Leben noch keine Farben gemischt.«

»Natürlich habe ich das!«, empörte er sich. »Ich habe tausendmal die Sprayfarben gemischt!«

»Ich lasse dich helfen, so wie Hubert und Ichiro vorhin«, bot sie ihm großzügig an, ging zum Steintisch und begann die nächste Mischung. Hatte sie meinen Namen zuerst genannt? »Aber die Farbe mische ich.«

Der arme Oliver, an kreischende, schrille Farben mit bizarren Namen gewöhnt, war bei den Ölfarben mit ihren archaischen Bezeichnungen keine große Hilfe. Aber er strengte sich an. Graffiti-Künstler haben viele Feinde; einige sehen in ihnen Vandalen, die die Städte versauten, was bis zu einem gewissen Grad ja auch stimmte. Diese Debatte würde nie jemanden zufriedenstellen. Mir gefiel, was Oliver an die Liverpooler Häuser malte. Wahrscheinlich protestierten vor allem die Stadtbewohner gegen seine Arbeit. Und wegen des individuellen Farbgeschmacks eines jedes Menschen würde das Problem der Graffiti-Künstler noch öfter zu Streit führen.

Für das helle Orangegelb des Holzbettes, der Stühle und des Bilderrahmens mit dem Baum am Kopfende reinigte Gabriella zuerst sorgfältig eine der schmutzigen Öffnungen (alle waren benutzt) und legte fünf Tuben Chromgelb und weitere fünf Tuben Ockergelb bereit (das als Hellbraun durchgegangen wäre, was jedoch niemand aussprach). Abschließend fischte sie aus dem Haufen benutzter Tuben eine fast leere karminrote heraus. Erst dann, nach einem Seufzer der Erleichterung, begann sie, die Farbtuben auszudrücken und den richtigen Ton zu mischen.

»Nicht zu viel Rot«, warnte ich sie. »Wenn du Chromgelb mit Ockergelb mischst, hast du schon fast den richtigen Ton.«

»Ich würde noch einen Spritzer Zinkweiß dazugeben«, fügte Ichiro an.

Ich war einverstanden, und Gabriella hob sich das Karminrot für den Schluss auf. Sie verbrauchte zwei Tuben Chromgelb und eine Tube Ockergelb. Die Farbmasse war zäh. Wir sahen deutlich, dass Weiß fehlte, weshalb sie eine halbe Tube und einen Schuss Terpentin hinzufügte und alles mischte. Jetzt fehlte noch ein Hauch Rot, weshalb sie das Karminrot – wie eine Zahnpasta-Tube – ausdrückte und noch ein paar Gramm herausholte. Das war fast zu viel, das Karminrot färbte die Mischung erst schreiend rot, ergab in der Mischung aber den richtigen Farbton. Das war's.

»Auf zum Malen!«, rief Ichiro begeistert.

Sie legten die Kissen beiseite, um das Holz am Kopfende des Bettes zu kolorieren, und als sie sie wieder zurücklegten, bekamen sie Flecken von hellem Orangegelb und blieben kleben, was man von Weitem aber nicht sah. Um den Boden zu streichen, stellten sie die Stühle vor das Zimmer.

Einzelne weiße Objekte waren noch übrig, und da ich nicht wagte auszusprechen, dass sie eine Schicht Braun benötigten, versuchte ich es mit den Worten:

»Für die verbliebenen Möbel sollten wir vielleicht noch mehr Ockergelb und das restliche Karminrot dazugeben.«

»Wir haben nichts mehr, Hubert«, sagte Gabriella und blickte überrascht auf. »Aber ich kann noch was mischen.«

Gesagt, getan. Sie mischte, wenn auch in kleinerer Menge, exakt denselben hellen Orangegelb-Ton des Bettes und gab das restliche Karminrot dazu, was den Braunton verstärkte. Um die gewünschte Farbe zu erlangen, musste sie allerdings noch eine zweite Tube Ockergelb verbrauchen.

Als sie den Tisch mit den Waschutensilien kolorierten, machte sich allgemein Erschöpfung breit. Sie hatten knapp fünf Stunden unermüdlich gestrichen und gepinselt, und jetzt streikten Köpfe, Arme und Beine. Ich schloss die Augen, um nach Unterschieden zwischen dem, was ich vor mir sah, und dem geistigen Bild in meinem Kopf zu forschen. Morris malte gerade den Kleiderhaken hinter dem Bett an, als auf meinem geistigen Bild bestimmte Punkte wie eine Ampel zu blinken begannen.

»Die zwei Bilderrahmen oben rechts an der Wand sind ebenfalls braun!«, rief ich.

Ich erwartete einen Vorwurf, der nicht kam. Alle waren viel zu erschöpft.

»Die hellen Flecken auf der linken Fensterscheibe haben dieselbe Farbe wie das Bett und die Stühle!«, rief ich wie besessen. »Die Ränder des Bettes sind karminrot! Im Spiegel fehlt ein bisschen Weiß! Der Hintergrund des Bildes mit dem Baum ist ebenfalls weiß! Und den Boden haben wir auch noch nicht koloriert!«

Ichiro stieg von dem Podest herunter und kam federnden Schritts auf mich zu.

»Was ist los mit dir, Hubert?«, fragte er und ergriff meine Arme. »Geht es dir gut?«

Um ehrlich zu sein, nein, es ging mir nicht besonders gut. Mir war schwindlig, ich sah bunte Lichter blinken, und mein Kopf schien gleich zu explodieren. Den Terpentingeruch nahm ich nicht mehr wahr, aber seine Ausdünstungen hatten sich offensichtlich in meinem Kopf festgesetzt. Ich konnte nicht antworten, und er verstand das.

»Lasst uns aufhören!«, sagte er zu den anderen. »Wir müssen uns ausruhen.«

»Warum?«, protestierte Morris. »In einer Stunde sind wir fertig.«

Seine Proteste stießen auf taube Ohren. Obwohl ich nicht gemalt hatte, dachte ich seit fünf Stunden nur an Farben, ich erinnerte mich an Farben, ich mischte Farben … Die anderen hatten dazu noch die vollen Quaste hin- und hergeschleppt, sich gebückt, aufgerichtet und die ganze Zeit mit dem rechten Arm gearbeitet (außer Odette, sie war Linkshänderin). Ein

Wahnsinn. Wenn wir uns nicht ausruhten, würde meine geistige Pinakothek zerfließen wie heiße Schokolade.

Wir sanken zu Boden und schoben uns die Rucksäcke unter die Köpfe. Überall war erschöpftes Seufzen zu hören. Nach ein paar Minuten der Stille sagte Gabriella:

»Es macht mir Sorgen, dass wir nicht weiterarbeiten.«

»Warum?«, fragte ich und spürte, wie sich die *bentō*-Box in mein linkes Ohr bohrte.

»Hast du die Katakomben von Paris vergessen?«, entgegnete sie. »In der Falle gab es ein Chronometer, und wenn wir uns zu viel Zeit ließen, bis wir den nächsten Dimmer betätigten, kamen die Stacheln aus dem Boden und bohrten sich in unsere Füße.«

»*Tetsubishi*«, erinnerte sich Ichiro seufzend.

»Was auch immer«, erwiderte Gabriella. »Ich mache mir Sorgen, dass hier was Ähnliches passieren könnte.«

»Bisher ist aber nichts passiert«, sagte Odette mit ruhiger Stimme.

»Gar nichts«, bestätigte Oliver. »Wir haben jetzt fünf Stunden lang gemalt. Wir hätten uns auch in den Farben irren können, es sind aber weder Pfeile noch Messer aus den Wänden geschossen.«

»Das macht mir ja noch mehr Sorgen«, erklärte sie betrübt. »Es ist, als wäre ein Teil von mir mit Saito und der Planung seiner Rache gleichgeschaltet, und etwas sagt mir, dass wir nicht innehalten sollten, dass wir weitermachen müssen, dass …«

Ein kurzes elektrisches und ziemlich unangenehmes Zischeln war plötzlich im ganzen Raum zu hören, und sie verstummte abrupt. Adrenalin schoss durch meinen Körper, ich fuhr hoch, blieb aber auf dem Boden sitzen. Wir alle starrten uns erschrocken an. Gabriella hatte recht behalten, wir hätten nicht aufhören dürfen. Aber jetzt war es zu spät …

8 WAS FÜR EIN CHAOS

Weißer Qualm waberte aus den Ecken zwischen Wänden und Decke. Blitzschnell hatte sich die Luft in eine dichte Rauchwolke verwandelt, und meine Augen begannen stark zu tränen. Ich riss die Brille herunter, ließ sie fallen und legte beide Hände auf Augen und Gesicht. Der folgende Husten fühlte sich an, als wären meine Lungen eine trockene Lederhaut, ich krümmte mich vor Schmerz. Das war die Hölle, die absolute Hölle, und es gab kein Entrinnen. Halb bewusstlos hörte ich meine Gefährten husten, nach Luft ringen, erstickte Schmerzensschreie ausstoßen … In dem Augenblick wusste ich, hier kamen wir nicht mehr lebendig heraus.

Eine Hand zerrte mich nach unten auf den Boden, wo ich regungslos liegen blieb. Dann war es vorbei. Ich weiß nicht, warum, denn ich konnte die Augen nicht öffnen, und wenn ich es versuchte, verstärkte sich das Brennen so sehr, dass ich fast verrückt wurde.

»Das ist *metsubushi*!«, hörte ich Ichiro erstickt murmeln. »Fasst euch nicht an die Augen! Nicht an die Augen fassen!«

Wir sollten uns nicht an die Augen fassen? Und wie sollten wir das Brennen bekämpfen? Mit Beten?

»Legt euch feuchte Taschentücher auf Nase und Mund!«, keuchte Ichiro weiter. »Fasst euch nicht an die Augen!«

Nach Luft schnappend wie ein Fisch tastete ich blind nach

meinem Rucksack, öffnete ihn und fand tatsächlich ein Päckchen Papiertaschentücher. Ich riss sie aus der Verpackung und schüttete Wasser darüber. Leise röchelnd gelang es mir, die feuchten Taschentücher auf Mund und Nase zu verteilen.

»Auch auf die Augen!«, rief Ichiro erstickt unter dem Taschentuch auf seinem Mund. »Nicht reiben, fasst sie nicht an!«

Es dauerte einen Moment, doch kurz bevor ich aus Sauerstoffmangel das Bewusstsein zu verlieren glaubte, konnte ich tatsächlich wieder atmen. Der Husten ließ nach, und instinktiv schob ich die feuchten Taschentücher zur Seite, um durch den Mund atmen zu können. Die Augen hielt ich auf Ichiros Rat weiter geschlossen. Zum Glück, denn das unerträgliche Brennen hielt an. Meine Augen tränten und brannten, als hätte mir jemand Pfeffer hineingestreut.

Vielleicht vergingen nur fünf Minuten, aber ich hatte das Gefühl, das Brennen, der Schmerz und die geschwollene Kehle würden eine Ewigkeit vorhalten. Ich wollte mich nur noch verkriechen und die grässlichen Reaktionen meines malträtierten Körpers vergessen.

Das Husten verstummte langsam. Auch das Klagen, das erstickte Luftholen und das Räuspern. Tödliche Stille sank auf uns herab.

»Spült eure Augen mit Wasser aus, aber ganz vorsichtig, ja?«, sagte Ichiro, der zu wissen schien, was gerade passiert war. Seine Stimme klang matt, aber normal, er keuchte auch nicht mehr.

»Ich habe Kochsalzlösung dabei«, flüsterte Odette heiser und räusperte sich. »Hilft das?«

»Bestens!«, rief Ichiro. »Die wird uns das *metsubushi* aus den Augen spülen. Fang du an, Odette. Spül dir ordentlich die Augen aus, und wenn du sie wieder öffnen und sehen kannst, hilf uns anderen. Und versucht, so viel wie möglich zu blinzeln. Das hilft, das *metsubushi* zu verwässern.«

»Was ist denn das *metsubushi*?«, fragte ich, während ich noch einmal Wasser auf die Taschentücher in meinem Gesicht träufelte. Meine Augen brannten und tränten weiter, aber ich konnte schon wieder normal atmen. Und natürlich blinzelte ich nicht. Wenn ich auch nur versuchte, die Lider zu öffnen, war der Schmerz unerträglich.

»Frag nicht …«, murmelte Ichiro. »Ich erkläre es dir später, wenn es uns besser geht.«

»Hängt der weiße Staub noch in der Luft?«, wollte Gabriella wissen.

»Nein«, antwortete Odette, die sich langsam von einem zum anderen vorarbeitete. »Er liegt jetzt auf dem Boden.«

»Pass auf, dass du ihn nicht aufwirbelst!«, bat Ichiro sie verzweifelt.

»Keine Sorge«, sagte sie ruhig. »Ich bewege mich so langsam wie möglich.«

Ich spürte, dass sie sich neben mich kniete, und hörte leise Sauggeräusche und einen Stöpsel (zumindest schien es mir so). Dann nahm sie mir vorsichtig die feuchten Tücher von den Augen, öffnete mit zwei Fingern das rechte und träufelte Kochsalzlösung hinein. Das verschaffte mir augenblicklich Linderung. Ich glaube, ich habe sogar gelächelt vor Freude. Dann wiederholte sie das Ganze mit dem linken Auge.

»Deine Augen sind wieder sauber, Hubert«, flüsterte mir Odette liebevoll zu. »Aber du kannst sie noch einen Augenblick schließen, wenn du magst.«

»Ja, danke«, antwortete ich, denn ich hatte Panik davor, sie wieder zu öffnen.

Sie lachte und ging weiter. Was hätten wir ohne Odette bloß gemacht? Und woher hatten die Kogas gewusst, dass wir eine

Krankenschwester brauchen würden? All das schoss mir durch den Kopf, als ich mit frisch gespülten Augen auf dem Boden lag und ein wunderbares Gefühl des Friedens verspürte.

»Wir müssen uns bewegen«, hörte ich Gabriella sagen. »Wir dürfen nicht länger innehalten, sonst werden wir wieder mit dem weißen Pulver bestäubt.«

Ihre Worte hatten eine magische Wirkung. Ich setzte mich und schlug die Augen auf. Gabriellas Warnung hatte eine irrationale Angst in mir ausgelöst. Die Taschentücher fielen in meinen Schoß, und meine erste Reaktion war, den Atem anzuhalten. Aber Odette hatte recht, der weiße Staub hing nicht mehr in der Luft. Was auch immer er enthalten mochte, er war schwerer als Luft und hatte sich als weiße Schicht auf dem Boden (und leider auch auf uns) abgelagert.

»Habt ihr gehört, was ich gesagt habe?«, fragte Gabriella ängstlich. »Wir müssen uns bewegen!«

Da ich meine Brille nicht trug, konnte ich nicht scharf sehen und glaubte, Gabriella hätte sich eine rote Maske aufgesetzt. Ich blinzelte mehrmals, um meine Augen scharf zu stellen, und erkannte, dass unsere Gesichter stark gereizt waren: Wir alle wiesen von der Stirn bis zu den Wangen große rote Flecken auf, als hätte man uns das Gesicht verätzt.

Langsam standen wir auf und wischten uns mit den feuchten Taschentüchern vorsichtig den weißen Staub aus dem Haar und von der Kleidung, damit wir ihn nicht aufwirbelten und er uns erneut in Augen und Mund dringen konnte.

»Was ist das, verdammt noch mal?«, fragte Morris aggressiv und hielt Ichiro die Taschentücher mit dem weißen Staub unter die Nase. Sein rotes Haar und der rote Bart wirkten jetzt irgendwie vergilbt.

»Ich sagte es ja schon«, flüsterte Ichiro. »*Metsubushi*, ein Blendpulver.«

»Auch eine Erfindung der Ninjas?«, schnaubte Morris noch gereizter. Es fehlte nicht viel und er hätte Ichiro den weißen Staub ins Gesicht gerieben.

»Ja, auch eine Erfindung der Ninjas«, räumte der entschuldigend ein. »Das ist eine Mixtur aus Mehl, Asche und gemahlenem Holz sowie Salz und Pfeffer.«

»Pfeffer?«, rief Odette entsetzt.

»Die Ninjas füllten leere Eier mit dieser Mixtur und warfen sie auf ihre Feinde, um sie zu blenden und so flüchten zu können.«

»Es ist, als hätte man uns Pfefferspray in die Augen gesprüht«, sagte Oliver, der seinen Ohren nicht traute.

»Das ist richtig. Tatsächlich basiert das moderne Pfefferspray auf *metsubushi*«, erklärte Ichiro und legte sich ein weiteres feuchtes Taschentuch auf sein blutunterlaufenes Auge, das aussah, als würde es gleich aufplatzen. »Und es wirkt genau so. Deshalb habe ich euch gesagt, ihr sollt euch auf keinen Fall die Augen reiben, denn sonst hättet ihr wegen des Pfeffers, des Holzmehls und den Salzkörnern ernsthafte Schäden auf der Hornhaut davongetragen.«

»Verdammte Ninjas!«, explodierte Morris und hieb in die Luft. »Verdammte Ninjas! Und verdammtes *metsubushi*! Verdammter van Gogh! Ich hab's satt! Satt bis obenhin!«

Er schien verrückt geworden zu sein – zumindest hatte er weder seine Wut noch seine Frustration im Griff. Aber zu meiner größten Verblüffung sah ich, wie Ichiro ihn mit seinem einen Auge fest anblickte und dabei lächelte. Er schien hinter Morris' grenzenloser Dummheit noch etwas anderes zu sehen. Vielleicht lag es an dem Wissen, dass Morris an einen Vertrag geknebelt war und ihm sehr viel an dem Geld lag, da konnte er so viel herumpoltern, wie er wollte. Ja, dachte ich, eigentlich ist es witzig, Morris derart ausflippen zu sehen und zu wissen, dass er nur ein Großmaul war. Auch ich musste lächeln.

Ein Stoß in die Seite machte mir die Freude zunichte. Als ich mich umdrehte, sah ich Gabriellas vorwurfsvollen Blick. Sie hielt mir meine Brille hin.

»Sie ist auf mir gelandet«, sagte sie und an Morris gerichtet: »Hör auf, dich wie ein Idiot aufzuführen, John! Du benimmst dich wie ein kleiner Junge! Reiß dich zusammen!«

Morris war derart verblüfft, dass er ein noch dümmeres Gesicht zog. Und reagierte tatsächlich wie eine kleiner Junge, der von seiner Mutter zurechtgewiesen wird. Er erstarrte, zog einen kindischen Flunsch und beruhigte sich wieder. Nicht zu fassen! Hätten Oliver, Ichiro oder ich ihn zurechtgewiesen, wäre er wie ein Panzer über uns hinweggerollt und hätte uns niedergewalzt.

»Machen wir uns bitte wieder an die Arbeit«, drängte Gabriella mit funkensprühendem Blick aus ihrem irritierend geröteten Gesicht. »Wenn wir uns nicht bewegen und weitermalen, bekommen wir bald die nächste Portion *metsubushi* ab, glaubt mir.«

Ich glaubte ihr aufs Wort, wir alle glaubten ihr, weshalb wir schnell wieder zu Quasten, Pinseln und Farbtuben griffen und uns ans Werk machten. Aber was heißt schon schnell, überall lag der weiße *metsubushi*-Staub, außer in van Goghs Schlafzimmer, in das er wegen des geringen Emissionsdrucks des Reizgases offensichtlich nicht gelangt war. Doch der Raum samt Steintisch war voll davon, weshalb wir uns ganz vorsichtig bewegten. Gabriella mischte ihn einfach unter die Farbe, was ihr nichts anhaben konnte, und wischte ihn nur von den Griffen der Quaste und Pinsel.

Odette und ich waren mit Taschentüchern vor Nase und Mund die Helden des Tages: Auf Knien säuberten wir mit den schmutzigen Lappen den Weg vom Tisch bis zum Schlafzimmer, damit sich die Künstler frei bewegen konnten und kein weiteres Unglück heraufbeschworen.

Viel fehlte nicht mehr, was in dem dreidimensionalen Bild koloriert werden musste. Wie ich vor unserer Pause aufgezählt hatte, handelte es sich um die Bilderrahmen an der rechten Wand, die klaren Stellen in der linken Fensterscheibe, die Bettkanten, einen weißen Fleck im Spiegel und den weißen Hintergrund des Bildes über dem Bett. Wirklich mühselig gestaltete sich das Streichen des Bodens, den wir uns aus begreiflichen Gründen für den Schluss aufgehoben hatten.

Wir nutzten die Farbreste aus den Tuben, die jeder für leer gehalten hätte, aus denen Gabriella aber noch genug Farbe herausdrückte. Vermutlich war der Kauf von Farben eine teure Angelegenheit, weshalb sie sie bis zum letzten Tropfen verbrauchte – man musste sich die am Ende aufgerollten Tuben nur ansehen, um zu wissen, dass sie Übung darin hatte.

Den Boden des Schlafzimmers in Arles anzumalen war eine ganz andere Kunstfertigkeit. Auf dem Bild hatte er die Farbe von verwaschenem Rot, stumpf und trübe, was eindeutig nicht van Goghs Vorstellung entsprochen haben dürfte, denn er liebte leuchtende, satte Farben. Dieses Rot war eine Alterserscheinung des Bildes, ebenso wie die lilafarbenen Wände, die im Laufe der Zeit ihren Rotton eingebüßt hatten und jetzt hellblau wirkten. Und tatsächlich, auch die Version in Chicago hatte keinen roten Boden mehr, er war jetzt unbegreiflicherweise grün. Da dies bei der karminroten Bettdecke nicht der Fall war, schlossen wir daraus, dass van Gogh nicht dasselbe Rot dafür benutzt haben konnte, sonst wäre auch sie verblasst.

»Das zweite, am häufigsten von van Gogh verwendete Rot war reines Zinnoberrot«, wusste Ichiro. »Hergestellt aus Cinnabarit, einer Mischung aus Quecksilber und Schwefel.«

»Wie reizend!«, scherzte Gabriella.

»Gibt es Tuben mit Zinnoberrot?«, fragte Oliver und schaute in die schon ziemlich leeren Öffnungen.

»Ja«, antwortete ich, weil ich schon nachgesehen hatte. »Fünf Tuben. Aber der Boden ist nicht zinnoberrot, und sollte er es einmal gewesen sein, ist davon wirklich nichts mehr zu sehen.«

»Stimmt, aber wir könnten es benutzen, um die aktuelle Farbe zu mischen«, erwiderte Gabriella. »Welche Farben würdest du dafür nehmen, Hubert?«

Hatte meine Fähigkeit, die richtigen Farbmischungen anzugeben, sie etwa beeindruckt, wenn sie nicht Ichiro oder Oliver, sondern mich fragte? Als wären wir beide das Team und die anderen nur Gehilfen.

Ich schloss wieder die Augen (aber nur ganz leicht, weil sie noch immer ein wenig brannten), um das Bild im Geiste heraufzubeschwören, und sah wieder diesen hässlichen Schlafzimmerboden vor mir. Erst da fiel mir auf, dass Gabriella diese Frage nicht zufällig mir gestellt hatte, denn ich hatte tatsächlich die seltsame Fähigkeit entwickelt, die Farben in ihre Bestandteile zu zerlegen und daraus abzuleiten, wie sie zustande gekommen waren, wenn auch mit einer geringen Fehlerquote. Das war mir noch nie aufgefallen, nicht während des Studiums und auch nicht in den Jahren als Galerist. Für den aktuellen stumpfen Rotton, das sah ich genau, benötigten wir außer Zinnoberrot sehr viel Weiß, ein bisschen Grau und viel Ocker. Keine Ahnung, wie ich darauf gekommen war. Ich wusste es einfach.

Gabriella drückte die Tube Zinnoberrot in eines der Löcher und gab, meinem Rat folgend, zwei ganze Tuben Ockergelb und zwei Tuben Zinkweiß dazu. Schwarze Farbe für die Herstellung von Grau fehlte allerdings. Ichiro erklärte uns, dass van Gogh Schwarz nicht mochte, dass er nach seiner düsteren Phase in den Niederlanden und seinem Umzug nach Paris 1886 die Farbe Schwarz nur noch für Konturen und Profile einsetzte, ganz im Stile der *ukiyō-e*-Kunst.

Es gab also kein Schwarz und demzufolge auch kein Grau. Wir mussten zunächst das Ergebnis von Gabriellas Mischung abwarten. Als sie fertig war, sah sie mich mit hochgezogenen Augenbrauen zweifelnd an, und mir verschlug es kurz den Atem angesichts ihrer Schönheit. Sie musste geahnt haben, was mir durch den Kopf ging, denn sogleich schnitt sie eine amüsierte Grimasse und wandte den Blick ab.

»Drück die restlichen Tuben, außer der weißen, ganz aus und vermische alles gut«, sagte ich mit klopfendem Herzen.

Oliver lächelte.

»Das soll Schwarz werden, stimmt's?«, sagte er und klopfte mir kräftig auf die Schulter.

Als wir in den Pariser Katakomben mit Licht malten, wussten wir, dass nach wiederholtem Hinzufügen von Farben, welche auch immer, Weiß herauskam, denn das Mischen von Lichtfarben bedeutet, Farben zu summieren. Bei echten Ölfarben hingegen ist das Ergebnis immer Schwarz, denn es handelt sich in Wirklichkeit um den Verlust von Farbe. Jede Farbe, die beigemischt wird, entzieht der vorigen den Glanz und die Leuchtkraft, bis der Farbton ganz erlischt und nur Schwarz bleibt.

Gabriella drückte aus allen leeren Tuben noch letzte Reste, die zusammen einen Fingerhut Schwarz ergaben. Diese Menge fügte sie der Mischung hinzu, die bereits zwei Tuben Zinkweiß enthielt, was mehr als genug war für das Grau, das ich im Geiste vor mir gesehen hatte. Mit dem Ergebnis, dass wir jetzt über ein akzeptables Rot für den Boden verfügten.

Nach knapp einer halben Stunde war der Boden des Schlafzimmers gestrichen und unsere Kopie von van Goghs Meisterwerk fertig. Natürlich waren die Farben noch feucht und benötigten ein paar Tage zum Trocknen, aber unser Werk war vollendet.

In Erwartung eines Urteilsspruchs standen wir stumm da. Als nichts geschah, gingen wir zu unseren Rucksäcken und packten zusammen. Aber es geschah noch immer nichts. Die einen lehnten am Steintisch, die anderen an der Wand, und alle starrten Ichiro erwartungsvoll an. Gabriella wurde langsam nervös.

»Wir sollten in das Schlafzimmer gehen«, schlug sie mit einem angespannten Gesichtsausdruck vor.

»Und den frisch gestrichenen Boden betreten?«, fragte Odette alarmiert.

»Nein«, entgegnete Gabriella, die sich besorgt umschaute. »Um uns vor der nächsten …«

Mehr konnte sie nicht sagen. Wieder war ganz deutlich das grässliche Zischeln zu hören, ein schrilles *Zisss* wie ein stimmloser Frosch, das die Katastrophe ankündete, und schon waberten wieder dichte Rauchschwaden von der Decke auf unsere Köpfe herab.

Mit halb geschlossenen Augen und angehaltenem Atem stürzte ich in das frisch ausgemalte Schlafzimmer, um von dem verfluchten *metsubushi* nicht noch einmal verätzt zu werden. Alle reagierten aus demselben Überlebensinstinkt und flüchteten vor dem weißen Staub. Doch obwohl wir unsere Augen vor dem Brennen bewahrten, verschonte uns niemand von dem unsichtbaren Anteil des *metsubushi*, der in der Luft hing und uns an unserem Zufluchtsort schließlich einholte. Zum Glück hatte uns Ichiro vorab geraten, wieder nasse Taschentücher für Mund und Nase bereitzuhalten, weshalb wir nur mit leichtem Reizhusten und kurzer Atemnot der

Ninja-Hölle entkamen. Was zum Teufel hatten wir falsch gemacht?

»Wir müssen herausfinden, warum wir die Prüfung nicht bestanden haben«, murmelte Ichiro unter dem Taschentuch, als wir darauf warteten, dass sich der weiße Staub legte.

»Mach schon, Hubert!«, forderte mich Morris heraus. »Du bist doch hier der Schlaumeier! Denk nach, Mann! Was haben wir vergessen?«

Ich war hier der Schlaumeier? Morris verhielt sich immer idiotischer. Wahrscheinlich war er eifersüchtig auf meine kleine Hauptdarstellerrolle bei dieser Prüfung.

»Was könnten wir falsch gemacht haben, Ichiro?«, fragte ich.

»Ich weiß es nicht, Hubert. Keine Ahnung. Ich komme einfach nicht darauf, denn ich bin mir eigentlich sicher, dass wir alles so gemacht haben, wie Saito es wollte. Wir haben uns doch so genau wie möglich an die Farbtöne gehalten. Kein Steuerfahnder, es sei denn, er ist Hobbymaler, hätte die Prüfung besser bestehen können als wir. Ich weiß es nicht, ich weiß nicht, was noch fehlt.«

Was fehlte? Was zum Teufel fehlte noch? Da ich im Bild *Schlafzimmer in Arles* stand, ließ ich meinen Blick durch den Raum wandern – die Wände, den puderweißen Boden voller Schuhabdrücke, den Steintisch, der jetzt auch mit *metsubushi* überzogen war, die Überreste unserer Arbeit: leere Tuben, schmutzige Quaste und Pinsel, dreckige Lappen, offene Terpentinflaschen … Was für ein Chaos.

Chaos. Natürlich, das war's, es sah chaotisch aus! Wie sollte Saitos Falle erkennen, dass wir unsere Aufgabe erfüllt hatten, und das ziemlich gut?

»Wir müssen den Tisch aufräumen!«, rief ich.

»Den Tisch aufräumen?«, wunderte sich Gabriella.

»Wir müssen alles, was wir benutzt haben, in die Löcher zurücklegen! Die leeren Tuben, die schmutzigen Lappen, die Lösungsmittel … Alles muss wieder an seinen Platz.«

»Wozu?«, wollte Oliver wissen.

»Damit der Tisch weiß, wie viel Farbe fehlt, wie viel Terpentin wir benutzt haben, wie viel …«

In den Augen meiner Gefährten waren die unterschiedlichsten Reaktionen abzulesen, von absoluter Verständnislosigkeit bis zum plötzlichen Begreifen. Nur anhand des Gewichts der Materialien konnte Saito erkennen, dass wir van Goghs Schlafzimmer ausgemalt hatten. Dabei hatten wir sämtliche Materialien herausgenommen und irgendwo liegen gelassen. Wir hatten geglaubt, wichtig sei das Ausmalen des Zimmers, während viel wichtiger war, dass der alte Steuermechanismus berechnen konnte, wie viel wir verbraucht hatten. Zu Saitos Lebzeiten konnte man noch keine digitalen Bilder miteinander vergleichen, um die Farben ging es also nicht. Viel logischer war, dass er gewusst hatte, wie schwer jede einzelne volle Tube, Lappen, Quaste und Pinsel sowie die Terpentinflaschen waren, weshalb nach Bestehen der Prüfung das Gewicht der leeren Tuben, schmutzigen Lappen und allem anderen einfach abgezogen wurde. Wenn die Öffnungen leer waren, konnte diese Berechnung nicht stattfinden, und wir wurden weiter bestraft.

»Aber ich weiß nicht mehr, in welcher Öffnung die jeweiligen Farben lagen«, klagte Gabriella. »Dann kann er nicht ausrechnen, wie viel Farbe wir verbraucht haben!«

»Ich glaube nicht, dass die Farbtuben unterschiedliche Gewichte haben«, meinte Ichiro. »Es ist egal, wo wir die leeren Tuben reinlegen.«

»Ich glaube, der ganze Tisch ist eine riesige Waage«, sagte Morris.

»Aber die Reste liegen doch darauf, und das hat auch nichts genützt«, stellte Gabriella klar. »Wir müssen alles in die Öffnungen zurücklegen, darunter befinden sich die Waagen.«

»Der Meinung bin ich auch«, stimmte Ichiro zu. »Die Waagen befinden sich unter den Öffnungen, und die drei für die Tuben liegen bei genauerem Hinsehen dicht beieinander, während die anderen weiter entfernt sind. Du musst dich also nicht daran erinnern, wo sie jeweils lagen, das ist nicht wichtig.«

Und wenn doch, dachte ich, würde uns das *metsubushi* gewiss darauf aufmerksam machen. Gabriella reckte stolz den Kopf und nickte.

Wir ließen noch ein paar Minuten verstreichen, bis sich der Staub endgültig gelegt hatte, und kehrten dann so vorsichtig zum Steintisch zurück, als würden wir über einen mit *tetsu-bishi*-Dornen gespickten Boden gehen. Während Odette und Morris die schmutzigen Lappen einsammelten und in die Öffnungen stopften (sie hatten tatsächlich an Volumen und Gewicht zugenommen), verschlossen Oliver und Ichiro die Terpentinflaschen mit den Aluminium-Wachs-Stöpseln (für alle Fälle), stellten sie an ihren Platz zurück und legten die Glasplatte darüber. Währenddessen steckten Gabriella und ich die leeren, die halb leeren (mit Verschluss) und die vollen Tuben in die drei Öffnungen und entdeckten dabei, wie viele wir nicht benutzt hatten: zwei Tuben Karminrot, drei Himmelblau, eine mit Zinkweiß, vier Zinnoberrot …

Als der letzte schmutzige Quast und der letzte verklebte Pinsel weggeräumt waren, begaben wir uns wieder in van Goghs Schlafzimmer, dessen hässlicher Boden nur noch unter dem Bett rot war, der Rest klebte an unseren Schuhsohlen. Eine Vorsichtsmaßnahme, weil wir nicht wussten, ob wir noch eine Portion gemahlenen Pfeffer erhalten sollten. Aber nein.

Noch bevor alle auf dem Podest standen, war ein trockenes Knacken zu hören, und wir sahen einigermaßen verdattert, wie sich die blau gestrichene Tür am Fußende des Bettes langsam nach außen öffnete.

»Der Ausgang!«, rief Ichiro und stürzte darauf zu.

Wir folgten ihm hastig. Wir wollten sofort hier raus, wie aus allen Fallen, die uns Saito bei seinen verdammten Prüfungen bisher gestellt hatte.

Hinter der Tür erstreckte sich ein langer Flur mit verputzten Wänden, und gleich am Anfang stand ein kleiner Steintisch mit den üblichen Gegenständen in einer hermetisch verschlossenen Plastiktüte: ein *ukiyō-e*-Bild und eine Holzmarke.

In die Holzmarke war wieder etwas eingraviert, eine Art Blitz. Das Bild bestätigte unsere Vermutungen. Es handelte sich um ein weiteres japanisches Motiv, das van Gogh in das *Porträt des Père Tanguy* kopiert hatte. Gleich unter dem Bild *Ishiyakushi: Yoshitsune Kirschbaum nahe am Noriyori-Schrein* befand sich die geheimnisvolle gesichtslose Frau in einem herrlichen Kimono. Das Originalbild zeigte zwar die gleiche Frau, von der sich van Gogh hatte inspirieren lassen, aber sie war hier von so außergewöhnlicher Schönheit, dass einem fast das Herz stehen blieb. Das hochgebundene, schwarze Haar mit den langen Holzstäbchen, das anmutige, längliche Gesicht, das dem Betrachter zugewandt war, und vor allem der unglaublich schöne Kimono in den Farben Grün, Schwarz und Ockergelb mit einem Drachen auf dem Rücken hatten nichts mit van Goghs Bild gemein. Wirklich gar nichts.

Wenn ich nicht gewusst hätte, wie schnell mein Landsmann zu malen pflegte, hätte ich behauptet, er hätte seine Kopie absichtlich so schlampig gestaltet. Aber da ich sein Werk gut kannte und schon viel über ihn gelesen hatte, schien mir viel wahrscheinlicher, dass es ihm schlicht nicht gelungen war, diese wunderschöne Frau in ihrem herrlichen Kimono zu kopieren.

Ichiro steckte beides wieder in den Beutel und diesen in seinen Rucksack. Dann machte er sich wortlos auf den Weg und ließ uns überrascht zurück.

Schließlich folgten wir ihm und stießen schon bald auf eine mit der vom Tempel identische Treppe ins Erdinnere, aber wir wussten, dass es nicht dieselbe war. Morris erklomm sie als Erster und prüfte, ob uns auf dem Weg in die Freiheit noch ein weiteres Hindernis erwartete.

»Der Ausgang ähnelt dem Eingang im Tempel«, erklärte er. »Die Holzdielen lassen sich leicht anheben, und um diese Uhrzeit werden nicht viele Leute im Tempel sein. Ich glaube, wir kommen irgendwo im Garten dahinter raus.«

Doch Ichiro wirkte irgendwie abwesend, er schien in düstere Gedanken vertieft zu sein. Befürchtete er ein weiteres Unglück, bevor wir hier rauskamen? Niemandem war sein Zustand entgangen, und als Morris die Dielen mit seinem kleinen Schraubenzieher löste, fragte Oliver:

»Ist alles in Ordnung, Ichiro? Geht's dir nicht gut?«

Er hob den Kopf und schien von weit her zu kommen, als er sagte:

»Angesichts dessen, was ich über Saitos Rache weiß, und angesichts dessen, was uns bei der nächsten Prüfung erwartet, glaube ich, dass das erst der Anfang war. Dass alles, was wir bisher durchgestanden haben, nichts ist im Vergleich mit dem, was uns noch bevorsteht. Und es wird schlimm werden, wirklich richtig schlimm«, schloss er mit eingezogenem Kopf.

9

DIE PROSTITUIERTE IM BRAUTKLEID

Es war schon dunkel, als wir zu Ichiros Eltern in Shizuoka zurückkehrten. Auf der Fahrt im Minibus aßen wir unseren zweiten *bentō*-Imbiss und tranken das restliche Wasser. Wir waren erschöpft und schwiegen. Ich wollte nur noch ins Bett und in einen erholsamen tiefen Schlaf fallen, aber wie schon öfter seit meiner Ankunft in der Galerie Père Tanguy machte mir die Realität einen Strich durch die Rechnung.

Im *genkan* nahmen uns die Familie Koga, Kentaros Muskelmänner, zwei Augenärzte und zwei Krankenschwestern in Empfang. Es war eine schöne Nacht, die Luft war kühl und feucht nach dem Regentag, und ein wunderbarer Sternenhimmel spannte sich über das feine Haus. Die Luxusvilla war so groß, dass wir alle ein eigenes Zimmer bekamen. Nach der Untersuchung verabreichten uns die Ärzte dickflüssige Augentropfen und Beruhigungsmittel (die wir gar nicht brauchten) und schickten uns mit einer erfreulichen Diagnose zu Bett: Das *metsubushi*, dem wir ausgesetzt waren, habe bei niemandem die Hornhaut verletzt; alle besäßen noch ihre hundertprozentige Sehkraft. Es sei nur eine leichte Irritation, nichts Ernsthaftes.

Zu hören, dass alles nicht so schlimm sei, war allerdings ziemlich irritierend. Wir hatten Gefahren und große Angst ausgestanden, aber nichts davon schien wichtig oder von Bedeutung zu sein. Angesichts dessen, was uns noch erwartete, klang das zwar beruhigend, änderte aber nichts daran, dass es uns auch empörte und verletzte, angesichts von Saitos Ninja-Waffen wie hysterische Dummköpfe dazustehen. Nicht, dass wir lieber blind gewesen wären, aber es war dennoch demütigend.

»Vielleicht hat er genau das beabsichtigt«, meinte Kentaro, was wir mit ungehaltenem Murren und Gähnen quittierten.

Dann konnten wir endlich schlafen gehen. Ichiro blieb bei seiner Familie, aber wir fünf waren vollkommen erledigt und wünschten nur noch, in einen gnädigen Schlaf zu sinken. Ich war schon mein Leben lang eine Nachteule und brauchte demzufolge etwas länger, um einschlafen zu können, weshalb ich mein neues Smartphone einweihen und etwas Interessantes aus meiner Podcast-Sammlung hören wollte. Eine Sendung von *Artelligence Podcast* über Künstlerbetreuung schien eine gute Wahl. Und das war es – als ich wieder aufwachte, konnte ich mich an kein einziges Wort mehr erinnern, nur daran, dass ich von Gabriella und Ichiro geträumt hatte, der immer wieder zu uns sagte: »Und es wird schlimm werden, wirklich richtig schlimm«, worauf wir drei trotz unserer Angst aus vollem Halse lachten.

Wir trafen uns am nächsten Morgen zum Frühstück wieder. Ich probierte zum ersten Mal einen Matcha-Tee – schließlich war ich in Japan –, der zwar bitter schmeckte, aber nach frisch gemähtem Gras oder Spinat roch. Doch mit einem Tropfen Milch und ein bisschen Zucker (eine Blasphemie in der Teekultur, die die Kogas einigermaßen verblüffte, obwohl keiner ein Wort darüber verlor) schmeckte er richtig gut, weshalb ich gleich mehrere Tassen trank.

Mir fiel auf, dass Kentaro und Midori dieselbe Kleidung wie am Vortag trugen und aussahen, als hätten sie die ganze

Nacht kein Auge zugemacht. Ichiro schien auch nicht viel geschlafen zu haben, hatte sich aber rasiert, geduscht und umgezogen. Nur Fumiko, Kentaros Frau, wirkte taufrisch wie eine Rose und kümmerte sich darum, dass unsere Teller immer gut gefüllt waren.

»Heute Nacht habe ich von diesem verfluchten Satz geträumt, den du gestern gesagt hast«, dröhnte Morris, damit Ichiro ihn am anderen Tischende verstehen konnte. »Dass das, was uns noch bevorsteht, schlimm wird, so richtig schlimm. Wegen dir hatte ich Albträume.«

Ah, ich war also nicht der Einzige.

»*Gomen'nasai, John-san*«, entschuldigte sich Ichiro und neigte den Kopf.

»Nach dem Frühstück«, verkündete Kentaro, mit den Ellbogen auf die Armlehnen seines Rollstuhls gestützt, »berichten wir euch, was wir letzte Nacht bezüglich der nächsten Prüfung herausgefunden haben.«

»Ich würde es gern jetzt gleich erfahren«, sagte Oliver freundlich. »Es sei denn, es spräche etwas dagegen wegen der … nun ja, der japanischen Sitten.«

Kentaro, Ichiro und Midori lachten auf, und dann übersetzte Midori ihrer Schwiegermutter, was Oliver gesagt hatte. Die alte Fumiko lächelte und ließ dabei eine perfekte weiße Zahnreihe aufblitzen.

»Nein, es spricht nichts dagegen«, erklärte Kentaro fröhlich. »Aber im *kyakuma* ist es gemütlicher. Diesmal muss einiges besprochen werden.«

So mussten wir unsere Neugier und Unruhe bis nach dem Frühstück bezwingen. Als wir auf den Sofas und Sesseln im großen Salon Platz genommen hatten, übernahm wieder Ichiros Vater das Zepter, wie immer in seinem Haus. Die japanische Familie schien auch heutzutage noch sehr patriarchalisch strukturiert zu sein, zumindest, wenn es um wichtige Angelegenheiten ging.

Kentaro gab einem seiner Mitarbeiter die erste Mappe (in seinem Schoß lagen mehrere), und der gute Mann begann an uns alle eine Kopie des Holzschnitts auszuteilen, den wir im Ishiyakushi-ji-Tempel gefunden hatten. Wieder staunte ich über die Schönheit dieses Bildes und der stolzen Frau in diesem raffinierten Kimono.

»Dieser Holzschnitt stammt von einem anderen berühmten *ukiyō-e*-Künstler des 19. Jahrhunderts«, begann Kentaro zu erklären. »Keisai Eisen, einer der großen Vertreter des bekannten *bijinga* oder *Bilder schöner Frauen*. Der Titel dieses Bildes lautet *Unryū, uchikake no oiran*, was übersetzt ungefähr heißt: ›Eine *oiran* in einem *uchikake* im *unryū*-Stil‹. In anderen Sprachen wird bei der Übersetzung oft der Fehler gemacht, das Wort Kurtisane voranzustellen, um den Beruf der Frau zu erklären. Aber eine Kurtisane ist nicht dasselbe wie eine *oiran*.«

»Zum besseren Verständnis«, fiel Ichiro seinem Vater ins Wort: »Keisai Eisen malte eine Kurtisane von hohem Stand. Diese Frauen auf dem Niveau einer Prinzessin wurden *oiran* genannt, was wörtlich heißt: Erste Blume. Sie waren die Schönsten und genossen hohes Ansehen, sie waren herausragend in ihren Liebesdiensten und hatten Kunden von höchstem Rang und Namen. Die Liebesdienste einer *oiran* konnte sich nicht jeder leisten, nicht einmal die Reichen. Nur die Superreichen und die Adligen vom Hofe des Shoguns oder seine Familienangehörigen kamen mit den *oiran* in Kontakt. Und die Frau auf diesem Bild ist eine *oiran*, eine der Prinzessinnen von Yoshiwara, dem Rotlichtviertel im alten Edo. Nur dort durfte damals die Prostitution ausgeübt werden.«

»Da muss es ja immer gerammelt voll gewesen sein!«, rief Morris und lachte dreckig.

»Genau«, bestätigte Kentaro. »Das Viertel Yoshiwara im Norden von Edo war vollständig mit Mauern umgeben, deren große Tore von den Samurais aus dem Heer des Shoguns bewacht und um Mitternacht geschlossen wurden. Es gab Essen und Trinken, Spiele, Musik, Theater, Geschäfte aller Art und natürlich die Hauptattraktion, die unzähligen Bordelle, in denen sich die Frauen auf vergitterten Balkonen den interessierten Kunden darboten. Außerhalb von Yoshiwara war Prostitution verboten, weshalb das Viertel, wie John ganz richtig sagte, immer gerammelt voll war, obwohl es zwei Stunden zu Pferd von Edo entfernt lag. Und die *oiran* waren die erstklassigsten und privilegiertesten Frauen.«

»Obwohl sie ebenso Sklavinnen wie alle anderen waren«, fiel Midori sichtlich verstimmt ein. »Das vergessen die Männer immer gern zu erwähnen, wenn sie die berühmte Geschichte von Yoshiwara erzählen. Alle Prostituierten in Yoshiwara waren im Wortsinne Sklavinnen«, wiederholte sie. »Entweder wurden sie von ihren armen Eltern verkauft, oder sie mussten sich zur Strafe für irgendein Vergehen, das nichts mit Sex zu tun hatte, prostituieren. Aber es brauchte ständig Nachschub für Yoshiwara, weil die Selbstmordrate der Prostituierten sehr hoch war. Was glaubt ihr, wozu die hohen Mauern und schwer bewachten Tore dienten? Um zu verhindern, dass die Frauen davonliefen. Es durften auch keine Waffen mit hineingenommen werden, weil die vornehmen Prinzessinnen von Yoshiwara mit diesen Waffen hätten Selbstmord begehen und durch ihren Tod dem unglücklichen Schicksal einer Prostituierten entgehen können.«

»Es stimmt, was Midori sagt«, ergänzte Ichiro. »Aber da Japan traditionell ein patriarchales Land ist, wird die Erinnerung an Yoshiwara gerne romantisch verklärt und von vielen *ukiyo-e*-Künstlern voller Licht, Leben, Festen und Freude dargestellt.«

»Aber nicht für diese armen Frauen, die zur Prostitution gezwungen wurden und keine Möglichkeit hatten, lebendig zu entkommen«, präzisierte Midori unmutig.

»Also noch mal«, ließ sich Kentaro vernehmen, um seine Schwiegertochter zum Schweigen zu bringen. »Diese *oiran* von Keisai Eisen ist eine vornehme Kurtisane und trägt, wie der Titel des Bildes schon sagt, einen *uchikake* im *unryū*-Stil.«

»Der *uchikake* ist ein ganz besonderer Kimono«, ließ sich Midori wieder vernehmen. »Ich trug am Tag meiner Hochzeit mit Ichiro auch einen. Er ist das traditionelle Pendant zum westlichen Brautkleid, einer der edelsten Kimonos: Er wird aus feinster Seide gefertigt und mit Motiven von Blumen, Bäumen, Kranichen und Ähnlichem bestickt, immer in leuchtenden Farben. Hier fehlt der *obi*, der typische breite Kimonogürtel, der *uchikake* wird offen getragen wie eine lange Tunika.«

»Und warum malte Keisai Eisen eine Prostituierte im Brautkleid?«, fragte Gabriella verwundert. »Ist das nicht ein wenig unpassend? Oder wollte er sie verspotten?«

»Nein, keineswegs«, widersprach Kentaro. »Eisen wollte nur zwei schöne Dinge darstellen: eine bezaubernde *oiran* in einem wunderschönen *uchikake*. Du siehst es ja selbst: Die überbordende Schönheit des Bildes sticht sofort ins Auge, nicht wahr?«

»Ja«, räumte Gabriella ein. »Aber bei uns im Westen werden Prostituierte immer ganz anders dargestellt: entmenschlicht, gebrochen, kaputt. Keinem Künstler wäre je in den Sinn gekommen, eine Prostituierte im Brautkleid zu malen. Zumindest glaube ich das.«

»Aber hier in Japan«, insistierte Kentaro, »ist das Bild der Prostituierten ein anderes als im Westen.«

»Nein«, mischte sich Midori wieder ein. »In Japan sind sie auch nur Objekte. Dinge. Manchmal dekorative Objekte und hübsche Dinge, aber nie menschliche Wesen. Heutzutage ist Prostitution in Japan verboten, aber wie alles Verbotene gibt es sie trotzdem noch, auch wenn die Gesellschaft die Augen davor verschließt.«

»Und zum Abschluss«, ließ sich Ichiro wieder vernehmen, dem das Verhalten seiner Frau gegenüber seinem Vater peinlich zu sein schien, »haben wir noch das Motiv auf dem *uchikake*. Es ist ein *unryū*, ein Tier aus der japanischen Mythologie. *Unryū* bedeutet Wolkendrachen. Wie ihr auf dem Bild sehen könnt, weist der Kimono eine außergewöhnliche Stickerei von einem solchen Drachen auf: Der Kopf befindet sich auf dem Ärmel, und der Körper erstreckt sich zwischen Wolkenspiralen über den Rücken bis zur breiten Schleppe. Heutzutage werden solche Kimonos nicht mehr gefertigt, und dieser muss damals ein Vermögen gekostet haben.«

»Na schön, aber *ihr* könntet euch doch gleich mehrere davon leisten, oder?«, entfuhr es dem dämlichen Morris, der nicht mal merkte, wie unpassend sein Kommentar war. »Ich denke schon darüber nach, ob ich nicht auch ein Bestattungsunternehmen eröffnen soll, wenn ich wieder in Michigan bin. Scheint ein gutes Geschäft zu sein. Da wäre das Geld, das ich mit der Suche verdiene, sicher gut investiert.«

Peinliches Schweigen im Raum. Ich konnte diesen ungeschliffenen und dummen Menschen jeden Tag weniger ertragen.

»Eine ausgezeichnete Idee, John«, erwiderte Kentaro freundlich lächelnd. »Aber vergiss nicht, dass unsere Familie nicht nur *ein* Bestattungsunternehmen besitzt. Inzwischen gibt es jede Menge Filialen in ganz Japan, dazu noch etliche andere Firmen, die aufzuzählen jetzt zu lange dauern würde. Aber ich finde es wunderbar, wenn du deinen Horizont erweitern willst.«

Morris lächelte zufrieden wie ein kleiner Junge, der vom Lehrer gelobt wird. Ihm war sein Mangel an Taktlosigkeit nicht bewusst. Und die respektvollen Kogas waren als gute Japaner von ausgesuchter Höflichkeit.

»Nachdem wir jetzt das Bild von Keisai Eisen analysiert haben«, wechselte Kentaro das Thema, »kommen wir nun zu van Gogh.«

Er reichte seinem Mann in Schwarz die nächsten Mappen, und der verteilte sie an uns. Darin enthalten waren drei Kopien des Eisen-Werkes mit so deutlichen Unterschieden, dass ich kaum glauben konnte, dass es sich um dieselbe Frau im selben Kimono handelte.

»Schaut euch das erste Bild an«, bat uns Kentaro. »Es ist das Titelbild einer japanischen Sonderausgabe der französischen *Paris Illustré*, die im Mai 1886 veröffentlicht wurde. Wie ihr sehen könnt, handelt es sich um das Bild *Unryū, uchikake no oiran* von Keisai Eisen, das wir eben gesehen haben.«

»Aber verkehrt herum!«, rief Odette überrascht. »Das Bild ist seitenverkehrt! Auf Eisens Original blickt die Frau nach rechts und auf dem Titelbild der *Paris Illustré* schaut sie nach links.«

»Genau«, bestätigte Kentaro zufrieden. »Das war ein Fehler der Druckerei. Und nun schaut euch bitte das nächste Bild an, van Goghs berühmtes Bild *Die Kurtisane (nach Eisen)*, gemalt im November 1887.«

»Das ist ebenfalls seitenverkehrt«, stellte ich fest. »Vincent hat sich an das Titelbild der Illustrierten gehalten und nicht an Eisens Original.«

»Um dieses Bild zu malen«, erklärte Kentaro weiter, »und weil ihm Zeichnen nicht besonders lag, benutzte er etwas, das man unter dem Begriff ›Raster‹ kennt. Tatsächlich hatte er, wenn er raus aufs Land fuhr, stets das Raster dabei, das ihm ein Schlosser angefertigt hatte und natürlich von seinem Bruder bezahlt wurde, der ihn ein Leben lang finanziell unterstützte.«

»Was ist das, ein Raster?«, fragte Oliver.

»Du musst dir einen rechteckigen Rahmen aus Holz oder Eisen vorstellen«, erklärte Ichiro. »Van Goghs Raster bestand aus Eisen. Darin spannte man von links nach rechts und von oben nach unten eine dünne Schnur. Und wenn du durch das Raster der Fäden schaust, was siehst du dann? Das Bild, das du malen willst, in kleine Quadrate eingeteilt, die du eines nach dem anderen auf die Leinwand kopieren kannst, ohne die Perspektive oder die Proportionen zu verändern.«

»Und er hat das Titelbild der *Paris Illustré* mithilfe eines Rasters kopiert?«, fragte Gabriella ungläubig.

»In diesem Fall musste er das Raster allerdings vergrößern«, erklärte Ichiro amüsiert und sah verschwörerisch in die Runde. »Er wollte das Titelbild auf die große Leinwand übertragen und musste dafür die Proportionen anpassen, weshalb er mit einem Bleistift die Figur der *oiran* in einem Rechteck skizzierte, das eine Art virtueller Rahmen des Rasters darstellte, und darin zwei vertikale und sechs horizontale Linien zog, womit er das Bild in einundzwanzig Quadrate in drei Spalten und sieben Reihen einteilte. Dann übertrug er die Sieben-mal-drei-Matrize auf die große Leinwand und kopierte *peu à peu* den Inhalt der einundzwanzig Quadrate.«

Mit einem Räuspern zog Kentaro unsere Aufmerksamkeit wieder auf sich.

»Kehren wir bitte zum Bild von Keisai Eisen zurück«, sagte

er. »Wie ihr auf den beiden anderen Bildern sehen könnt, malte van Gogh *Die Kurtisane (nach Eisen)* im November 1887 und reproduzierte das Motiv noch einmal im *Porträt des Père Tanguy*, das er kurze Zeit später, im Dezember desselben Jahres malte. Es ist das Bild direkt unter Hiroshiges Kirschbaum von Yoshitsune.«

Das Bild der *oiran* veränderte sich mit jeder neuen Version. Von der fast perfekten Schönheit auf Eisens Original wurde auf dem Titelblatt der Illustrierten eine Zeichnung aus Umrissen und Linien und auf van Goghs Bild *Die Kurtisane (nach Eisen)* eine lächelnde, hässliche Frau in einem Kimono voller Wolkenspiralen und roter Flecken, ohne jegliche Spur des schönen, silbernen *unryū*, des mythologischen Wolkendrachens. Die Gestalt in kreischenden Farben hatte etwas Ungeschliffenes und Vulgäres an sich, und zu allem Überfluss hatte van Gogh es auch nicht geschafft, sie in den richtigen Proportionen zu malen, Raster hin oder her, denn verglichen mit Eisens stilvoller, eleganter *oiran* wirkte van Goghs Figur wie ein kleines Mädchen im Brautkimono, wenn auch mit dem Lächeln einer Prostituierten. Und bei der letzten Version auf dem *Porträt des Père Tanguy* (die mir fast noch besser gefiel als das Original), hatte sie gar kein Gesicht mehr und war nur noch skizziert, diesmal mit meisterhaften Pinselstrichen. Dem Cäsar, was dem Cäsar gebührt.

»Ich sehe höchst merkwürdige Dinge in van Goghs Bild«, murmelte Odette mit starrem Blick auf das Bild *Die Kurtisane (nach Eisen)*. »Neben die *oiran* hat er Kraniche gemalt. In meiner Sprache, dem Französischen, wurde das Wort *grue* – Kranich – früher als Synonym für Prostituierte benutzt. Ich sehe auch einen großen Frosch unter der Frau. Früher wurden Frauen mit schlechtem Ruf auch *grenouille* – Frosch – genannt, und die Bordelle *grenouillère*. Wenn van Gogh in Paris lebte, als er dieses Bild malte, wollte er damit vermutlich andeuten, dass es sich bei der Frau um eine Prostituierte handelt. Jeder Franzose versteht die Bedeutung dieser Bilder.«

»Vincent war ein großer Freund von Bordellen«, sagte ich. »Das Geld, das ihm sein Bruder für seinen Unterhalt schickte, hätte genügt, um würdig leben und malen zu können, wo auch immer er sich aufhielt. Aber da er einen guten Teil des Geldes für Prostituierte verwendete, von denen er behauptete, sie seien seine Modelle, auch wenn sich keine von ihnen dafür hergab, war er immer knapp bei Kasse und verlangte immer mehr von dem armen Theo. Er fing sich auch allerlei Geschlechtskrankheiten ein, wie ihr vielleicht wisst, die schlimmste war die Syphilis, die man damals noch nicht heilen konnte, weil das Antibiotikum noch nicht erfunden war, weshalb ihm alle Zähne ausfielen und er eine Holzprothese benutzen musste. Das ist auch der Grund, warum er sich auf vielen Selbstporträts immer mit geschlossenem Mund darstellte. Selbst bei einem angedeuteten Lächeln wären die Holzzähne sichtbar gewesen.«

Morris rutschte unruhig auf seinem Platz herum – vermutlich, weil das Erwähnen von van Goghs Geschlechtskrankheiten ihn nervös machte. Dann schlug er unvermittelt mit der Faust auf den Tisch und ließ uns alle zusammenfahren.

»Genug mit dem Blödsinn!«, rief er. »Was ihr da erzählt, interessiert mich nicht! Für mich ist das nichts weiter als Gefasel. Ihr wollt mit eurem Wissen und eurer Bildung doch nur angeben! Das langweilt mich! Kommt zum Punkt! Wichtig ist nur, wohin wir für die nächste Prüfung von Ryoei Saito gehen müssen. Der Rest ist Müll. Ist ja zum Ausflippen, was für einen Mist ihr hier verzapft. Ich habe es satt!«

Er hatte es immer satt. Das war sein Lieblingsausdruck.

Wieder breitete sich betretenes Schweigen im Raum aus.

Morris war wirklich groß darin, sich Freunde zu machen. Gabriella, Oliver, Odette und ich wechselten verächtliche Blicke angesichts seines pathetischen Kommentars, während die Kogas – Ichiro, Kentaro, Midori und die sanfte, alte Fumiko, die Morris' Worte nicht verstanden hatte, aber sehr wohl seinen Tonfall – ihr wie ins Gesicht gemeißelte Lächeln beibehielten.

»Wenn du dich noch einmal derart respektlos uns gegenüber zeigst und dich als Gast in diesem Haus so schlecht benimmst, haue ich dir ohne Ankündigung eine rein, Morris«, sagte ich eisig. »Du verhältst dich wie ein Vieh. Meine Geduld mit dir ist am Ende.«

Nach einem Augenblick der Überraschung und Verwirrung, weil er einfach nicht einsehen konnte, was er falsch gemacht hatte und warum ich so mit ihm sprach, sprang er unvermittelt auf und stürzte mit geballten Fäusten auf mich zu.

»Du willst mir eine reinhauen?«, schrie er. »Du willst mir eine reinhauen?«

»Nein, jetzt passt es mir gerade nicht«, erwiderte ich kalt. »Ich habe das Frühstück noch nicht verdaut. Ich gebe dir Bescheid, wenn es so weit ist. Setz dich bitte wieder.«

»Steh auf!«, brüllte er außer sich, mit rotem und verzerrtem Gesicht. »Steh auf, du Feigling, oder ich bring dich dazu!«

»Setz dich, John«, befahl Gabriella schneidend. »Hast du verstanden? Ich habe gesagt, du sollst dich hinsetzen!«

Wie im Ishiyakushi-Tempel hielt Morris abrupt inne, kehrte mit einem frustrierten Grunzen an seinen Platz zurück und starrte mich hasserfüllt an. Welche Art von Autorität Gabriella auf diesen Grobian ausübte, war mir schleierhaft. Dass er einen Narren an ihr gefressen hatte, konnte man nicht behaupten. Er ging ihr eher aus dem Weg, denn sie war eine der Frauen, die ihm mit ihrer Schönheit und großen Intelligenz Angst machte. Trotzdem gelang es Gabriella allein mit der Stimme, dass er sich widerstandslos unterordnete.

Ich sah Gabriella an, und sie erwiderte meinen Blick. Wir verharrten für einen Moment, wie in der Zeit eingefroren. Irgendwie hatte der Idiot Morris es geschafft, zwischen Gabriella und mir eine Brücke zu schlagen, eine Brücke, über die so manches hin- und herwanderte, wie zum Beispiel die Überraschung darüber, was wir empfanden, und ein Anflug von Gefallen und Glück.

»In der letzten Nacht«, hob der alte Kentaro an und zerstörte damit den Zauber zwischen uns, »haben Ichiro, Midori und ich über das Bild von Keisai Eisen und die Holzmarke nachgedacht. Die Marken sagen uns immer noch nichts. Wir wissen nicht, wozu sie dienen, sind aber davon überzeugt, es bald zu erfahren. Das Bild führte uns nach langen Diskussionen in den Stadtteil Yoshiwara. Eine *oiran* durfte einzig und allein dort wohnen und sie durfte das Viertel auch nie verlassen. Wenn Ryoei Saito beim dritten Bild auf dem *Porträt des Père Tanguy* etwas im Sinn hatte, dann ist es bestimmt Yoshiwara. Das ist die einzige Möglichkeit – und das Logischste.«

»Yoshiwara existiert so nicht mehr«, fügte Midori hinzu. »Es wurde nach dem Zweiten Weltkrieg aufgelöst. Aber es lebt als Ort des Vergnügens und Genusses in der Erinnerung weiter und ist heute leider wieder ein Vergnügungsviertel, selbst die alten Gebäude mit den damals berühmtesten Bordellen sind noch in gutem Zustand. Natürlich ist es nicht mehr zwei Stunden zu Pferd von Edo entfernt. Heute ist es ein nördlicher Stadtteil von Tokio, neben dem Distrikt Asakusa, und wenn ihr in den Stadtplan schaut, könnt ihr noch die frühere Mauer von Yoshiwara erkennen. Die Straßen sehen immer noch aus wie vor vierhundert Jahren.«

»Wir haben zwar ein Haus in Tokio«, fügte Ichiro hinzu,

»aber für Yoshiwara haben wir uns nie interessiert, weshalb wir die halbe Nacht im Internet nach Stadtplänen, Dokumenten und Fotografien gesucht haben.«

»Und wir haben etwas entdeckt …«, hob Midori an.

»Und zwar ein altes Gebäude aus den Neunzigern«, fiel ihr Kentaro wieder ins Wort, »das offensichtlich auch heute noch ein Bordell ist. Es heißt … *Uchikake Unryū*!«

Mit welchem Enthusiasmus diese Familie bei der Sache war, überraschte mich wirklich. Vielleicht stand er nur im Kontrast zu meinem nordeuropäischen Naturell, aber nein, das war es nicht. Es lag an der speziellen Wesensart der Kogas. Selbst noch der an den Rollstuhl gefesselte Kentaro war aktiver und optimistischer als viele Menschen, die ich kannte und die sich in ihrer Opferrolle und ihrem Missmut eingerichtet hatten. Bei den Kogas gab es nur eine Lebenseinstellung: Nichts ist unmöglich. Besser glücklich als unglücklich.

»Wir sind uns ziemlich sicher, dass wir dieses Haus aufsuchen müssen«, erklärte Ichiro mit einem zufriedenen Lächeln. »Es ist ein typisches Bordell von Yoshiwara, das 1995 renoviert und modernisiert wurde, was gut in Saitos Zeitfenster passt. Es steht am früheren Zugang zum Viertel in der Edomachi-Straße gegenüber dem Yoshiwara-Park. Und noch was …«, fügte er geheimnisvoll hinzu. »Schaut euch das an.«

Sogleich wurde uns die Kopie eines Fotos ausgehändigt, offensichtlich aus dem Internet. Es handelte sich um ein zweistöckiges Haus mit smaragdgrüner Fassade, an der ein großes scharlachrotes Schild mit japanischen Schriftzeichen und einem großen silbernen Drachen hing. Dieser Drache sah genau so aus wie der auf dem Kimono von Eisens *oiran*. Sie hatten dieselben Hörner, Bärte und Schuppen.

»Das bedeutet«, sagte Odette schüchtern, »dass wir ein Bordell aufsuchen müssen.«

Morris schnaubte verächtlich.

»Keine Sorge, Odette«, beruhigte Ichiro sie. »Wir gehen alle zusammen rein und außerdem unter Begleitschutz. Die besten Leute unseres Sicherheitsdienstes werden zu unserem Schutz immer in der Nähe sein, nicht wegen der Prostituierten und ihren Zuhältern, die sind friedlich, sondern wegen der *yakuza*, der japanischen Mafia, denn die kontrolliert Stadtteile wie Yoshiwara.«

10

DAS *KATANA* AUS PAPIER

Kaum hatten wir einen Fuß in den Stadtteil Yoshiwara gesetzt, sahen wir uns mit der gefährlichen *yakuza* konfrontiert. Natürlich war es auch dumm, als ausländische Touristengruppe mit großen Wanderrucksäcken in Tokios ältestes Rotlichtviertel einzufallen, noch dazu am frühen Morgen, wenn die meisten Sexarbeiterinnen wie jede japanische Hausfrau einkaufen gingen und sämtliche Bordelle geschlossen waren.

Eine junge Frau steuerte Oliver an, eine andere kam zu mir und fragte:

»Ma-sāji?«

Ichiro hatte uns erklärt, dass Massage das Schlüsselwort für sexuelle Dienste sei und dass wir höflich ablehnen sollten, den Kopf kurz leicht gesenkt. Die Tiefe der Verbeugung bezeugte den Grad des Respekts gegenüber der sozialen oder familiären Stellung der Person, die man grüßte, und eine Prostituierte stand nicht gerade auf der höchsten Stufe.

»Lie arigatō«, sagte ich freundlich.

Morris wurde nicht angesprochen, worauf er verärgert die Stirn runzelte und sich in hermetisches Schweigen hüllte. Ichiro ließen sie ebenfalls in Ruhe, denn der redete gerade mit einem unseren Bodyguards, der offensichtlich von einem *yakuza*-Mitglied die Anfrage erhalten hatte, was wir um diese Zeit hier verloren hatten.

Wir verstanden kein Wort, doch Ichiro war sichtlich aufgeregt (so aufgeregt sich ein höflicher Japaner in der Öffentlichkeit eben zeigte).

»Wartet bitte kurz hier«, bat er uns. »Und macht euch keine Sorgen, es kann euch nichts passieren. Ich bin gleich wieder da.«

Das war er aber nicht. Es dauerte fast eine Stunde, während der Oliver und ich weitere Ma-sāji-Angebote erhielten.

Am Spätnachmittag des Vortages waren wir mit dem Minibus nach Tokio gefahren und hatten im Hotel eingecheckt, zu Abend gegessen und waren schließlich erschöpft von den Erlebnissen im Ishyakushi-Tempel ins Bett gegangen. Nach einem kurzen Austausch per WhatsApp waren wir alle in einen tiefen Schlaf gesunken.

»Ma-sāji?«, fragte mich eine andere junge Frau, die eine japanische Schuluniform trug. Mir war nicht klar, ob Schuluniformen in ihrem Gewerbe gerade modern waren oder ob die Japaner ein Faible für Minderjährige hatten, was mir sauer aufstieß. Noch bevor ich ablehnen konnte, hängte sich Gabriella bei mir ein und antwortete an meiner Stelle, um deutlich zu machen, dass ich ihr gehörte:

»Lie arigatō«, fauchte sie die junge Prostituierte an.

Dann zeigte sie mit dem Kopf zu Oliver und Odette, die sich ebenfalls wie ein Liebespaar eingehängt hatten.

»Und Morris?«, fragte ich, als ich den warmen Druck ihres Armes spürte. Eigentlich war sie doch die gute Freundin von Oliver, hatte aber anscheinend beschlossen, mich zu beschützen (denn Odette war es vermutlich egal, wen sie beschützte).

»Der ist nicht in Gefahr«, versicherte sie mir. »Der wartet nur darauf, dass eins der Mädchen ihn anspricht. Der arme Kerl hat eine so negative Ausstrahlung, dass er sogar die Sexarbeiterinnen abschreckt. Vielleicht läuft es in Michigan besser für ihn.«

»Das bezweifle ich«, murmelte ich ohne jegliches Mitgefühl für unseren unleidlichen Gefährten.

»Aber wenn es dir lieber ist«, schlug Gabriella mit sarkastischem Unterton vor, »lasse ich dich allein, damit du das Angebot eines dieser Schulmädchen annehmen kannst.«

»Lie arigatō«, lehnte ich ab. »Spiel lieber meine Tugendwächterin.«

»Oder willst du eine Ma-sāji von mir?«, fügte sie scherzend hinzu.

Ich erstarrte. Was sollte ich darauf antworten? Sollte sie mich auf den Arm nehmen, würde ich mich lächerlich machen, wenn ich ihr Angebot annahm. Wenn sie damit aber andeuten wollte, dass ich ihr gefiel, würde ich mir mit einer Ablehnung ein Eigentor schießen. Aber warum sollte ich ihr gefallen? Meine Welt eines Einsiedlers funktionierte anders.

»Wie wär's, wenn ich dir diesen Vorschlag mache?«, lautete meine scherzhafte Antwort, sozusagen als Versuchsballon.

»Ich würde ihn annehmen«, sagte sie lachend. »Aber nur, wenn der Preis nicht zu hoch ist.«

Wir lachten beide, und ich war erleichtert, glimpflich davongekommen zu sein. Es blieb ein bitterer Nachgeschmack, weil etwas aufgeflackert und unter einem kalten Wasserstahl wieder erloschen war. Mit solchen Situationen hatte ich noch nie richtig umgehen können – ich konnte mich einfach nicht natürlich verhalten, wenn mir eine Frau gefiel.

In dem Moment kamen Ichiro und sein Bodyguard auf uns zugeeilt. Die Menschen waren mit ihren Angelegenheiten beschäftigt, nur der ein oder andere Motorrad- oder Autofahrer starrte uns im Vorbeifahren neugierig an, was uns daran erinnerte, dass wir unter ständiger Beobachtung standen.

»Es geht los«, verkündete Ichiro und klimperte mit einem Schlüsselbund. »Wir haben das *Uchikake Unryū* den ganzen Tag für uns.«

»Wie hast du das denn geschafft?«, fragte Oliver, immer noch mit Odette am Arm.

»Mit Geld!«, erwiderte Ichiro unwirsch und machte sich auf den Weg.

Als wir an einem Park angelangten, blieb Ichiro stehen und zeigte auf ein Holzgebäude mit smaragdgrüner Fassade, an der große, kreischend rote Schilder mit schönen Wolkendrachen hingen. Wir standen vor dem Bordell *Uchikake Unryū*, um uns der nächsten Tortur auszusetzen, der vierten, weil wir erst drei der sechs Kopien von van Goghs *Porträt des Père Tanguy* gefunden hatten. Zumindest hatte die Vorstellung, dass nur noch drei blieben, etwas Beruhigendes: Die Hälfte der Strecke hatten wir bereits zurückgelegt.

Und weil die Erfahrung den Meister macht, hatten wir jetzt große Wanderrucksäcke voller Dinge dabei, die uns im Fall der Fälle von Nutzen sein könnten. Midori, Kentaro und Fumiko hatten sie gepackt. Also begaben wir uns entschlossenen Schrittes zum *Uchikake Unryū* – wie Menschen, die in ihrem Leben schon viel durchgemacht und vor nichts mehr Angst hatten.

Morris bildete wieder einmal das Schlusslicht. Er war noch immer sauer, dass die Prostituierten ihn ignoriert hatten, und fühlte sich vor uns gedemütigt. Dämlicher ging es nicht.

Ichiro öffnete die Tür zum Bordell, und uns schlug eine Wolke aus menschlichem Schweiß, billigem Alkohol, abgestandener Feuchtigkeit, Urin und noch etwas anderem entgegen. Gabriella schrie vor Ekel leise auf und verbarg ihr Gesicht an meiner Schulter. Unwillkürlich strich ich ihr übers Haar und drückte sie an mich. Auch Odette hatte ihr Gesicht an Olivers Bauch gedrückt, der sich die Nase zuhielt und mit Brechreiz kämpfte.

»Gehen wir rein«, sagte Ichiro und betrat das dunkle, stinkende Lokal.

Auf ein Zeichen unseres Bodyguards kam ein großer Wagen, eine Art Panzer auf vier gigantischen Rädern, angeschossen und bremste scharf vor der Bordelltür.

»Keine Sorge«, rief Ichiro aus dem dunklen Inneren. »Ist alles mit der *yakuza* abgesprochen. Meine Männer sind nur zur Sicherheit da. Sie werden nicht mit uns reingehen.«

»Mir wäre es aber lieber, wenn sie mitkämen«, flüsterte Oliver besorgt. »Wenn ich daran denke, dass mein Mann glaubt, ich mache nur einen Malkurs in Paris!«

Morris starrte Oliver mit hervorquellenden Augen überrascht an, sagte aber nichts. Von dem Moment an hielt er sich von ihm fern, als hätte der Arme die Lepra. Fast hätte ich ihn gefragt, warum er sich vor Oliver fürchtete, wenn selbst die Prostituierten ihn mieden wie die Pest.

Ichiro ging zum Stromkasten, und gleich darauf wurden wir in mattes rotgrünes Licht gehüllt, was dem Lokal einen Anflug von Landstraßenpuff verlieh. Für eine elegante *oiran* des alten Yoshiwara schien das nicht der passende Ort zu sein. Warum Saito diesen schmutzigen und deprimierenden Ort als Bezugsquelle für Keisai Eisens Holzschnitt ausgewählt hatte, entzog sich meinem Verständnis.

»Und was jetzt?«, fragte Morris und fuhr mit seiner fettigen Hand über den Tresen; eine glänzende Spur blieb zurück.

»Jetzt müssen wir den Hinweis finden«, erklärte Ichiro, der sich in alle Richtungen umschaute. »Irgendwo muss es etwas geben, das uns zu Saitos Falle führt. Teilen wir uns auf.«

»Der Raum ist doch klein«, entgegnete ich. »Damit sind wir in zwei Minuten durch.«

Zwischen dem rötlichen Holztresen und einer winzigen avocadogrünen Karaoke-Bühne standen lediglich sechs Tische.

»Die Zimmer der Frauen sind in der oberen Etage«, erklärte Ichiro, der seine Informationen offensichtlich von der *yakuza* oder dem Bordellbesitzer hatte, der wahrscheinlich auch dazugehörte oder für sie arbeitete. »Büro und Wohnung des Besitzers befinden sich hinter dem Hof.«

Schon bald stellte sich heraus, dass das Gebäude tatsächlich nicht so klein war, wie es schien, denn die Bar war nur das Entree zum eigentlichen Bordell. Es gab mindestens zwanzig Zimmer, getrennt voneinander mit den typischen Schiebetüren aus Reispapier (was keinerlei Privatsphäre gewährte, die uns im Westen so wichtig für unser Intimleben ist). Zwanzig Zimmer, in denen jede Nacht im Akkord gearbeitet wurde. Prostitution ist nicht nur das älteste Gewerbe der Welt, sondern wird in der Geschichte der Menschheit auch als einziges Gewerbe ewig währen.

Offensichtlich wohnten viele der Prostituierten auch hier. Die Dekoration war eher karg, und die Futons lagen zusammengerollt in den Schränken neben Kleidung, Schuhen und anderen persönlichen Gegenständen. Dazu standen in jedem Zimmer kleine Truhen mit Bettwäsche, festlichen Kleidern und lächerlichen Masken. Anscheinend hatten die Frauen schnell verschwinden müssen, nachdem Ichiro unseren Besuch mit der *yakuza* ausgehandelt hatte.

Im Hof, in dem es um diese Zeit kühler war als im Haus und wo es längst nicht so stank, standen gepflegte Blumentöpfe und zwei krumme Kirschbäume mit hoher Krone, die Schatten warfen und aussahen, als stünden sie schon seit der Blütezeit des Rotlichtviertels Yoshiwara hier. Vom Hof aus konnte man in die Parterrewohnung aus robustem Zypressenholz und die beiden Wohnungen darüber sehen, bei denen allerdings nur der Rahmen und die Galerien aus Holz bestanden, unterteilt von dünnen Papiertüren, die weder vor Kälte noch vor Hitze schützen konnten.

»Hier, kommt mal her!«, rief Oliver aus dem Haus.

Wir betraten das Büro des Bordellbesitzers und standen gleich darauf vor einem chaotischen schmutzigen Tisch. Offensichtlich hatte auch der Besitzer schnell verschwinden müssen, denn auf dem eingeschalteten Computer waren Fotos von Frauen in provokanten Posen zu sehen; man hätte fast meinen können, der Kerl habe mit seinem Job als Zuhälter nicht genug zu tun gehabt. Es war aber nicht zu erkennen, was Oliver gefunden haben wollte.

»Ihr werdet es nicht glauben …«, sagte er breit grinsend.

Er ging zu der Wand neben der Tür und trat mit dem Stiefelabsatz auf eine Bodendiele. Sie war ungefähr ein Meter lang und eine Hand breit, stand an einem Ende etwas hoch und ließ einen Hohlraum im Boden erkennen. Wir gingen näher heran.

»Was ist das?«, fragte Gabriella und zeigte auf den Griff eines Schwerts.

Ichiro wollte sich schon bücken, besann sich aber eines Besseren und ließ Oliver den Vortritt.

Lächelnd stellte Oliver das lose Brett an die Wand, bückte sich und hob das alte japanische Langschwert mit gebogener Klinge sowie das kürzere Schwert auf. Das Langschwert hatte eine wunderschöne, sehr scharfe Eisenklinge und einen langen Griff, der mit zerschlissenen geflochtenen grünen Lederbändern umwickelt war. Das Kurzschwert mit stärker gebogener Klinge war ungefähr fünfzig Zentimeter lang, hatte ein schwarzes Stichblatt und einen leuchtend karmesinroten Griff.

»Ein *katana* und ein *wakizashi*«, murmelte Ichiro über-

162

rascht. »Wieso hat der Besitzer diese teuren und wertvollen Waffen in einem Loch im Fußboden versteckt? Das sind Samurai-Waffen, das Lange und das Kurze genannt. Sie wurden nur im Kampf verwendet und waren in den Händen eines guten Kriegers tödlich. Zusammen nennt man sie auch *daishō*.«

»Wie auch immer«, sagte Oliver, der sich für die Geschichte der Schwerter nicht interessierte. »Das hat bestimmt damit zu tun, dass ich mir gestern Nacht einen Ninja-Film angeschaut habe.«

Es war ein überraschtes Raunen zu vernehmen.

»Ihr denkt bestimmt, ich sei verrückt, oder?«, fuhr er glücklich lächelnd fort. »Bin ich aber nicht. Ich habe nach neuen Themen für meine Bilder gesucht und dachte, dass es nach allem, was wir erlebt haben, eine Inspiration sein könnte, einen Ninja-Film zu schauen. Ich habe mir den erstbesten auf YouTube angesehen und bin dabei mit dem Smartphone in der Hand eingeschlafen.«

»Und wegen dieses Films hast du die Schwerter gefunden?«, fragte ich skeptisch. Ich hasste Ninja-Filme und würde sie immer hassen.

»Nein«, antwortete er hintergründig. »Die Schwerter habe ich zufällig gefunden, weil ich auf die Diele getreten bin, aber ich habe etwas in dem Film gesehen, und das hat mit Schwertern zu tun.«

Er packte das Lange und das Kurze an den jeweiligen Griffen und näherte sich in kämpferischer Haltung der linken Büro-Ecke. Es sah aus, als wollte er gleich zwischen den Wänden verschwinden. Von hinten sah man nur seinen Haaransatz über dem Rucksack und darunter die Beine vom Knie abwärts. Und natürlich die ausgebreiteten Arme mit den beiden Schwertern.

»Als ich das erste Mal hier entlangging, spürte ich einen leichten Luftzug«, erklärte er. »Und nachdem ich im ganzen Büro nichts gefunden hatte, schaute ich mir diese Ecke noch einmal genauer an und habe das hier entdeckt.« Er zeigte mit der Langschwertspitze auf eine kleine Gravur an der Holzwand, die man unter dem Schmutz kaum erkennen konnte. »Ein *unryū* wie auf dem Kimono der *oiran* und dem Schild dieses feinen Lokals.«

Der lange Drache mit Hörnern und Bart schien vom Boden zur Decke aufzusteigen und wand sich von einer Holzwand zur nächsten.

»Hier ist auch so ein Drache«, sagte Morris spöttisch und zeigte in die rechte Ecke.

»Stimmt«, sagte Oliver. »Aber da ist kein Luftzug, denn der erinnerte mich an eine Szene im Film, den ich gestern Nacht leider nicht zu Ende sehen konnte.«

Obwohl ich es ein bisschen eklig fand, hielt ich mein Gesicht nahe an die Wände und hoffte, den Luftzug zu spüren. Aber ich spürte nichts. Zumindest nicht gleich. Erst dann fiel mir auf, dass die Luft, die ich an der Stelle einatmete, frischer war als die im Raum. Ich hätte es wahrlich nicht Luftzug genannt, nicht einmal Luft, aber es stimmte, dass die leicht kühle Brise irgendwoher kommen musste, und zwar aus dem Spalt zwischen beiden Wänden.

»Und jetzt werden wir sehen«, verkündete Oliver und hob wie ein Zirkuskünstler die beiden Schwerter, »ob ich diese Geheimtür wie die Ninjas im Film öffnen kann.«

Entschlossen ging er in die Ecke und versuchte, beide Schwertspitzen in den Spalt zu treiben. Wir schauten ihm gebannt zu. Es wirkte, als wolle er die Wände töten, was die natürlich nicht zuließen. Sein verblüffter Gesichtsausdruck gab uns zu verstehen, dass er mit derartigem Widerstand nicht gerechnet hatte. Dann versuchte er es im selben Scheitelpunkt noch einmal, aber vorsichtiger, und dann noch einmal und noch einmal, bis feine Späne aus dem schönen Zypressenholz rieselten.

»Was machst du, Oliver?«, fragte Ichiro und hielt ihn an den Armen fest.

»Ich versuche, die Tür zu öffnen!«, rief er wütend.

»Indem du auf sie einhackst?«, scherzte Gabriella.

»Aber ich bin doch schon ganz vorsichtig!«, klagte er.

»Vielleicht haben die Schwerter und die Tür nichts miteinander zu tun?«, überlegte Odette laut.

»Der Ninja-Krieger im Film hat es so gemacht, und plötzlich war die Tür auf!«, behauptete er, schüttelte Ichiros Hände ab und wollte weiter auf die Wände einstechen.

»Warte!«, rief Ichiro und stellte sich zwischen *katana* und *wakizashi*. Wir allen hielten den Atem an und sahen Ichiro schon von den gefährlichen Samurai-Waffen aufgespießt. »Ich glaube, ich weiß, was du meinst. Du hast recht.«

Oliver, der sich noch mehr erschrocken hatte als wir, ließ zitternd die Schwerter sinken.

»Ja«, murmelte Ichiro, der sich der Gefahr nicht bewusst gewesen zu sein schien. »Ja, das ergibt Sinn.«

Er ging zum Schreibtisch des Bordellbesitzers und schnappte sich zwei Blatt Papier. Dann ging er zurück in die Ecke und versuchte ganz vorsichtig, eines davon zwischen die Holzwände zu schieben. Es gelang ihm nicht auf Anhieb, aber nach kurzem Hin-und-Her-Schieben des Blatts steckte das Papier bis zur Hälfte in dem Spalt.

»Ist ja unglaublich!«, rief Gabriella überrascht.

Ichiro lächelte und versuchte, auch das zweite Blatt hineinzuschieben, was sich schwieriger gestaltete, weil dessen Papier weicher war und ständig knickte. Er stellte sich anders und fuhrwerte so lange herum, bis auch dieses Blatt Papier in dem Spalt steckte.

»Haltet mir die Daumen«, sagte er und wischte sich die verschwitzten Hände an den Hosenbeinen ab. »Sagt man das nicht so bei euch, wenn man jemandem Glück wünschen will?«

Alle außer Morris lächelten und zeigten ihm als Geste der Solidarität und Freundschaft die gedrückten Daumen. Zwar wussten wir noch nicht, was genau es mit diesen beiden Blättern auf sich hatte, aber was auch immer es sein mochte, er hatte unsere uneingeschränkte Unterstützung. Nun ja, nur nicht die von Morris, denn der starrte schmollend zum Hof hinaus, als ginge ihn das alles nichts an. Zumindest sollten wir das glauben.

Ichiro begann, die Blätter ganz langsam nach oben und nach unten zu schieben, als wollte er herausfinden, wie lang der unsichtbare Spalt zwischen den dicken Holzpaneelen war. Weit kam er nicht: das obere Blatt stieß an etwas nahe der Decke, gefolgt von einem leisen metallischen Laut, als er es wieder hinunterschob, und das untere Blatt Papier wurde ebenfalls gestoppt und verursachte denselben Laut, als er es wieder nach oben schob.

Außer sich vor Freude drehte er sich zu Oliver um, der ebenfalls lächelte, und trat zur Seite.

»Das solltest besser du machen«, sagte er. »Ich reiche nicht bis ganz nach oben. Meine Arme sind nicht lang genug.«

Oliver nahm seinen Platz ein und prüfte vorsichtig die Stärke des Papiers. Dann schob er die Blätter gleichzeitig nach oben und nach unten bis zu den Stellen, an denen Ichiro die Grenzen mit dem metallischen Laut ausgemacht hatte. Um dem Ganzen einen Anflug von Ninja-Krieger zu geben, streckte er unversehens die Arme aus und löste damit die Scharniere.

Aus der Wand fiel ein rechteckiges Holzpaneel und ließ den Blick frei in eine dunkle Öffnung.

»Genau so habe ich es im Film gesehen!«, rief Oliver hocherfreut. »Aber sie haben zwei Schwerter dafür benutzt, nicht zwei Blatt Papier.«

»Ach, Oliver!« Ichiro lachte. »Du solltest nicht alles glauben, was du im Film siehst. Und schon gar nicht in Ninja-Filmen.«

Wir verstauten die beiden Schwerter wieder an ihrem Platz unter der Bodendiele, und Ichiro legte das Papier auf den Tisch zurück. Dann schlüpften wir mit eingeschalteten Taschenlampen einer nach dem anderen in die Öffnung und gingen einen schmalen verputzten Gang entlang bis zu einer steilen Treppe. Morris, wie immer das Schlusslicht, steckte das Paneel wieder in die Wand. Daraufhin rasteten beide Scharniere wieder ein, und der Zugang war verschlossen: Von innen konnten wir ihn nicht mehr öffnen.

»Passt auf, wo ihr hintretet«, bat uns Ichiro. »Diese Stufen sind wegen der Feuchtigkeit sehr rutschig.«

Plötzlich schoss mir ein schrecklicher Gedanke durch den Kopf.

»Wann war in Tokio das letzte Erdbeben?«

»Keine Sorge, Hubert«, antwortete Ichiro. »Japan ist gespickt mit Seismografen, die rechtzeitig Alarm schlagen, damit die Bevölkerung evakuiert werden kann. Außerdem sind die modernen Häuser erdbebensicher gebaut, und die alten bestehen aus Holz und Papier.«

»Das weiß ich schon!«, protestierte ich. »Ich will wissen, ob es ein Erdbeben gegeben hat, seit Saito diesen Ort präpariert hat, denn es könnte doch sein, dass wir irgendwo nicht weiterkommen.«

Auf der schmalen, steilen Treppe herrschte Stille.

»Das glaube ich nicht«, meinte Ichiro und setzte vorsichtig einen Fuß auf die nächste Stufe. »In Tokio gab es schon sehr lange kein schweres Erdbeben mehr. Das Beben von Tohoku im Jahr 2011 spürte man zwar bis hierher, und ihr im Ausland habt von dem Erbeben in Fukushima gehört, weil dort das Atomkraftwerk steht, aber es gab keinerlei Schäden in der Stadt.«

»Könnte es nicht doch unsichtbare Schäden verursacht haben?«, insistierte ich. »Hier unten zum Beispiel …«

»Aber nein, Hubert, so schlimm war es wirklich nicht«, versuchte er mich zu beruhigen. »Wenn sich die Tokioter um etwas Sorgen machen, dann sind das eher Überschwemmungen. Die Stadt liegt zum größten Teil unter dem Meeresspiegel, weshalb die vielen Flüsse und schweren Taifune viel gefährlicher sind. Aber über Erdbeben macht sich hier niemand groß Sorgen.«

Die Treppe führte zu etwas, was mir wie die Fundamente moderner Gebäude samt Abwasserkanälen erschien. Sehr tief im Erdinnern konnten wir nicht sein, denn von ferne hörte man noch die Geräusche der Straße. Sollte es also doch unerwartet ein Erdbeben geben und das Gebäude über uns einstürzen, hätten wir durchaus Überlebenschancen. Deshalb schaute ich vorsichtshalber auf mein Handy und war beruhigt zu sehen, dass der kleinste Balken noch leuchtete. Das würde reichen, um Hilfe zu rufen.

Als Morris den Fuß von der letzten Stufe nahm, hörte ich am oberen Treppenende ein dumpfes Poltern. Alle sechs Lampen richteten sich nach oben, und wir konnten zusehen, wie eine Steinwand uns den Zugang versperrte. Schon wieder waren wir im Erdinnern gefangen.

»Und die Lichter?«, knurrte Morris.

»Was für Lichter?«, fragte ich.

»Die Lichter, die immer angehen, wenn wir eingeschlossen werden!«, schimpfte er.

»Gütiger Himmel«, rief Gabriella in dem Augenblick und wich so unvermittelt zurück, dass sie Odette ihren Rucksack ins Gesicht drückte. »Was zum Teufel ist denn das?«

Die sechs Lichtkegel unserer Taschenlampen fielen nacheinander auf die offenen Schlünde von monströsen Steinköpfen, die in Deckenhöhe von der Wand nach unten ragten. Ich spürte, wie mir die Angst den Magen zuschnürte, auch wenn ich wusste, dass das nur eine Art dekorative Wasserspeier sein konnten.

»Das sind die Köpfe zweier *unryū*«, sagte Ichiro.

»Ich habe mich zu Tode erschrocken«, stammelte Gabriella, die sich jetzt an Odette klammerte wie an einen Rettungsring.

»Die sind vielleicht hässlich«, urteilte ich und schwenkte den Lichtkegel zwischen beiden Drachenköpfen hin und her, die damit zu drohen schienen, jeden zu verschlingen, der es wagte, unter ihnen durchzugehen.

»Wenn ihr genau hinschaut«, sagte Ichiro und trat näher, »erkennt ihr, dass es die gleichen Drachenköpfe wie auf dem Kimono von Eisens *oiran* sind, mit den gleichen Hörnern und Bärten.«

»Und der gleiche Drachenkopf wie auf den Schildern und in der Ecke«, fügte Oliver hinzu. »Der einzige Unterschied besteht darin, dass sie das Maul aufreißen und die spitzen Zähne zu sehen sind.«

»Müssen wir uns darüber Sorgen machen?«, fragte Odette.

»Es gibt nur eine Möglichkeit, das herauszufinden«, antwortete Ichiro und ging entschlossen weiter.

Alles geschah in Sekundenschnelle. Bevor noch irgendwer den unvorsichtigen Ichiro zurückhalten konnte, erklang an der Stelle, auf die er seinen Fuß gesetzt hatte, ein metallisches

Klicken, und gleich darauf, oder besser zeitgleich, spuckten die Drachenmäuler Feuersalven, die sich zu einem großen Feuerball formierten, der schneller, als wir reagieren konnten, auf uns zugeschossen kam.

11

DIE VIRTUELLE MÜNZE

Der Aufprall war brutal. Der leuchtende Feuerball verdrängte die Luft mit der Kraft eines Zyklons, und nachdem er uns wie ein Boxer einen Hieb versetzt hatte, drückte er uns mit der Geschwindigkeit eines Meteoriten auf die Treppe zurück und löste sich dann abrupt in nichts auf. Ich erinnere mich, dass ich nicht atmen konnte, dass es keinen Sauerstoff gab und dass ich nicht wusste, ob der Aufprall die Luft aus meinen Lungen gedrückt oder das Feuer sämtlichen Sauerstoff verbraucht hatte. Ich schnappte nach Luft wie ein Fisch auf dem Trockenen. Auf mir lagen ein Haufen Körper und Rucksäcke und erdrückten mich.

Als die Körper sich bewegten und voneinander lösten, konnte ich endlich wieder Luft holen. Doch da wurde ich von zwei fettigen und verschwitzten Händen gepackt und wieder auf die anderen geschleudert, als wäre ich eine Stoffpuppe.

»Was …?«, stammelte Odette und starrte mich mit entsetztem Blick an. »Was … war …?«

Von unseren sechs Taschenlampen waren vier erloschen und die beiden eingeschalteten auf dem Boden spendeten nur wenig Licht.

»Die Drachen haben Feuer gespuckt, als Ichiro sich näherte«, antwortete Oliver, der schneller reagieren konnte, weil auf ihm nur zwei Frauen (eine davon sehr klein) und ein kleiner schlanker Mann gelandet waren. Ich wäre fast erstickt unter seinen zwei Metern und seinem Gewicht (plus die beiden Frauen, den Japaner und die vier Rucksäcke). Morris hatte es allerdings am schlimmsten getroffen, er war direkt auf die Treppe geschleudert worden und auf ihm lastete unser aller Gewicht. Doch wegen seines robusten Körperbaus war er ziemlich glimpflich davongekommen.

»Das habe ich wirklich nicht erwartet«, murmelte Ichiro, dessen Hemd und Hose angesengt waren. »Ich dachte, sie seien reine Zierde.«

»Das ist aber keine Zierde!«, brüllte Morris, der inzwischen auf der Treppe saß und sich den Kopf hielt. Der Feuerball hatte seine Laune nicht gerade verbessert. »Wozu sollte Saito Zierden in seine Fallen einbauen, verflucht noch mal?«

Ichiro bückte sich und hob eine Taschenlampe auf. Sie funktionierte nicht mehr. Erst als er ein paar Mal mit ihr in die offene Hand schlug, brannte sie wieder.

»Dieser Ort ist viel älter als Saitos Falle«, sagte er schließlich und sammelte die restlichen Taschenlampen ein. »Deshalb habe ich gedacht, dass es sich um antike Zierden handelt.«

»Erklär das mal genauer«, bat ich ihn und hob meine Brille auf. Beide Gläser waren verrußt, also säuberte ich sie mit dem Zipfel meines Hemdes, was es aber noch schlimmer machte. Außerdem war eines der Gläser leicht zerkratzt.

»Unter Yoshiwara verlief ein alter Geheimtunnel, durch den manche Prostituierten unbemerkt fliehen konnten«, erklärte er. »Das haben wir herausgefunden, als wir die Geschichte des Viertels studierten, fanden es aber nicht weiter wichtig. Wir hielten es für eine Legende, ein nie bestätigtes Gerücht. Aber als wir hier runtergingen, dachte ich, dass wir uns in besagtem unterirdischem Tunnel befinden, von dem die Historiker in den Chroniken berichten, und als ich die Drachen sah, glaubte ich, sie seien zwei- oder dreihundert Jahre alt. Mir ist gar nicht in den Sinn gekommen, dass sie zu Saitos Falle gehören könnten.«

»Die Prostituierten flohen durch einen Geheimtunnel!«, rief Gabriella aufgeregt.

»Nicht alle«, widersprach Ichiro und verteilte die eingeschalteten Taschenlampen. »Anscheinend mussten sie eine sehr große Geldsumme dafür zahlen, und der Tunnel war auch nicht ungefährlich. Aber einige konnten sich retten und haben es später bestimmt jemandem erzählt. Dadurch wurde es zu einer Legende, an die allerdings nur wenige glaubten.«

»Ich weiß nicht, ob das hier der Tunnel der Prostituierten ist«, sagte ich, als ich meinen Rucksack wieder aufsetzte und die Taschenlampe entgegennahm. »Aber ich weiß, dass es Saitos Tunnel ist, wie die Drachen beweisen, also müssen wir vorsichtig sein.«

Wir sechs drehten uns zu den hässlichen Feuerspeiern um, die genau so aussahen wie zuvor.

»Werden sie wieder Feuer spucken, wenn wir unter ihnen durchgehen?«, fragte Odette.

»Es gibt nur einen Weg, das herauszufinden.«

»Ichiro!«, riefen wir fünf unisono, um ihn zurückzuhalten. Er lachte auf.

»Ich habe nicht die Absicht, noch mal auf dieselbe Stelle zu treten«, erklärte er. »Ich werde den Selfie-Stick benutzen.«

»Du hast einen Selfie-Stick dabei?«, wunderte sich Oliver. »Wozu?«

»Was glaubst du wohl?«, erwiderte Ichiro ernst. »Für den Fall der Fälle natürlich. Man weiß ja nie, wann man einen braucht. Gib mir bitte den Notfallbeutel, Odette.«

Er holte den Teleskopstab aus dem Rucksack und zog ihn auf etwas mehr als einen Meter Länge aus (vollkommen unzureichend, um seine Sicherheit zu garantieren). Dann befestigte er an der Halterung für das Handy den Notfallbeutel.

Während wir uns rasch treppauf in Sicherheit brachten, ging Ichiro ganz langsam zu der Stelle, an der er mit dem Fuß das Feuerspeien der Drachen ausgelöst hatte, streckte sich und schlug den Notfallbeutel fest auf den Boden.

Wieder war ein Klicken zu hören und zugleich spuckten die Drachenmäuler Feuer und schleuderten Ichiro damit in die Luft. Zum Glück waren wir darauf gefasst gewesen und fingen ihn zusammen auf (so schwer war er ja nicht), damit er sich nicht verletzte. Wieder bekamen wir kaum Luft, aber als das Feuer erloschen war, verging das Erstickungsgefühl rasch. Es handelte sich also keineswegs um einen hermetisch abgeschlossenen Raum, denn die Luft zirkulierte ganz normal.

»Und was machen wir jetzt?«, fragte Gabriella und richtete sich auf. »Wir können nicht unter den Drachen hindurch, aber auch nicht zurück.«

»Ich bin noch nicht fertig«, antwortete Ichiro und griff wieder zu dem Stab mit dem Notfallbeutel.

Morris schnaubte ungehalten.

Wir kehrten zur Treppe zurück und wappneten uns, Ichiro erneut auffangen zu können. Er stellte sich wieder an seinen Ausgangspunkt und streckte den Arm mit dem Stab so weit er konnte. Aber diesmal schleuderte er den Notfallbeutel an die rechte Wand und nicht auf den Boden. Es war nichts zu hören und es passierte auch nichts. Er wiederholte den Vorgang mit der linken Wand. Auch nichts. Er trat ein wenig zurück und schlug erneut zu, ohne dass das vermaledeite Klicken zu hören war, bis wir deutlich erkannten, dass an den Wänden unter den Drachenköpfen ein halber Meter Platz war, wo kein Feuer gespuckt wurde.

»Und? Gehen wir?«, fragte Ichiro lächelnd. »Wenn wir in der sicheren Zone bleiben, wird uns nichts passieren.«

»Geh du zuerst«, schlug ich vor. Sollte er seine Hypothese doch beweisen, bevor wir unsere körperliche Unversehrtheit aufs Spiel setzten. Da spürte ich Gabriellas eisigen Blick auf mir. Ich zuckte lächelnd die Schultern, als wollte ich sagen, dass ich nicht Ichiros Tod wünschte, ganz und gar nicht, sondern ihn nur dazu ermuntern wollte zu tun, was er unbedingt wollte: sich kopfüber in den Abgrund stürzen. Aber das Glück hatte ich nicht. Am Ende gingen wir alle zusammen hindurch.

Drei auf jeder Seite, mit dem Rücken dicht an der Wand und die Rucksäcke vor die Brust geschnallt, gingen wir unter den Drachenköpfen hindurch, ohne dass die Hölle losbrach. Wieder einmal hatten wir Saito bezwungen und hofften, jetzt den gewohnten Preis abholen zu können.

Leider krümmte sich der Tunnel weiter vorn nach links und dann wieder nach rechts, schließlich wieder nach links und nach einem kurzen Stück geradeaus wieder nach rechts. Und dort gabelte er sich, ein Weg führte nach rechts, der andere geradeaus. Es waren Seufzer der Enttäuschung zu hören.

»Ich würde sagen, wir befinden uns in einem Labyrinth«, sagte Oliver und sprach damit unser aller Gedanken aus.

»Ja, das glaube ich auch«, stimmte ich mutlos zu.

Stumm standen wir da, keiner mochte eine Entscheidung treffen, in welche Richtung es gehen sollte. Eine gefühlte Ewigkeit verging.

»Mein Gott, wir leben im 21. Jahrhundert!«, rief Gabriella plötzlich erbost. »Wir haben Handys mit GPS! Wir haben Apps für Karten und Ortung!«

»Schon, aber bestimmt keinen Empfang«, flüsterte Odette.

Ich holte rasch mein Handy aus der Hosentasche.

»Doch, haben wir!«, rief ich begeistert. »Wir haben Empfang! Genug, um uns nicht zu verirren und aus dem Labyrinth herauszufinden!«

Ichiro nickte zustimmend.

»Armer Ryoei!«, murmelte er mit einem boshaften Grinsen. »Wer konnte Mitte der Neunzigerjahre schon ahnen, dass eine große technologische Revolution bevorsteht.«

Wir alle lachten schallend auf. Diese Prüfung würden wir mit Leichtigkeit bestehen.

»Schön, also welchen Weg nehmen wir jetzt?«, fragte Oliver Ichiro, weil der schließlich die Straßenkarten von Yoshiwara bereits studiert hatte und deshalb unseren genauen Standort hätte kennen müssen.

Aber Ichiro antwortete nicht, sondern wischte nur unablässig über sein Smartphone.

»Es gibt ein kleines Problem«, murmelte er schließlich. »Wir wissen nicht, wohin wir gehen müssen, weil wir nicht wissen, wo der Ausgang ist.«

Von wegen 21. Jahrhundert, dachte ich wütend. Natürlich. Wenn wir nicht wussten, wo der verdammte Ausgang war, wie zum Teufel sollte uns dann die Handyortung weiterhelfen?

»Wir können uns nur ungefähr orientieren«, erklärte Ichiro. »Soll heißen, wenn wir im Kreis gehen, wissen wir es, und auch, wenn wir an einer Stelle vorbeikommen, an der wir schon waren. Aber den Ausgang müssen wir ohne moderne Technologie finden.«

»Na fein!«, entfuhr es Gabriella enttäuscht.

»Gehen wir nun geradeaus oder nach rechts?«, fragte ich. »Wir können nicht ewig hier stehen bleiben.«

»Warte mal, ich will unsere Position erst in die Karte eingeben«, bat mich Ichiro mit den Daumen auf dem Display.

Plötzlich meldete sich Morris zu Wort, der seit einiger Zeit ungewohnt still gewesen war.

»Ich habe eine App, mit der man eine Münze werfen kann. Die können wir benutzen.«

Zuerst fand ich das großen Blödsinn, doch dann fiel mir ein, dass sogar Assistenten wie Siri oder Alexa Münzen werfen, wenn du sie darum bittest.

»Na los, mach schon«, sagte ich und verdrehte die Augen.

Er lächelte.

»Bei Kopf gehen wir geradeaus«, entschied er und zeigte mit dem Finger auf sein Handy. »Und bei Zahl gehen wir nach rechts.«

Er drückte seinen dicken Finger auf das Display.

»Morris!«, rief Gabriella ungeduldig. »Was denn nun?«

»Zahl«, verkündete er. »Wir gehen nach rechts.«

»Lass mich mal sehen«, sagte ich misstrauisch, weil ich glaubte, dass er sich einen Spaß daraus machen wollte, uns in die Richtung zu führen, die ihm gefiel. Doch ich hatte mich geirrt. Die Münze zeigte eine Zahl.

Wir gingen nach rechts und bogen dann nach links ab.

»Drachen!«, rief Odette und machte uns Zeichen mit Taschenlampe und Finger.

»Noch mehr?«, wunderte sich Ichiro.

Oben an der Wand hingen schon wieder zwei monströse Steinköpfe mit hässlichen Hörnern, hässlichen Schnurrbärten und hässlichen spitzen Zähnen. Sechs Lichtkegel leuchteten sie an. Einer der Köpfe schien wegen der blass-violetten Farbe und den funkelnden Lichtreflexen aus einem riesigen Amethyst gemeißelt zu sein. Der andere wirkte wie aus gelbem Bernstein. Das konnte natürlich nicht stimmen, denn so reich Ryoei Saito auch gewesen sein mochte, Feuerspeier wurden nie aus Edelsteinen hergestellt.

»Ich glaube, wir werden noch mehr solcher Drachen finden«, meinte Oliver, der sie aufmerksam studierte.

»Los, gehen wir weiter«, sagte Morris und hängte sich den Rucksack vor die Brust.

Wir gingen unter den *unryū*-Köpfen hindurch, Rücken und Fersen dicht an der Wand. Auf der anderen Seite trafen wir uns wieder und gingen weiter. Der Tunnel bog nach rechts ab, und der Weg teilte sich erneut.

»Geradeaus oder links?«, fragte ich Morris in Erwartung, dass er wieder die virtuelle Münze sprechen ließ.

»Ganz einfach«, erwiderte er und ließ den Lichtkegel durch den Tunnel wandern, an dessen Ende eine Wand zu erkennen war. Kein Durchkommen.

Also gingen wir nach links und standen erneut von einer Mauer.

»Hier gibt es keinen Ausgang«, murmelte Gabriella.

Ichiro notierte in seiner Karte unsere Position und steckte das Handy wieder ein.

»Gehen wir zurück«, sagte er nachdenklich.

Wir machten kehrt, bogen zwei Mal nach rechts ab und trafen wieder auf unsere Freunde, den violetten und den gelben *unryū*. Mit den Rucksäcken vor dem Oberkörper gingen wir dicht an der Wand unter ihnen hindurch.

»Hoffentlich stoßen wir nicht auf noch mehr von diesen Viechern«, knurrte Morris. »Mir reicht's langsam.«

Doch als wir uns auf der anderen Seite wiedertrafen und zum Haupttunnel zurückkehren wollten, erklang plötzlich das gefürchtete Klicken. Wir hatten die Entfernung falsch eingeschätzt und uns zu schnell wieder zusammengefunden.

Die Blase aus komprimierter Luft – obwohl Bombe wohl der bessere Ausdruck wäre –, die der Feuerball generierte, drückte uns an die Wand, noch bevor wir es richtig gewahr wurden. Trotzdem hatten wir großes Glück, denn mit den Rucksäcken vor der Brust war der Aufprall nicht so schlimm:

Die dicken, großen Außentaschen federten ihn ab und bewahrten uns vor gebrochenen Nasen und Prellungen.

Als ich wieder einen klaren Gedanken fassen konnte, war meine erste Reaktion, nach Gabriella zu suchen. Ich wusste nicht, wo sie sich im Moment der Detonation aufgehalten hatte, das machte mir Sorgen. Irgendwo brannte zwar noch eine Taschenlampe, aber es war ziemlich schwierig, in dem Durcheinander aus Körpern und Rucksäcken etwas zu erkennen. Als ich ihr Gesicht an Ichiros mageren Brustkorb gedrückt sah, stürzte ich zu ihr und wollte sie befreien, worauf ich selbstverständlich wütende Proteste erntete. Sie schlug die Augen auf und sah mich orientierungslos an. Ich lächelte sie an und ging die Taschenlampen suchen.

Zehn Minuten später machten wir uns wieder auf den Weg zu dem Tunnelstück, in dem wir zum ersten Mal abgebogen waren. Wir gingen nach rechts und dann geradeaus, dann wieder nach links.

»Drachen!«, rief Odette.

Langsam bekamen wir Routine, wir wechselten die Rucksäcke schneller und gingen sicheren Schritts unter den Drachenköpfen hindurch, auch hatten wir begriffen, uns immer im selben Sicherheitsabstand wiederzutreffen wie vorher.

»Bin ich verrückt geworden, oder sind all diese Drachen bunt?«, fragte Oliver, der sich umgedreht hatte und sie genauer musterte. »Einer von denen ist aus grünlichem Stein und der andere aus einem rötlichen. Die davor waren gelb und lila. Nein, kein richtiges Lila, sondern heller. Violett.«

»Das ist mir auch aufgefallen«, sagte ich im Gehen. »Aber Feuer spucken sie alle.«

Nach diesen beiden Drachen bogen wir links ab und etwas weiter vorn wieder rechts. Dann wieder nach links, was uns davor bewahrte, im Kreis zu gehen. Ichiro sagte uns, dass wir immer in dieselbe Richtung gingen, seit wir das Labyrinth betreten hatten, weshalb wir weiter vorankamen, auch wenn wir gelegentlich abbogen. Nach mehrmaligem Im-Kreis-Gehen und Zurückkehren gingen wir immer weiter in dieselbe Richtung und ließen die eine und andere Abzweigung des Tunnels außer Acht, weil an deren Ende Mauern zu erkennen waren. Und das alles, ohne auf weitere Drachen zu stoßen.

Nach einer Biegung teilte sich der Weg erneut. Die virtuelle Münze forderte uns auf, nach rechts abzubiegen, wo wir wieder auf zwei Drachen stießen, diesmal einen gelben und einen violetten. In Wirklichkeit waren sie weder gelb noch violett, auch nicht grün oder rot. Stein war Stein, und nur, wenn man genau hinsah, konnte man feine Unterschiede ausmachen. Aber das schien im Moment nicht von irgendeinem Nutzen zu sein.

Wir gingen unter den Drachenköpfen hindurch, bogen nach links ab und dann noch einmal nach links. Der Weg war versperrt.

»Gab es nicht auch violette und gelbe Drachen in der anderen versperrten Abzweigung?«, fragte Gabriella mit einem Gesichtsausdruck, der typisch für sie war, wenn ihr etwas im Kopf herumging.

»Ja«, antwortete Oliver.

»Dann verweisen die gelben und violetten Drachen vielleicht auf die Wege ohne Ausgang«, meinte sie.

»Kann sein«, erwiderte Ichiro. »Aber wir haben nicht genügend Hinweise dafür.«

»Klingt mir aber nach einer interessanten Möglichkeit«, sagte ich.

»Ich bin ganz deiner Meinung«, räumte Ichiro ein und machte kehrt, wieder einmal Richtung Haupttunnel. Kaum hatten wir ihn betreten und waren nach rechts abgebogen, trafen wir auf weitere Drachenköpfe.

»Diese Köpfe sind aus grünem und rotem Stein«, stellte Oliver fest. »Ichiro, kann ich sie fotografieren?«

»Solange du sie nicht ins Netz stellst …«, lautete die Antwort.

Oliver holte sein Handy heraus und fotografierte.

»Die sind verkehrt herum«, stellte er dabei fest. »Bei den letzten, die wir gesehen haben, war der rote Kopf links und der grüne rechts.«

»Mir scheint, du stiftest gerade Verwirrung«, scherzte Odette.

»Deshalb fotografiere ich sie ja«, erwiderte Oliver. »Vielleicht hat das alles ja einen Sinn.«

Wir gingen weiter, und als wir am Ende des Tunnels ankamen, wo wir notgedrungen nach rechts abbiegen mussten, sagte Ichiro:

»Diese Wand vor uns befindet sich genau unter der Nakanocho-Straße, der Hauptstraße des alten Yoshiwara. Sie führte einmal quer durch das Viertel, vom Eingang, den die Samurais bewachten, bis zum anderen Ende.«

»Heißt die Straße heute noch so?«, fragte Gabriella.

Ichiro nickte.

Wir bogen nach rechts ab und betraten zu unserer Überraschung eine Art kleinen quadratischen Platz mit einem Ausgang zu unserer Linken.

»Hey, hier gibt es Rastplätze, wo wir anhalten und uns ausruhen können«, scherzte Gabriella.

»Ich weiß nicht, ob es euch aufgefallen ist«, sagte Ichiro. »Aber wir haben die Essenszeit verschwitzt. Wir sind schon den ganzen Morgen unterwegs.«

»Dann lasst uns was essen!«, platzte Morris heraus und ging in die Mitte des Platzes, um sich auf den Boden zu setzen. Der war ziemlich schmutzig und wies seltsame Flecken auf.

Trotzdem saßen wir kurz darauf alle im Kreis auf dem dreckigen Boden und aßen unseren ersten *bentō*-Imbiss, den zweiten hoben wir uns für den Abend auf. Jetzt wollten wir diesen unheimlichen Ort nur noch verlassen.

Wir aßen schnell und machten uns wieder auf den Weg, diesmal durch ein unbekanntes Tunnelstück. Nachdem wir erst links und dann rechts abgebogen waren, gelangten wir an eine Stelle, an der sich der Weg erneut verzweigte. Geradeaus waren am Ende zwei Drachenköpfe zu erkennen, und nachdem Oliver sie fotografiert hatte, sagte er, sie seien ebenfalls grün und rot. Der Weg nach links teilte sich ebenfalls. In einem waren die Drachen gelb und violett und im anderen waren die Köpfe erstmals blau und orange (eigentlich bläulich und leicht orangefarben, wie Oliver betonte).

Und dann fiel bei uns der Groschen.

»Ich fasse es nicht!«, stammelte Gabriella.

Auch ich stand überrascht mit offenem Mund da.

»Die Komplementärfarben!«, rief Oliver.

12 WEGE OHNE AUSGANG

Ichiro brauchte einen Moment, um Schlüsse zu ziehen, während Odette im Gesicht abzulesen war, dass sie keine Ahnung hatte, wovon wir sprachen, und der dämliche Morris einen Haufen Unsinn absonderte, als hätten wir ihn beleidigt. So viele Demütigungen, einschließlich den eingebildeten, an einem Tag waren schlicht zu viel für den Armen.

»Was sind denn Komplementärfarben?«, fragte Odette schüchtern, während Morris brüllte, dass wir eingebildete Pedanten seien.

Ichiro hatte das mit den Komplementärfarben inzwischen verstanden und lächelte.

»Das sind drei Farbenpaare, die intensiver und leuchtender wirken, wenn sie zusammen auftauchen.«

Ich sah, dass Odette genauso wenig verstand wie vorher, also schlüpfte ich kurz in Kentaros Rolle und nahm seinem Sohn das Wort aus dem Mund.

»Die Farbe Rot wirkt immer röter, wenn du sie neben Grün legst, und das Grün wirkt neben Rot intensiver als neben jeder anderen Farbe«, sagte ich. »Dasselbe geschieht mit den anderen Farbenpaaren: Blau wirkt lebendiger und strahlender neben Orange und Orange neben Blau, ebenso wie Gelb neben Violett und umgekehrt.«

»Sind das die Farben der Steindrachen?«, fragte sie.

»Genau«, antwortete ich. »Es gibt eine wissenschaftliche Erklärung dafür …«

»Es gibt drei sogenannte Primärfarben«, unterbrach mich Ichiro. »Rot, Gelb und Blau, die man nicht aus anderen Farben mischen kann, daher der Name. Und dann gibt es noch Sekundärfarben, die du erlangst, wenn du zwei, und nur zwei, Primärfarben mischst. Soll heißen, die Farbe Grün ist eine Sekundärfarbe, weil sie aus Gelb und Blau besteht. Und Grün ist die Komplementärfarbe der einzigen Primärfarbe, die nicht in seiner Mischung enthalten ist, also Rot. Bei den anderen ist es genauso.«

Odette nickte höflich zu Ichiros Erklärung.

»Hör mal, Odette«, mischte sich Oliver ein, als er sah, dass sie nicht ganz folgen konnte. »Vergiss einfach, was die beiden erzählt haben. Halt dich an die drei Farbenpaare, Rot und Grün, Gelb und Violett, Blau und Orange, okay? Wenn du einen blauen Himmel über einen orangefarbenen Boden malst, ergänzen sich beide Farben dergestalt, dass sie glänzender und kräftiger wirken und das Bild schöner machen. Man nennt das einen optischen Effekt – der stellt sich ein, wenn unsere Augen das Farbenpaar betrachten.«

»Und was hat das alles mit dem hier zu tun?«, fragte Odette und zeigte um sich.

»Dass van Gogh in allen seinen Werken Komplementärfarben benutzt hat«, platzte Ichiro heraus. »Tatsächlich hat er sich immer, selbst in den schlimmsten Momenten der Krise und Verwirrung, ganz bewusst an die Farbenlehre gehalten, die er aus Charles Blancs Buch *Grammaire des Arts du Dessin* kannte, das Mitte des 19. Jahrhunderts erschienen ist und großen Einfluss auf ihn hatte. Wenn er Blau benutzte, malte er daneben Orange. Wenn er Rot einsetzte, dann immer neben Grün. Und neben Gelb fehlte bei ihm nie Violett. Wenn es aussieht, als hätte er andere Farben benutzt, machte er in Wirklichkeit dasselbe, nur dass er den Ton dämpfte oder verstärkte: Hellblau neben einem hellen Orange, oder Rosa neben Hellgrün. Oder wie auf dem Bild *Das Nachtcafé*, das er in Arles malte: Dort ist die Decke hellgrün, die Wände sind leuchtend rot und der Rest ist in einem sehr frischen Gelb, was sich damit erklärt, dass unsere Augen Gelb als leuchtendste Farbe des Farbspektrums wahrnehmen, weshalb wir auch optisch stärker dafür empfänglich sind. Van Gogh wusste das. Er wollte der beste Farbkünstler aller Zeiten sein, und nach dem Studium von Blancs Buch war er das auch. Deshalb gefallen uns seine Bilder so sehr.«

»Und was hilft uns dieser ganze Kram?«, spottete Morris.

»Ryoei Saito wusste ganz genau, wie van Gogh die Komplementärfarben eingesetzt hat«, erwiderte Gabriella scharf. »Deshalb hat er sie bei den Drachenpaaren benutzt. Wenn du nicht weißt, warum jedes *unryū*-Paar seine jeweiligen Farben hat, findest du auch keinen Ausgang aus diesem Labyrinth.«

»Ich finde auch ohne diesen ganzen Scheiß hier raus!«, rief er verächtlich.

»Ach ja? Wie denn?«, fragte ich und baute mich vor ihm auf. »Indem du deine App eine Münze werfen lässt?«

Ich sah (und hörte) sein Zähneknirschen und seinen hasserfüllten Blick. Dann grinste er verächtlich und ging weg. Ich fragte mich, wie unsere Beziehung zu Morris wohl enden würde, denn ich ahnte schon, dass es nicht gut ausgine. Die Sache sah ziemlich böse aus.

»Wie ich vorhin schon sagte«, fuhr Gabriella fort, »habe ich den Eindruck, dass die gelb-violetten Drachenpaare auf die Wege ohne Ausgang verweisen.«

»Dann probieren wir das jetzt aus«, schlug Ichiro vor und nahm den Weg geradeaus.

Wir alle folgten ihm unter den gelb-violetten Köpfen der *unryū* hindurch. Gleich darauf bogen wir nach rechts ab und standen urplötzlich vor einer Wand.

»Ich glaube, Gabriella hat recht«, sagte ich. »Wir sollten keinen Tunnel mit gelb-violetten Drachen mehr betreten. Das ist nur Zeitverschwendung.«

»Ich bin ganz deiner Meinung«, bestätigte Ichiro.

Dann hatte ich es begriffen. Im Wissen, dass die Wege im Labyrinth von Paaren aus Komplementärfarben gekennzeichnet waren, ließ sich ableiten, welcher der richtige Weg war.

»Ich weiß jetzt, wie wir hier rauskommen«, sagte ich so bestimmt, dass mich die anderen verblüfft anstarrten.

»Ja, klar!«, knurrte Morris aus dem Hintergrund.

»Es gibt nur drei Komplementärfarben-Paare«, fuhr ich fort. »Deshalb gibt es nur drei Arten von Wegen in diesem Labyrinth. Wenn wir die Wege mit dem gelb-violetten Drachen ausschließen, weil sie Sackgassen sind, bleiben uns noch zwei: die Wege mit den rot-grünen und die mit den blau-orangefarbenen Drachen. Um hier rauszufinden, müssen wir uns für ein Farbenpaar entscheiden.«

Ich verstummte und sortierte meine Gedanken.

»Das soll heißen …«, animierte mich Gabriella zum Weitersprechen.

»Soll heißen, dass der richtige Weg der mit den rot-grünen Drachen ist.«

»Warum?«, wollte Oliver wissen.

»Ich glaube, das hat mit den Schwertern zu tun, die du benutzt hast, um die Geheimtür zu öffnen«, erklärte ich. »Du sagtest, die Ninjas benutzten zwei Schwerter wie die aus dem Büro des Besitzers, um die Schlösser zu öffnen.«

»Ja schon«, räumte er ein. »Aber bei mir hat das nicht funktioniert. Ichiro hat sie mit zwei Blatt Papier geöffnet.«

»Stimmt«, bestätigte ich. »Doch wenn es uns gelungen wäre, wären die Samurai-Schwerter die Schlüssel zu der Geheimtür gewesen, oder?«

»Und du meinst, die Farben der Schwertgriffe sind der Schlüssel, um aus diesem Labyrinth rauszukommen?«, fragte Ichiro befremdet.

»Der Griff des *katana* war grün«, erinnerte ich mich. »Und das *wakizashi* hatte einen roten Holzgriff. Grün und Rot. Und wenn sie die Schlüssel zur Geheimtür waren, ist der Gedanke, dass diese Farben auf den richtigen Weg verweisen, gar nicht so abwegig.«

»Das ist lächerlich!«, schnaubte Morris.

»Nein, ist es nicht«, sagte ich und seufzte ungeduldig. »Da ist noch was.«

»Was denn?«, hakte Gabriella nach.

»Erinnerst du dich an die Farbe der Bordellfassade?«, lautete meine Gegenfrage.

»Smaragdgrün«, antwortete sie ohne zu zögern.

»Und die großen Lettern mit dem Namen des Lokals und die Drachenbilder?«

»Rot«, erinnerte sich Ichiro. »Leuchtend rot.«

»Scharlachrot, um genau zu sein«, bestätigte ich. »Seht ihr? Schon wieder Grün und Rot. Die Farben der Symbole des Bordells, sein Logo, sind Grün und Rot wie die Schwertgriffe.«

»Ist das alles?«, ließ sich Morris verächtlich vernehmen.

»Ich glaube, das ist mehr als genug«, erwiderte ich, ohne ihn eines Blickes zu würdigen. »Doch wenn dir das nicht reicht, Morris, sag mir, welche Farbe das Licht im Bordell hatte, als Ichiro es einschaltete?«

Alle schwiegen einen Augenblick nachdenklich.

»Rot und Grün!«, rief Odette schließlich überrascht.

»Genau«, sagte ich. »Rot und Grün, wie das Namensschild

und die Fassade: Rot und Grün. Und erinnert ihr euch an den rötlichen Holztresen und die avocadogrüne Karaoke-Bühne?«

»Hörst du mir nicht zu?«, schrie Morris außer sich. »Okay, Rot und Grün sind die Farben des Geschäfts, na und?«

»Mensch John!«, fuhr Oliver ihn an. »Was Hubert sagt, klingt sehr vernünftig.«

Alle zeigten sich einverstanden.

»Wir sollten den Weg mit Blau und Orange nehmen, um zu sehen, wo er hinführt«, murrte Morris. »Es wäre dumm, das nicht auszuprobieren.«

»Ich denke auch, dass Huberts Vorschlag richtig ist«, wagte sich Odette vor. »Und wir sparen viel Zeit.«

»Hubert hat nicht immer recht«, schnaubte Morris und drängte sich in die Mitte. Anscheinend wollte er jetzt die Führungsrolle übernehmen, vor allem, um sich mit mir zu messen und zu gewinnen. »Vielleicht ist der Ausgang genau am Ende dieses blau-orangefarbenen Weges. Rot-Grün hat uns bisher nirgendwohin geführt.«

»Wir sind vorangekommen«, versicherte Ichiro nach einem Blick auf seine Karte.

»Wir sind *nicht* vorangekommen!«, brüllte Morris aufgebracht. »Wir haben uns immer nur im Kreis bewegt!«

Für einen Moment schwiegen alle. Ichiros Gesichtsausdruck konnte ich entnehmen, dass Morris' Behauptung falsch war. Wir waren vorangekommen, aber dieser Besessene leugnete es, um seine Meinung mit Gewalt durchzusetzen. So einfach war das. Mir war es eigentlich egal, ob wir den Weg der blau-orangefarbenen Drachen ausprobierten und feststellen mussten, dass ich mich geirrt hatte. Mehr noch, im tiefsten Inneren glaubte ich, dass wir es tun sollten. Aber die Art, wie Morris alles, was von mir kam, als Angriff auffasste, ließ mich wie ein Dummkopf dastehen.

»Hat jemand was dagegen, wenn wir den blau-orangefarbenen Weg ausprobieren?«, fragte Ichiro mit neutraler Stimme.

»Ich«, sagte ich bestimmt. »Das ist wirklich Zeitverschwendung. Der richtige Weg ist der rot-grüne, auch wenn wir im Zickzack gehen.«

»Na schön, aber du bist nur einer gegen fünf«, erwiderte Morris und kam mit einem zufriedenen Grinsen auf mich zu. »Also hast du verloren.«

Ich spürte blinde Wut aufsteigen und hatte große Lust, ihm in seine dämliche Visage zu schlagen. Er würde den Kampf wahrscheinlich gewinnen, aber vorher bekäme er ein, zwei Schläge, die ordentlich wehtaten. Da wurde mir bewusst, dass er genau das beabsichtigte, dass er dieses ganze Theater nur deshalb aufführte, um mich zu provozieren, um mich zu demütigen und um zu gewinnen, als befänden wir uns in einem Wettkampf. Wir saßen alle im selben Boot, aber er ertrug es nicht, sich wie der letzte Depp zu fühlen – wenn auch nur in seiner Einbildung, denn niemand hatte ihn schlecht behandelt –, und hätte das jeden spüren lassen, der eine Lösung gefunden hatte.

»Einverstanden«, sagte ich lächelnd. »Du hast gewonnen. Viel Spaß noch.«

Er strahlte wie ein Weihnachtsbaum, so glücklich, als hätte er in der Lotterie den Hauptgewinn gezogen.

»Ich bin auch dagegen, diesen Weg einzuschlagen«, sagte Gabriella plötzlich, als erwache sie aus einem Traum. Entschlossen stellte sie sich neben mich. »Ich glaube, Hubert hat recht.«

Morris' Gesicht wurde puterrot vor Zorn. Er wollte einschüchtern, recht haben, gewinnen, uns zu der Einsicht zwingen, dass er das Sagen hatte und für uns alle entschied.

»Ist mir egal, ob ihr zwei mitkommt«, polterte er los und

verspritzte Speichel. »Wir anderen gehen jetzt den Weg der blau-orangefarbenen Drachen.«

»Beruhige dich«, beschwichtigte ich ihn. »Wir kommen schon mit.«

»Wenn wir den Ausgang finden«, sagte er schließlich stolz lächelnd, »wirst du zugeben müssen, dass du doch nicht so schlau bist, wie du glaubst.«

»Ich bin nicht so schlau, wie du glaubst«, erwiderte ich ironisch. »Wenn aber der rot-grüne Weg zum Ausgang führt, musst du zugeben, dass du dich geirrt hast.«

Er lachte spöttisch auf und drehte sich um. Gabriella drückte mir aufmunternd die Schulter.

Wir gingen unter den blau-orangefarbenen Drachenköpfen hindurch und gelangten im Zickzack zu einer weiteren Weggabelung: links hingen gelb-violette Drachen, die den Weg versperrten. Also nahmen wir schweigend den blau-orangefarbenen und ließen rechts und links mehrere kurze leere Wege zurück. Nach über einer Stunde Marsch und etlichen blau-orangefarbenen Drachen gelangten wir schließlich auf einen weiteren quadratischen Platz, identisch mit dem ersten, wo wir die Essenspause eingelegt hatten, von dem – welch Überraschung! – nur ein einziger Weg mit blau-orangefarbenen Köpfen abging, der also ebenfalls gesperrt war. Wir überprüften ihn genau, aber dort ging es nicht weiter. Es gab weder einen anderen Weg noch einen Ausgang.

Morris' Gesicht, vorhin noch puterrot angelaufen, war jetzt leichenblass.

»Na, Morris«, sagte ich sarkastisch. »Anscheinend bin ich doch schlauer, als du dachtest. Also sei bitte so freundlich und gebe zu, dass du dich geirrt hast.«

»Scher dich zum Teufel!«, schrie er und wich unseren Blicken aus. Bedauerlicherweise hatte er den Krieg verloren, den er selbst angezettelt hatte, und so unlogisch es auch sein mochte, er war tatsächlich davon überzeugt, sich nie zu irren. Er würde weder mir noch den anderen verzeihen, weil er sich einbildete, wir alle seien seine Feinde und immer gegen ihn.

Niemand beachtete ihn. Wir machten uns auf den Rückweg – und es war uns egal, ob er uns folgte oder für immer dort zurückbleiben wollte. Er hatte die Stimmung vergiftet und uns dazu gebracht, zwei Stunden Zeit zu verplempern.

Zurück an dem Punkt mit den drei möglichen Wegen, schlugen wir den mit den rot-grünen Drachenköpfen ein. Wir gingen unter ihnen hindurch und ein ganzes Stück geradeaus. Dann bogen wir nach rechts ab und wieder ein Stück geradeaus. Schließlich bogen wir links ab, gingen unter zwei weiteren rot-grünen Drachenköpfen hindurch und dann eine ganze Weile im Zickzack. Wir bekamen keine Drachenköpfe mehr zu Gesicht, weder Abzweigungen noch gesperrte Wege. Hungrig und erschöpft machten wir halt, um etwas zu essen und die Beine auszuruhen.

»Wie ist das möglich?«, fragte Odette zwischen zwei Bissen von einem Reisbällchen, »dass wir fast den ganzen Tag unter einem Stadtteil umherirren, den wir oben in wenigen Stunden durchquert hätten? Ich verstehe das nicht.«

»Weil wir viel im Kreis gegangen sind«, antwortete Gabriella und schob sich ein Stück Karotte in den Mund.

»Aber für die Prostituierten kann es doch kein so langer Fluchtweg gewesen sein«, behauptete Oliver.

»Nein, natürlich nicht«, erklärte ich. »Saito hat das alte Tunnelsystem für sein Labyrinth benutzt und es entsprechend vergrößert.«

»Ich glaube, er hat nicht damit gerechnet, dass jemand so weit kommt«, sagte Ichiro. »Mich wundert, dass wir schon eine ganze Weile keine Drachenköpfe mehr gesehen haben.«

»Besser so!«, rief Odette erleichtert.

Wir alle nickten und lächelten, außer Morris, der sich stumm von der Gruppe fernhielt und so tat, als wäre er gar nicht da.

Aber wir hatten keine Ahnung, wie sehr wir uns irrten. Natürlich hatte Saito damit gerechnet, dass jemand so weit kam.

Gegen drei Uhr in der Nacht gelangten wir an einen weiteren Platz mit einem kleinen Steintisch in der Mitte, auf dem wie gewohnt eine hermetisch verschlossene Plastiktüte lag.

»Aber wir sind doch noch gar nicht raus aus dem Labyrinth!«, rief Odette.

»Haben wir diese Prüfung etwa bestanden und ich habe es gar nicht bemerkt?«, scherzte Oliver.

Mich beschlich eine böse Vorahnung. Warum erhielten wir die Hinweise für die nächste Prüfung, bevor wir die jetzige bestanden hatten? Müde vom vielen Gehen schleppten wir uns zum Holztisch und erkannten, dass es sich in der Tat um einen weiteren *ukiyō-e*-Holzschnitt und eine Holzmarke handelte – diesmal vollkommen glatt und ohne jegliche Gravur.

Auf dem *Porträt des Père Tanguy* befand sich die Kopie ganz unten links und war nicht gerade schön. Im Gegensatz zu Vincents formlosen Klecksen waren auf dem Bild vor uns eindeutig kleine rote und lilafarbene Blüten auf grünen Flecken und winzige Menschen zu erkennen, die sie von Weitem zu bewundern schienen. Trotz meiner Müdigkeit verstand ich, warum der Künstler die kleinen Blüten im Vergleich zu den winzigen Menschen übertrieben groß in den Vordergrund gestellt hatte. Der Himmel war weiß und voller roter Wolken, aus denen ein Vogel direkt auf die Blüten zuzufliegen schien. Im Unterschied zu den vorherigen Holzschnitten hatte dieser einen hellblauen Rahmen mit einer Verzierung aus Blütenkelchen. Auf der Rückseite stand wie immer eine Botschaft von Saito:

»*Auf dem Rücken von Nyorai*«, las und übersetzte Ichiro. Aber wir waren viel zu erschöpft, um uns zu fragen, wer zum Teufel Nyorai sei und was es mit dessen Rücken auf sich hatte. Dafür schmerzten unsere Rücken viel zu sehr.

Ichiro steckte die Plastiktüte in seinen Rucksack, und wir machten uns wieder auf den Weg. Kaum hatten wir den Platz mit dem Steintisch hinter uns gelassen, trafen wir erneut auf zwei rot-grüne Drachenköpfe. Wortlos und benommen vor lauter Müdigkeit nahmen wir wie in Zeitlupe (zu diesem Zeitpunkt schienen sie Tonnen zu wiegen) unsere Rucksäcke ab, drückten uns an die Wand und gingen seitlich darunter hindurch.

Ich erinnere mich, ein letztes metallisches Klicken gehört zu haben, dass mich schlagartig munter machte, und spürte, wie der Boden unter mir nachgab. Ich spürte, wie ich ins Bodenlose stürzte, während Rucksack und Taschenlampe durch die Luft wirbelten und mir die Frage durch den Kopf schoss, wo das Feuer blieb.

Aber es gab keinen Feuerball. Auch kein Licht. Ich stürzte mit Höchstgeschwindigkeit eine Art gigantische Steinrutsche hinunter und wurde dabei hin und her geschleudert, ohne etwas dagegen tun zu können. Ich wusste, dass vor und hinter mir die anderen abstürzten. Aber so weit ich die Arme auch ausstreckte, um den Sturz abzubremsen, die verfluchte Rutsche war viel zu steil und viel zu breit. Die Panik hinderte mich am Denken und verschlimmerte sich während des langen Sturzes von bestimmt über dreißig Metern.

Dann war die Rutsche plötzlich zu Ende, ich stürzte ins Leere, bis ich mit den Füßen hart auf eine eiskalte Wasseroberfläche prallte und tief einsank. Ich war verwirrt, desorientiert und unfähig zu begreifen, was geschah, aber vollgepumpt mit Adrenalin, weshalb mein Überlebensinstinkt mich augenblicklich nötigte, zu strampeln, um wieder an die Oberfläche zu kommen. Ich befand mich tief in einem Brunnen und sah noch von Weitem den schwachen Schein unserer Taschenlampen, die ebenfalls sanken und verschwanden.

Verzweifelt ruderte ich mit Armen und Beinen, weil mir die Luft ausging und mich in wenigen Sekunden ein unkontrollierbarer Reflex dazu zwingen würde, den Mund aufzureißen und Wasser zu schlucken, was unweigerlich zum Ertrinken führen würde. Zehntelsekunden vorher gelangte ich an die Oberfläche und stieß mit dem ersten Atemzug einen wütenden Schrei aus, der an den Wänden widerhallte.

»Hubert!«, rief Gabriella zur Antwort.

»Gabriella!«, keuchte ich.

Blind schwamm ich los. Dabei fiel mir das Handy in meiner Jackentasche ein. Ich hielt inne, holte es heraus und schaltete die Lampe ein. Gabriella schwamm direkt vor mir, und ihr entsetzter Gesichtsausdruck ließ mich umdrehen und in dieselbe Richtung blicken. Zwischen unseren Rucksäcken schaukelte etwas Regloses im Wasser.

»Odette!«, rief ich, warf Gabriella mein Handy zu und schwamm zu Odette. Ich kam gleichzeitig mit Ichiro bei ihr an und zusammen drehten wir sie um und schüttelten sie: »Odette!«

Sie öffnete leicht die Augen und wollte nach Luft schnappen, was ihr aber nicht gelang. Sie hatte Wasser eingeatmet und war im Begriff zu ersticken.

»Dorthin!«, rief Oliver hinter mir. Ich erinnere mich nur an seine Hand, die auf eine Plattform in zehn Metern Entfernung zeigte.

Ichiro und ich schwammen einarmig und zogen Odette hinter uns her. Sie war die Krankenschwester, die immer alle anderen versorgte. Wie sollten wir ihr jetzt helfen? Ich hatte keine Ahnung, was zu tun war, um jemanden vor dem Ertrinken zu retten.

Wir gelangten zu der Plattform, auf der Morris bereits mit eingeschalteter Handy-Lampe saß. Mir blieb keine Zeit für den Gedanken, wie er so schnell dort hingekommen war und warum er uns nicht half. Ich zog mich mit den Armen aus dem Wasser und nahm Odettes leblosen Körper entgegen, den Ichiro und Oliver nach oben hievten. Ich legte sie mit dem Rücken auf den Boden, weil ich glaubte, ich müsste sie von Mund zu Mund beatmen, auch wenn ich nicht wusste, wie man das macht.

»Auf die Seite, legt sie auf die Seite!«, rief Gabriella aus dem Wasser.

Aber Oliver hatte sich schon über Odette gebeugt und seine Lippen auf ihre gepresst. Ich sah ihn so fest pusten, dass sein Gesicht rot anlief vor lauter Anstrengung. Odettes Brust hob sich leicht. Und dann bäumte sie sich auf, als wäre sie vom Teufel besessen, und begann unter Zuckungen zu husten und Wasser zu spucken. Ich war erleichtert und glücklich.

Gabriella war inzwischen auch aus dem Brunnen herausgeklettert und klopfte Odette auf den Rücken.

»Nicht, Gabriella, nicht«, sagte Oliver. »Das braucht sie nicht. Wir müssen sie auf die linke Seite legen. Mein Bruder ist einmal fast ertrunken – ich weiß genau, was zu tun ist.«

Er drehte sie vorsichtig auf die Seite, und Odette spuckte weiter Wasser, begann aber auch gierig nach Luft zu ringen. Stumm beobachteten wir sie. Dann schlug sie die Augen auf und sah uns liebevoll an.

»Danke«, flüsterte sie und versuchte zu lächeln.

»Wo sind wir?«, fragte Morris plötzlich.

Von der Plattform aus wand sich eine Metalltreppe in Spiralen an der Brunnenwand empor. Als Odette wieder aufstehen konnte und ihre Lippen und Wangen ihre natürliche Färbung annahmen, schauten wir uns genauer um. Es war schrecklich kalt, und wir waren alle nass bis auf die Knochen. Ich hatte meine Brille verloren und konnte nicht scharf sehen, aber die brutale Kälte machte mir weit mehr zu schaffen. Wir mussten schleunigst hier raus.

»Wir müssen die Rucksäcke noch herausholen«, sagte Ichiro in aller Seelenruhe. »In meinem ist der Plastikbeutel mit dem Holzschnitt und der Holzmarke. Die anderen Holzmarken habe ich auch dabei. Wir dürfen sie nicht verlieren.«

»Warum hast du denn alle Holzmarken dabei?«, wunderte sich Gabriella. »In deinem Elternhaus in Shizuoka wären sie doch sicherer.«

»Falls wir sie brauchen«, antwortete er und schüttelte bedauernd den Kopf. »Wir wissen nicht, wozu sie dienen, aber in irgendeiner dieser Fallen könnten wir sie benötigen. Deshalb habe ich sie immer dabei.«

Also stürzten sich Ichiro, Oliver und ich zitternd vor Kälte wieder ins eiskalte Wasser und sammelten alle sechs Rucksäcke ein. Morris dachte nicht daran, uns dabei zu helfen. Er lehnte an der Wand und schaute uns verächtlich zu.

Nachdem wir es geschafft hatten, lagen wir drei kraft- und reglos auf dem Boden. Ich erinnere mich, dass Gabriella zu mir kam und meine Hände und Arme rieb, um mich aufzuwärmen. Odette versuchte es mit Oliver. Doch wir waren unterkühlt – wenn wir uns nicht bewegten, würden wir uns eine Lungenentzündung einhandeln. Ichiro, ausdauernd wie immer, schaffte es mit einer letzten Kraftanstrengung aufzustehen und wühlte sogleich besorgt in seinem Rucksack. Als er zufrieden aufblickte, waren auch Oliver und ich zähneklappernd und zitternd wieder auf die Beine gekommen. Er ging zu dem großen Metallschild an der Wand und las, was darauf stand.

»Wir befinden uns im G-Can Nummer zwei von Tokio«, sagte er, als wüssten wir, was das ist. »Ich fürchte, wir müssen die vielen Stufen hochsteigen, aber das ist auch gut, denn so wird uns wieder warm.«

»Was ist ein G-Can?«, fragte Gabriella und sah Ichiro befremdet an, der sich schon energisch an den Aufstieg machte.

»In Tokio gibt es wegen der vielen Taifune, die jedes Jahr das Land heimsuchen, regelmäßig Überflutungen«, erklärte er, ohne stehen zu bleiben. Wir setzten uns ebenfalls in Bewegung. »Wir haben sehr viele Flüsse, und wenn es stark regnet, treten sie über die Ufer und führen zu katastrophalen Überschwemmungen. Dasselbe Problem, das Huberts Land mit dem Meer hat. Aber während in Holland Deiche errichtet werden, bauen wir in Japan seit 1992 solche riesigen Sammelbecken. Wenn die Flüsse in den Bergen um Tokio herum anschwellen, fließt das überschüssige Wasser durch Klappen in diesen Tank, damit die Stadt nicht überschwemmt wird. Es ist eine riesige hydraulische Anlage, die Tausende Millionen Yen gekostet hat, aber viele Leben rettet. Diese Wassertanks nennt man G-Cans. Es gibt einen noch größeren, in den das Wasser der fünf Haupttanks abfließen kann, wenn sie voll sind. Er ist so groß, dass er ›Kathedrale‹ genannt wird. Dort wurden schon viele Filme gedreht.«

Nun, dieser G-Can hier war auch schon ziemlich groß. Wir stiegen tatsächlich eine gute Dreiviertelstunde unzählige Sprossen hinauf, mit ein paar kleinen Pausen auf den Absätzen. Aber je höher wir kamen, desto wärmer wurde es, und wir fühlten uns langsam besser. Oben angelangt, mussten wir durch lange Flure vorbei an Büro- und Besprechungsräumen, die um diese Nachtzeit verwaist waren. Wir hatten das große Glück, dass dieser G-Can keinen Nachtwächter brauchte (und wenn doch, sahen wir ihn nicht), weshalb wir das Türschloss eines kleinen Häuschens aufbrechen konnten und neben den Schaukeln im Park von Yoshiwara in Freie gelangten, genau gegenüber dem Bordell *Uchikake Unryū*. Wir waren verblüfft, dass solch ein unscheinbares Häuschen zu einem derart gigantischen Werk der Ingenieurskunst führte, das kennenzulernen und als privaten Swimmingpool zu nutzen wir das Vergnügen gehabt hatten.

Die Sonne ging auf, und schon bald würde es in Tokio und im alten Rotlichtviertel vor Menschen und Touristen nur so wimmeln. Ichiro tätigte einen Anruf, und gleich darauf fuhren mehrere Wagen mit getönten Scheiben vor, die uns in kürzester Zeit ins Hotel brachten, wo wir uns ein wenig ausruhen sollten, bevor es weiterging.

Ich fiel bewusstlos ins Bett und wachte erst am frühen Nachmittag auf, als mein Handy, das nach dem Tauchgang noch immer perfekt funktionierte, hartnäckig klingelte. Halb benommen und mit Schmerzen im ganzen Körper nahm ich ab. Es war Ichiro.

»Hubert, entschuldige, dass ich dich wecke«, sagte er zerknirscht. »Aber John ist abgereist. Er hat an der Hotelrezeption eine Nachricht hinterlassen. Wie es scheint, ist er bereits auf dem Rückflug in die Staaten.«

Morris war abgehauen …? Gut so, wurde ja auch Zeit.

13 DIE KINDERFRESSENDE GÖTTIN

Ichiros Schock über Morris' Abtrünnigkeit war mir absolut unverständlich. Er war regelrecht niedergeschmettert, die restliche Familie Koga ebenfalls. In Shizuoka setzten Kentaro und Midori alles daran, um ihn zur Rückkehr zu bewegen. Ich glaube, sie telefonierten noch vor der Landung mit ihm, aber Morris ließ sich nicht umstimmen, auch wenn sie ihm gewiss noch mehr Geld angeboten hatten. Und obwohl die Kogas seine Abreise als großen Verlust betrachteten, waren wir vier, seine Gefährten, eher froh darüber. Odette, die nach unserem Eintreffen im Hotel von einem Arzt untersucht worden war und der es wieder gut ging, bedauerte als Einzige Morris' Abreise, weil für sie alle Menschen gut waren und das Böse nicht existierte. Gabriella und Oliver hingegen zeigten ihre Freude unverhohlen, während ich mich äußerlich ruhig und gleichgültig gab, innerlich aber einen Freudentanz aufführte. Nichts hätte mich glücklicher machen können. Sollten sie doch in Warren, Michigan, mit ihm klarkommen.

Am späten Abend dieses unvergesslichen Augusttages kam Ichiro in den feinen Tee-Salon des Hotels, wo wir auf ihn warteten. Seinem ernsten Blick war sofort zu entnehmen, dass seine Stimmung so düster und aufgeladen war wie das Tokioter Wetter in diesen Tagen.

»Er geht nicht mehr ans Telefon«, sagte er, als er sich gesetzt hatte. »Wir können nicht mit ihm reden.«

Er sagte das, als wäre es eine Tragödie, und war derart damit beschäftigt, dass er gar nicht merkte, wie gleichgültig wir reagierten. Nach einer kurzen Pause fügte er hinzu:

»Wie sollen wir ohne ihn weitermachen? Das geht nicht.«

»Wieso geht das nicht?«, fragte Gabriella empört. »Jetzt können wir erst richtig loslegen! Jetzt müssen wir uns nicht mehr mit diesem unsympathischen und streitlustigen Rüpel herumschlagen, der immer nur schlechte Stimmung verbreitet hat. Ich bin die ganzen Verbalattacken und Diskussionen wirklich leid. Er wird schon klarkommen.«

Ichiro sah sie irritiert an, und ich glaube, ihm wurde erst in dem Moment bewusst, dass wir alle hocherfreut über Morris' Verschwinden waren und den Kummer der Familie Koga nicht teilten. Das zu verdauen dauerte ein Weilchen, denn er hatte Telefonate und stundenlange Gespräche mit Frau und Vater hinter sich, in denen sie sich den Kopf darüber zerbrochen hatten, wie sie den Idioten zur Rückkehr bewegen könnten. Erst jetzt wurde er gewahr, dass die anderen seine Sorgen nicht teilten, ganz im Gegenteil. Er riss die Augen auf und starrte uns überrascht einen nach dem anderen an, und als er damit fertig war, nickte er abschließend und akzeptierte das Offensichtliche. Wir wollten auf gar keinen Fall, dass Morris zurückkehrte.

»Na schön, wie mir scheint, wollt ihr ohne Morris weitermachen«, flüsterte er.

»Natürlich wollen wir das«, sagte Odette sanft.

»Mir geht's wie Gabriella«, fügte Oliver mit breitem Grinsen hinzu. »Ich glaube, wir werden jetzt besser vorankommen. John hat uns alle schrecklich genervt.«

Ichiro sagte eine Weile lang nichts. Eine beflissene Kellnerin im Kimono fragte ihn auf Japanisch, ob er einen Tee wünsche, was er, in seine traurigen Gedanken vertieft, abwesend bejahte.

Erst nach einem Schluck des aromatischen Getränks und einem resignierten Seufzer kehrten in Ichiros Augen die gewohnte Lebendigkeit und der entschlossene Glanz zurück.

»Klar machen wir weiter!«, rief er mit gerunzelter Stirn. »Was ein Glück, dass der neue *ukiyō-e*-Holzschnitt kein großes Problem darstellt!«

Wir lächelten erleichtert und waren fast schon glücklich, uns einer weiteren boshaften Tortur von Ryoei Saito zu stellen.

»Wisst ihr schon, um was es sich handelt?«, fragte Oliver neugierig.

»Nein, noch nicht«, erwiderte Ichiro. »Wir waren die ganze Zeit mit John beschäftigt. Aber ich werde meinem Vater sagen, dass er gleich anfangen soll, den Holzschnitt zu studieren. Wir kennen das Original, denn es handelt sich um ein sehr berühmtes Werk von Hiroshige aus dem Jahr 1870: *Iriya: Morning Glory*. Iriya ist ein Stadtteil von Tokio, in dem jedes Jahr Anfang Juni eines der zwei bekanntesten japanischen Volksfeste stattfindet, das Asagao Festival. *Asagao* bedeutet Morning Glory, oder auch Prunkwinde. Dieses Prunkwinden-Fest wird im ganzen Land gefeiert, das in Iriya ist jedoch das wichtigste.«

»Aber jetzt haben wir August«, warf ich ein und schob meine Ersatzbrille hoch, die ich auf Reisen immer dabeihatte. »Das Festival war vor über einem Monat.«

»Morgen kann ich euch mehr sagen, Hubert«, antwortete er mir bekümmert. »Heute war ein schwieriger Tag. Ich bin mir sicher, dass mein Vater die ganze Nacht arbeiten wird und wir die nötigen Informationen morgen früh vorliegen haben. Er beschäftigt sich gern die Nacht über mit irgendwelchen Dingen. Meine Mutter hat sich schon lange damit abgefunden.«

Mit müdem Lächeln trank er seinen Tee aus, stand auf und verabschiedete sich von uns.

»Findet ihr es nicht auch seltsam, dass die Kogas so viel Zuneigung für einen Blödmann wie John Morris aufbringen?«, fragte Gabriella, als wir wieder unter uns waren.

»Ja«, räumte Oliver ein. »Ich verstehe nicht, was sie an Morris finden.«

»Ich denke, sie wollten ihm helfen«, sagte Odette lächelnd. »Die Kogas sind gute Menschen, und als sie merkten, wie John ist, glaubten sie wohl, die Suche nach dem Bild und das Zusammensein mit so unterschiedlichen Menschen würde ihm guttun und sich positiv auf seinen Charakter auswirken. Ichiro und Midori haben keine eigenen Kinder und fühlen sich wahrscheinlich verantwortlich für uns.«

»Du bist viel zu gut für diese Welt, Odette«, sagte ich voller Zuneigung, trank meinen Tee aus und säuberte mir den Schnurrbart mit der Serviette. »Die Kogas können doch nicht so blind sein, dass sie nicht erkennen, was für ein Idiot Morris ist. Dem kann man nicht helfen. Nein, für die Kogas zählt nur van Goghs Bild, sie sind besessen davon, es zu finden. Vergiss nicht, dass sie schon über zwanzig Jahre danach suchen. Und seien wir doch mal ehrlich, wenn Morris einen guten Moment hatte, war er verdammt nützlich mit seinen Kenntnissen über Bauten, Türen, Vermessung und allem anderen.«

»Wetten, dass wir gar nicht merken werden, dass er weg ist?«, sagte Oliver und erhob sich aus dem gemütlichen Sessel. »Für mich existiert er ab sofort nicht mehr.«

»Da war er aber schneller als du«, verkündete Gabriella mit Blick auf ihr Handy. »John hat sich aus unserer Whats-App-Gruppe abgemeldet und mich überall blockiert. Euch vermutlich auch.«

Gabriella, Oliver und ich lachten. Odette lächelte mit leichtem Bedauern, aber sie lächelte. Morris verhielt sich wirklich wie ein störrisches Kind.

»Mir geht's wie dir, Oliver«, sagte ich und stand ebenfalls auf. »Morris ist Schnee von gestern. Ich glaube nicht, dass er mir lange in Erinnerung bleiben wird.«

Gabriella und Oliver stimmten mir zu. Und beim Abendessen ohne Ichiro, der mit seinem Vater in irgendeinem Büro in Tokio arbeitete, erwähnten wir ihn kein einziges Mal. Wir vier fühlten uns verbundener denn je, und unsere Gespräche wurden freundschaftlicher und persönlicher.

Am nächsten Morgen, einem Sonntag, wurden wir von Ichiro am frühen Morgen in einen reservierten Raum des Hotels bestellt, in dem man uns auch das Frühstück servierte. Ichiro schien sich wieder gefangen zu haben, auch wenn er nervös war, wie immer vor der nächsten Prüfung. Ich fragte mich, wie lange er wohl geschlafen hatte, denn dieser Mann wurde von solcher Leidenschaft getrieben, dass Schlaf nicht sonderlich wichtig zu sein schien.

Nachdem Ichiro die Kopien des Holzschnitts mit der Prunkwinde und von van Goghs *Porträt des Père Tanguy* an uns ausgeteilt hatte, erklärte er:

»Wie es scheint, hat der erste Eindruck meines Vaters gestimmt. Diesmal führt uns Saito mit dem berühmten Holzschnitt *Iriya: Morning Glory* in das Tokioter Viertel Iriya nahe Ueno, wo seit Jahrhunderten das *asagao matsuri*, das Prunkwinden-Fest stattfindet. Vom 6. bis 8. Juli sind die Straßen um den Iriya-Kishimojin-Tempel herum, wo das Fest ursprünglich stattfand, voller Blumenstände und Menschen. Es gibt Hunderte von Ständen, an denen Prunkwinden verkauft werden, und es kommen jedes Jahr über vierhunderttausend Besucher. In Japan werden die Häuser im Sommer traditionell mit Prunkwinden geschmückt.«

»Gibt es einen Blumenstand, der wichtiger ist als alle anderen?«, fragte Odette.

»Nein«, erwiderte Ichiro, erfreut über diese Frage. »Und das führt uns zum Kern des Festivals.«

»Den Tempel Kishi-was-auch-immer«, warf Oliver ein und Ichiro nickte.

»Der Iriya-Kishimojin-Tempel, auch bekannt als Shingenji-Tempel, wurde 1659 erbaut und ist der bösen Göttin Kishimojin aus dem indischen Buddhismus gewidmet, die Kinder entführte und aß. Erinnert ihr euch an Saitos Botschaft auf der Rückseite des Holzschnitts?«

Alle schüttelten den Kopf.

»Auf dem Rücken von Nyorai«, erklärte Ichiro. »Nyorai heißt auf Japanisch ›Buddha‹. Nyorai oder Buddha wollte der bösen Kishimojin, die zarte Säuglinge verspeiste, eine Lektion erteilen und raubte ihren kleinen Sohn. Die Göttin litt derart unter dem Verlust ihres Kindes, dass sie in Japan zur Göttin der Geburten und Kindererziehung wurde. Der Iriya-Kishimojin-Tempel ist ein kleiner Tempel, der im Laufe der Jahrhunderte von den modernen Wolkenkratzern im Zentrum Tokios regelrecht eingemauert wurde.«

»Und er ist seit 1659 erhalten geblieben?«, wunderte sich Gabriella.

»Natürlich«, erwiderte Ichiro enthusiastisch. »In Japan werden Tempel sehr gepflegt, denn da sie aus Holz bestehen, müssen sie alle paar Jahre neu aufgebaut werden. Das Holz verändert sich, der Tempel aber nicht. Also, dieser Tempel hat keine große Bedeutung, ist aber sehr bekannt, weil er als Mittelpunkt des Prunkwinden-Festes gilt. Das restliche Jahr über ist er eher vergessen und zumeist auch leer.«

»Steht denn irgendein Buddha im Tempel?«, fragte Oliver. »Ich meine, irgendein Nyorai, dessen Rücken man sieht?«

Ichiro nickte und verteilte an uns die Nahaufnahme eines Buddhas, der im Schneidersitz, die Hände in Gebetshaltung und mit einem seltsam runden Glatzkopf, auf einer großen Lotusblume aus hellgrauem Stein hockt. Dahinter sah man eine Art Dachfirst, was den Eindruck erweckte, als befände er sich in großer Höhe.

»Ich glaube nicht, dass wir ihn von hinten sehen können«, sagte ich und zeigte auf den First.

Ichiro lachte.

»Das ist kein Dach, das ist eine Mauer. Die Friedhofsmauer des Tempels gleich dahinter. Aber wir werden keinerlei Probleme bekommen, weil morgen, am 13. August, das *obon*-Fest, das jährliche Totenfest, beginnt, das erst am Donnerstag, den 16. August, zu Ende geht. Deshalb wird heute niemand dort sein, denn ab morgen wird alle Welt die *ohaka* aufsuchen, die Friedhöfe der Ahnen.«

»Das ist tröstlich zu wissen«, erwiderte ich. »Ich fände es nicht gut, wenn die Leute sehen würden, wie wir am Rücken eines Buddhas herumfingern.«

»Keine Sorge, das wird nicht passieren«, erwiderte Ichiro und lachte. »Außerdem ist der Nyorai nicht besonders groß. Mein Vater hat mir versichert, dass wir den Rücken der Statue problemlos inspizieren können. Er war schon öfter mit meiner Mutter beim *asagao matsuri* und hat Prunkwinden gekauft. Der Nyorai steht gleich links hinter dem Eingang zur Tempelanlage. Er empfiehlt uns, bei Nacht hinzugehen, aber ich glaube, mit den Taschenlampen würden wir nur die Nachbarn aufmerksam machen. Wenn wir zum Beispiel jetzt hingingen, könnten wir einfach hinter den Nyorai schlüpfen, und wenn uns jemand erwischt, bitten wir um Verzeihung.«

»Du bist kein Buddhist, stimmt's?«, fragte Gabriella überrascht.

»Doch, das bin ich!«, protestierte er lachend. »Auch Shintoist, wie alle Japaner.«

Unser Hotel war nicht weit entfernt vom Stadtteil Iriya, weshalb wir nach Aufsuchen eines nahe gelegenen Optikers, der mir in knapp dreißig Minuten eine neue Brille anfertigte, einen von Ichiros großen Wagen bestiegen und zehn Minuten später vor dem Tempel eintrafen. Das schmiedeeiserne Tor stand offen, aber der Tempel, umgeben von vielen Bäumen, war verschlossen, und vor seinem Eingang hingen zwei dicke Seile mit großen Glocken, die beim Gebet zum Einsatz kamen. Dazwischen hing unter einem hölzernen Drachen-Giebel eine große rote Papierlaterne mit schwarzen japanischen Schriftzeichen. Als wir aus dem Wagen stiegen und die Rucksäcke schulterten, die Ichiro uns auf der Fahrt zugeteilt hatte, schlug uns große Hitze entgegen. Ich war wie erschlagen. Was für extreme Temperaturen in diesem Land doch herrschten! Darüber hinaus hatte es sich zugezogen.

Der Tempel stand an einer mehrspurigen, viel befahrenen Straße, der Kototoi-Straße, deren breite Gehwege menschenleer waren. Auf diese Gehwege passten problemlos die vielen Blumenstände und die vierhunderttausend Besucher des Prachtwinden-Festes. Auch das Tempelgelände war verwaist, zumindest der offene Hof mit dem zentralen Rauchbecken, weiteren kleinen Tempelchen sowie Statuen mit frischen Blumen. Die Statue der ehemals kinderfressenden Göttin Kishimojin war hübsch anzusehen, sie hätte als liebliche romanische Jungfrau mit dem Kinde durchgehen können, wären da nicht ihr runder, vollkommen kahler Schädel und die orientalischen Augen gewesen.

Merkwürdig war, dass sie im Vergleich zur romanischen Jungfrau nicht nur ziemlich neu wirkte, sondern wie aus einer Form gegossen und nicht von der Hand eines Bildhauers erschaffen zu sein schien. Oder die Japaner säuberten ihre Statuen regelmäßig, weil sie trotz ihres Standortes im Freien mitten in der Stadt keinerlei Schmutz aufwiesen. Vielleicht hätte ich Ichiro ja fragen sollen, ob sie auch die alten Statuen gegen neue austauschten.

Komischerweise trugen sowohl die Göttin als auch das Kind auf ihrem Arm eine Art rotes Lätzchen oder Serviette, das vermutlich die bösen Geister fernhalten sollte, die bösen *kami*. Kishimojin saß wie der Nyorai auf einer Lotusblüte und hatte ebenfalls ein großes steinernes Rauchbecken voller Asche vor sich.

Ich war wie ein gewöhnlicher Tourist so vertieft in meine Betrachtungen, dass mir völlig entgangen war, wie Ichiro über das Rauchbecken des Nyorai gesprungen war und sich zwischen Statue und Mauer zu quetschen versuchte.

»Lass das sein!«, bat Gabriella ihn, voller Sorge, dass uns jemand sehen könnte. »Da passt du nicht rein!«

Er gab es auf und zog Arm und Bein wieder heraus.

»Hier ist der Eingang jedenfalls nicht«, verkündete er, als wäre das offensichtlich.

»Fahr mal mit der Hand über seinen Rücken, vielleicht spürst du etwas«, schlug Gabriella vor. »Saitos Botschaft war eindeutig.«

Ich musste unweigerlich an Morris und die unglaubliche Sensibilität seiner dicken, fettigen Hände denken. Er hätte auf dem Rücken des Nyorai eine glänzende Spur hinterlassen, aber wenn es dort etwas geben sollte, hätte er es gefunden.

»Ich spüre nichts«, sagte Ichiro mit großem Bedauern und sprang wieder über das große Rauchbecken. »Vielleicht versucht es ja einer von euch.«

Unser aller Blicke wanderten zu Odette. Sie hatte die ideale Körperstatur und von Berufs wegen das richtige Fingerspitzengefühl, um die zartesten Venen unter der Haut aufzuspüren.

»Ich würde es lieber nicht tun«, flüsterte sie.

Aber Oliver hatte sie schon unter den Achseln ergriffen und mitsamt Rucksack wie eine Feder hochgehoben, dann trug er sie über das Rauchbecken hinweg zum Lotus des Nyorai, der von Nahem betrachtet ebenso wie Kishimojin aus einer modernen Produktionsstätte für Statuen hätte stammen können.

Sie drehte sich schüchtern um, entledigte sich der Last auf ihrem Rücken und lugte in den schmalen Spalt hinter dem Buddha. Dann schob sie ihren linken Arm hinein. Reglos und stumm, die Augen auf den Boden geheftet, konzentrierte sie sich auf ihre tastenden Fingerspitzen.

Plötzlich begann sich ein Teil des gigantischen rechteckigen Rauchbeckens vor der Göttin Kishimojin nach außen zu bewegen.

»Ich habe auf eine Art kleinen Knopf gedrückt«, sagte Odette ebenso überrascht wie wir.

Das Rauchbecken öffnete sich wie ein Rasiermesser, das man aufklappt, und kam im perfekten rechten Winkel zum Stillstand. In der schmalen Öffnung führte eine graue Steintreppe ins Erdreich. Sollte sich das Rauchbecken der kinderfressenden Göttin öffnen und nicht das des Nyorai? Das sah nicht gut aus. Dahinter steckte bestimmt eine böse Absicht.

»Schon wieder?«, klagte ich. »Müssen wir jedes Mal unter die Erde?«

»Was meinst du, wo sich die größten Geheimnisse und die wertvollsten Schätze verbergen?«, entgegnete Ichiro, der bereits auf den Eingang zustürzte.

Auf ein Neues, sagte ich mir resigniert und fragte mich, wann ich das Sonnenlicht oder die Wolken oder die mit Autos verstopften Straßen wohl wiedersehen würde. Wo wir diesmal landen würden, wenn wir die Prüfung bestanden hätten. Oliver, der mir meine Gedanken im Gesicht abzulesen schien, klopfte mir im Vorbeigehen aufmunternd auf den Rücken und folgte Ichiro in die Öffnung. Ich ließ Odette und Gabriella den Vortritt und bildete wie vorher Morris das Schlusslicht. Dieses ständige Denken an ihn machte mir klar, dass es noch ein Weilchen dauern würde, bis ich ihn ganz vergessen haben würde. Das wünschte ich mir wirklich. Es waren keine schönen Erinnerungen.

Wir stiegen die Steintreppe hinunter und mussten die Taschenlampen einschalten. Offensichtlich verfügten die Kogas über grenzenlose Taschenlampen-Vorräte – vielleicht stellten sie ja selbst welche her – und dazu noch über ein gut funktionierendes Beschaffungssystem und eine perfekte Logistik. Wie hätten sie sonst unsere Rucksäcke so schnell und effektiv mit allem Nötigen ausstatten können? Aber nachdem ich den Wagen mit dem Sicherheitspersonal vor dem Bordell in Yoshiwara gesehen hatte, wunderte ich mich eigentlich über gar nichts mehr. Vielleicht wäre es gar keine schlechte Idee, meine Galerie zu schließen und ein Bestattungsunternehmen zu eröffnen, denn dem ging die Kundschaft nie aus.

Ich weiß nicht, wie viele Stufen wir hinabstiegen, würde aber schätzen, dass sie ungefähr drei Stockwerken eines normalen europäischen Gebäudes entsprachen. Nachdem wir ungefähr zehn Minuten durch einen langen Tunnel marschiert waren, gelangten wir wie üblich zu einer Art Diele, nicht sehr groß, aber mit einer Metalltür mit Griff, obwohl sie diesmal etwas anders aussah: Sie wirkte wie eine dieser Luken auf U-Booten, die nicht bis auf den Boden reichen und rundherum einen Rahmen haben. Wir ließen uns von ihrem schlichten Aussehen nicht täuschen, denn wir wussten, dass es in

Wirklichkeit eine gepanzerte Tür mit Eisengriff war, die Saito hatte einbauen lassen.

Wenigstens herrschte unter der Erde nicht solch eine Hitze wie oben. Ganz im Gegenteil. Die arme Odette, die beim Nyorai ordentlich geschwitzt hatte, musste niesen.

»Mach schon auf, Ichiro«, drängte Oliver. »Ich bin neugierig.«

Ichiro zog an dem Griff und konnte die Tür nur mit Mühe öffnen, gerade genug, um hineinzuschlüpfen. Schlagartig gingen kräftige Lichter an, und von oben war zu hören, wie sich das schwere Rauchbecken wieder schloss.

»Was zum Teufel ist das?«, fragte Ichiro, als er in dem hellen Raum verschwand.

Die Luken-Tür verharrte nicht in ihrer Position. Sie wollte wieder zufallen, und als auch Odette hineinschlüpfen wollte, mussten Gabriella und ich sie festhalten, damit sie nicht zerquetscht wurde. Die verfluchte Tür wollte sich schließen und wir konnten nichts dagegen tun.

»Stellen wir einen Rucksack dazwischen«, schlug Gabriella vor.

»Gute Idee«, sagte ich, nahm meinen ab und stellte ihn zwischen Tür und Rahmen. Zu sehen, wie mein robuster Bergsteigerrucksack zerquetscht wurde wie ein Stück Butter, beeindruckte mich derart, dass ich nicht auf den Raum achtete, den wir gerade betreten hatten. Deshalb wurde ich von Olivers merkwürdig erstickter Stimme überrascht.

»Aber … Was ist denn das? Sollen wir jetzt auch noch singen?«

14

DER GESANG DES WALS

Wir wussten nicht, was das hätte sein können. Es wirkte wie das Studio eines alten Radiosenders. Wände, Boden und Decke des Raumes waren nicht nur schalldicht, sondern absorbierten auch einen Teil der Geräusche. Unsere Stimmen klangen so sauber, dass sie uns merkwürdig vorkamen. Der Raum an sich war größtenteils mit einer Art Pyramiden mit stumpfen Spitzen ausgekleidet, ähnlich den Eierpaletten, allerdings in einem düsteren Dunkelgrau. Alles war dunkelgrau. Deshalb wirkte das Deckenlicht ziemlich grell. Es schien sich tatsächlich um ein großes Tonstudio zu handeln.

Allerdings fehlte auf dem Tisch ein Mikrofon, es hing auch keines von der Decke herab. Was ist schon ein Tonstudio ohne Mikrofon? Oliver hatte sich offensichtlich geirrt, singen müssten wir wohl nicht. Der große Tisch entpuppte sich als altes Mischpult mit einem Haufen kleiner Knöpfe und vier alten grün schimmernden Monitoren – diese voluminösen mit Kathodenstrahlröhren –, die alle eingeschaltet waren und in der Mitte horizontale Linien aufwiesen.

»Was sollen wir denn damit machen?«, fragte Gabriella mit großen Augen.

»Wenn es euch nichts ausmacht«, antwortete ich und zerstörte damit die Magie des Augenblicks, »könntet ihr mir erst helfen, meinen Rucksack zu retten. Ich habe ihn an den Rahmen gelehnt, damit sich die Tür nicht von alleine schließen kann, und wie ihr sehen könnt, ist er ziemlich ramponiert.«

»Du meine Güte!«, rief Odette, als sie das sah.

»Ich weiß, aber ich konnte ja nicht wissen, dass die Tür eine solche Kraft hat. Sie ist schwer, aber das allein hat meinen Rucksack nicht derartig zusammengedrückt.«

»Es muss einen speziellen Mechanismus geben«, mutmaßte Oliver, wagte aber nicht hinzuzufügen, was wir alle dachten: Morris hätte ganz genau gewusst, welche Vorrichtung diese Tür bewegte oder um welche Art Tür es sich handelte.

Oliver und ich drückten sie mit vereinten Kräften so weit nach außen, dass Ichiro meinen deformierten Rucksack herausziehen konnte. Zum Glück waren nur die *bentō*-Boxen kaputtgegangen. Der Rest war in Ordnung, obwohl an manchem Essensreste klebten. Ich lehnte ihn an die schalldichte Wand, und die Tür schloss sich mit einem metallischen Klicken und blockierte. Innen hatte sie keinen Griff, weshalb wir schon wieder an einem seltsamen Ort gefangen waren. Ich warf einen Blick aufs Handy: Wir hatten keinen Empfang. Null.

»Lasst uns mal schauen, worum es diesmal geht«, sagte Ichiro und steuerte das Mischpult an.

Wir stellten uns neben ihn und musterten gemeinsam die alten Monitore und das Mischpult in seiner glänzenden Aluminiumhülle. Odette hatte den genialen Einfall, mit feuchten Reinigungstüchern für die Hände über die gesamte Konsole zu wischen und die feine, kaum sichtbare Staubschicht zu entfernen, die sich in zwanzig Jahren in diesem hermetisch verschlossenen Raum darauf abgelagert hatte. Nur ihr konnte so etwas in den Sinn kommen.

Ich zählte die Knöpfe der ersten Säule und dann die der ersten Reihe, es waren fünfzehn mal fünfundzwanzig Knöpfe, also insgesamt dreihundertfünfundsiebzig, dazu noch vier an der Oberkante, die keine echten Knöpfe waren, sondern weiße Potentiometer. Moment mal, sagte ich mir, das hier ist kein Mischpult. Auf einem echten Mischpult wären die dreihundertfünfundsiebzig kleinen schwarzen Knöpfe (wie Klingelknöpfe an Haustüren) alle Potentiometer oder Dimmer. Das waren sie aber nicht.

»Das ist kein Mischpult!«, rief Oliver, der zum gleichen Schluss gekommen war. »Wo sind die Öffnungen für Mono und Stereo? Und die Rückkanäle? Die Pegeleinstellung, der Panoramaregler für das Panning, die Balance-Kontrolle … Gibt es alles nicht!«

Seine wachsende Empörung füllte die Leere unseres verblüfften Schweigens. Der Kerl kannte sich aus.

»Was?«, fragte er verunsichert, als er sah, dass wir ihn merkwürdig anstarrten.

»Du hast uns mit deinen technischen Kenntnissen einfach überrascht«, erwiderte ich lachend.

Da lachte er auch.

»Ich habe in Liverpool lange in einer Diskothek als DJ gearbeitet«, erklärte er. »Von der Street Art kann man nicht leben. Hin und wieder lege ich immer noch auf, um ein paar Pfund zu verdienen.«

»Natürlich kann man von der Street Art leben!«, knallte ihm Gabriella gnadenlos an den Kopf. »Schau dir Blek le Rat an, Banksy und viele andere! Verschanz dich bloß nicht hinter so einem Vorwand. Wenn du hart arbeitest, dich anstrengst und das Ziel nicht aus den Augen verlierst, dann wirst du es auch schaffen.«

Oliver starrte sie befremdet an. Wie konnte sie es wagen, ihm, einem echten Künstler, zu sagen, dass er von seiner Kunst leben könnte, wenn er nur genug Durchhaltevermögen aufbrächte? Mir war schon klar, dass Oliver wie viele andere

Künstler davon träumte, über Nacht von einem großen Händler oder einem wichtigen Galeristen entdeckt zu werden, der ihn endgültig in den Olymp des Ruhmes und des Erfolges katapultierte. Leider funktioniert das heutzutage so nicht mehr. Echte Künstler schaffen es nur noch auf den Markt, wenn sie im Netz mit einem Profil auf sich aufmerksam machen, vor allem auf Instagram. Nur eine hohe Zahl an Followern bewirkt, dass Händler und Galeristen wie ich auf sie aufmerksam werden.

Aber Oliver wollte nicht mit Gabriella streiten. Jetzt war es wichtiger, herauszufinden, was wir mit dieser Konsole anstellen sollten.

»Los, Oliver«, sagte Ichiro und trat zur Seite. »Versuch's mal. Du kennst dich am besten damit aus.«

»Glaubt mir, ich verstehe so wenig wie ihr. Aber mal sehen, was ich tun kann.«

Er beugte sich über den Tisch und musterte aufmerksam die Dimmer und Knöpfe sowie die vier Monitore mit der hellgrünen horizontalen Linie vor dunkelgrünem Hintergrund. Dann schien er eine Entscheidung getroffen zu haben und drückte mit dem linken Zeigefinger auf den ersten Knopf in der ersten Reihe.

Eine laute Auto-Hupe ließ uns zusammenzucken. Fast wäre uns das Trommelfell geplatzt. Verflucht, es war, als stünde das Auto direkt hinter uns! Ich erinnere mich, nach oben geschaut und zwischen den Spitzen der Isolierschicht viele kleine Lautsprecher entdeckt zu haben, alle in demselben verdammten Dunkelgrau. Wenn man nichts davon wusste, waren sie zwischen den Deckenstrahlern kaum zu erkennen. Aber es waren viele, und sie alle hatten eindeutig gute Verstärker.

Als die schreckliche Hupe erklungen war, hatte die gerade Linie auf dem ersten Monitor eine Welle gebildet.

»Können wir nicht die Laustärke runterdrehen?«, fragte Gabriella aufgebracht.

Aber Olivers Finger lag schon auf dem zweiten Knopf der ersten Reihe und drückte ihn. Odette, Gabriella und ich hielten uns die Ohren zu, auf das Schlimmste gefasst. Es war ein lauter Glockenschlag zu hören, gefolgt von zwei weiteren, drei insgesamt. Also wirklich, schon der erste hätte uns mit Taubheit schlagen können! Es wirkte, als stünden wir mitten im Glockenturm einer großen Kathedrale. Die grüne Linie auf dem zweiten Monitor wies drei aufeinanderfolgende Zacken von gleicher Höhe und Breite auf.

»Probier bitte mal aus, ob man mit einem der vier Potentiometer die Lautstärke herunterdrehen kann«, rief Gabriella.

Oliver drückte noch einmal auf den zweiten Knopf und drehte während des wundervollen Glockengeläuts hektisch an allen vier weißen Knöpfen.

»Das bringt überhaupt nichts!«, sagte er betrübt. »Die sind vollkommen nutzlos.«

»Aber wir haben keine Kopfhörer, um unsere Ohren zu schützen!«, protestierte ich. Die Lautstärke würde uns zwar nicht das Trommelfell perforieren oder Ohrenbluten verursachen, aber sie war trotzdem kaum zu ertragen.

»Wir könnten die Earpods der Handys benutzen«, schlug er vor. »Das hilft vielleicht.«

In der Tat, sie halfen ein wenig, aber nicht viel. Mir wären gute Kopfhörer mit aktiver Geräuschunterdrückung lieber gewesen, aber so was hatten die Kogas nicht in unsere Rucksäcke gepackt. Ich vermisste meine alten Kopfhörer, deren Schaumstoff das ganze Ohr umschlossen. Was hätte ich in dem Moment dafür gegeben!

Beim dritten Knopf erklang ein fliegender Hubschrauber. Die Linie des dritten Monitors zeigte dabei viele kleine Wellenlinien im gleichen Abstand wie der Klang der Rotoren. Nach einer halben Stunde und dem Drücken von dreihundertfünfundsiebzig verfluchten Knöpfen hatten wir gehört: bellende Hunde, verschiedene Maschinen, Demonstrationszüge, Geräusche von Kinderspielzeug, unterschiedliches Vogelgezwitscher, Schläge, Klatschen, Musikinstrumente, Schüsse, zufallende und sich öffnende Türen, alle möglichen Summtöne, Wasserplätschern, Ventilatoren, das Entkorken von Flaschen, Miauen, Staubsauger, Lichtschalter, ein Orchester, das seine Instrumente stimmte, Wind, Wellengang, Morsezeichen … Ich kann mich wirklich nicht an alle erinnern. Außerdem kam irgendwann der Moment, an dem du so durcheinander warst, dass du keinen Klang mehr vom anderen unterscheiden konntest, was so weit ging, dass ich einen Pfiff mit der Sirene eines Rettungswagens verwechselte. Es war eine Klanghölle. Und bevor sie zu Ende war, mussten wir noch bremsende Autos, das Ticken und den Kuckucksruf von Uhren, Regen, Explosionen, den Flug einer Fliege, Feuerzeuge und Streichhölzer, Hammer und Meißel ertragen. Ein Wahnsinn. Ganz zu schweigen von den Klängen, die wir nicht zuordnen konnten, und das waren viele.

Mit jedem neuen Klangeffekt war auf dem Monitor die passende Klangwelle zu sehen, und wenn wir bei dem vierten angekommen waren, ging es auf dem ersten wieder von vorn los.

Schließlich drückte Oliver den letzten Knopf. Es war sprudelndes Wasser in einem Topf zu hören und dann nichts mehr. Leere. Frieden. Stille. Eine wunderbare Stille, für die nicht nur mein Gehirn und meine Ohren dankbar waren, sondern mein ganzer Körper, als wäre die Erfahrung für Nerven, Muskeln und Knochen gleichermaßen schmerzhaft gewesen. Ich war vollkommen erschlagen und kraftlos. Fast wäre ich zu Boden gesunken. Und so ging es nicht nur mir.

Gabriellas Gesicht war blass, fast durchsichtig, und auf ihrer Stirn standen Schweißperlen. Odette lehnte an den stumpfen Spitzen der Wand, als könne sie sich nicht mehr auf den Beinen halten, und hatte die Augen fest geschlossen. Ichiro saß im Schneidersitz auf dem Boden und schien zu meditieren, obwohl sein Gesicht zum ersten Mal, seit ich ihn kannte, schmerzlich verzogen war. Oliver und mir ging es zwar nicht ganz so schlecht, aber wir waren dennoch fix und fertig. Ich wollte mindestens zwei, drei Jahre nichts mehr hören, wirklich gar nichts.

Lange Zeit verharrten wir stumm und reglos, zermürbt von den Klangprügeln. Nach einer ganzen Weile stand Ichiro langsam auf und holte eine seiner *bentō*-Boxen aus dem Rucksack.

»Wir sollten was essen«, sagte er mit schwacher Stimme. »Dann geht es uns wieder besser.«

Selbst seine Stimme störte mich. Er hätte nichts sagen müssen, nur auf den *bentō* zeigen müssen, wir hätten schon verstanden. Ich spürte Kopfschmerzen aufziehen und machte Odette ein Zeichen, dass sie mir bitte eine Schmerztablette geben möge. Sie verstand sofort – die anderen brachen angesichts meiner Pantomime in schallendes Gelächter aus. Zumindest löste das Lachen die Anspannung, und am Ende verteilte Odette uns allen die Schmerztabletten wie Bonbons. Ich hätte nie gedacht, dass laute Geräusche so vernichtende körperliche Auswirkungen haben können. Ich hörte gern etwas lauter Musik, aber das hätte mich nie und nimmer so krank gemacht. Vielleicht wirkten sich Musik und unzusammenhängende Geräusche unterschiedlich auf den Organismus aus.

Wir aßen schweigend, ohne die Ohrstecker herauszunehmen – sie waren mit uns verschmolzen wie unser Immunsystem –, und überlegten dabei, was wir mit dieser Ansammlung von Klängen anfangen sollten. Bisher hatten die Prüfungen in Bezug zur Malerei gestanden (nun ja, mit Ausnahme des Ninja-Hauses), und wir hatten uns dank unserer jeweiligen Kenntnisse mehr oder weniger gut geschlagen. Aber annähernd vierhundert unterschiedliche Klänge …? Was sollten wir damit anstellen?

Als wir mit dem Essen fertig waren, blieben wir einfach vor unseren leeren *bentō*-Boxen (meine war nur noch ein Häufchen Holzsplitter) sitzen. Keiner hatte eine Ahnung, wie es weitergehen sollte. Einige sanken nach hinten und machten ein Nickerchen, obwohl ich nicht glaube, dass in dem Moment jemand wirklich schlafen konnte. Es war eher die Notwendigkeit, sich auszuruhen und die Augen geschlossen zu halten.

»Es ist keinerlei Falle aktiviert worden«, murmelte Gabriella leise.

»Vielleicht gibt es keine«, sagte Odette.

»Die Prüfung ist ziemlich schwierig«, flüsterte Oliver. »Es fehlen nur noch Stacheln, Messer und Senfgas.«

»Saito hat hier eine Wendung von hundertachtzig Grad gemacht«, flüsterte Ichiro. »Was wissen wir von Klängen?«

»Nichts«, stammelte ich verstört. »Wir wissen nichts.«

Alle schwiegen nachdenklich. Ich warf einen Blick auf die Konsole mit den Monitoren. Mein müder Verstand machte sich sofort daran, die Formen der grünen Linien auf den Monitoren zu analysieren. Vier Monitore mit vier vollkommen unterschiedlichen Kurven, die den letzten vier Klängen entsprachen. Und sie hatten nichts miteinander zu tun, hatten nichts gemein. Die Formen waren absolut verschieden. Aber wie bei Geldautomaten, Apps oder Webseiten oder gar einigen Smartphones schienen die vier Monitore den vier Kästchen zu entsprechen, in die man einen Code eingeben musste.

Ich erstarrte. Die vier Zahlen eines Codes. Das war es! Wir mussten aus den verdammten Klängen einen Code herausfiltern. Vier aus dreihundertfünfundsiebzig.

Ich spürte wieder das altbekannte, seltsame Kribbeln im Gesicht und sah zu Gabriella hinüber. Sie blickte mich ebenfalls an, eindringlich, begehrlich, und lächelte zugleich sanft.

»Hubert hat die Lösung gefunden«, verkündete sie voller Bewunderung in der Stimme und ohne den Blick von mir abzuwenden, als könnte sie tief in meine Seele blicken. Ich konnte das plötzlich auflodernde Feuer in meinem Innern vermutlich auch nicht besonders gut kaschieren. Noch nie hatte ich eine Frau so begehrt, nicht einmal Annelien, und die hatte ich wirklich geliebt. Oder vielleicht auch nicht. Aber Annelien war nicht mehr da. Seit ich Gabriella in Paris kennengelernt hatte, war die Erinnerung an Annelien verblasst.

»Im Ernst, Hubert?«, wunderte sich Oliver. Er richtete sich auf und stützte sich auf den Ellbogen. »Du hast die Lösung gefunden?«

»Nein, ich habe sie nicht gefunden«, erklärte ich. »Aber mir ist eine Idee gekommen, die vielleicht einen Sinn ergibt.«

»Nun mach schon, erzähl es uns«, drängte mich Ichiro mit breitem Lächeln.

»Wir müssen aus vier Klängen einen Code bilden«, erklärte ich. »Und die vier Wellen dieser Klänge müssen nacheinander auf den Monitoren auftauchen.«

»Einen Code?«, wunderte sich Ichiro. »Aber was denn für einen Code?«

»Genau das müssen wir herausfinden«, erwiderte ich sarkastisch.

»Wenn es Zahlen wären«, fügte Gabriella hinzu, »könnten wir es mit wichtigen Jahreszahlen aus van Goghs Leben probieren. Oder aus Saitos Leben.«

»Vielleicht lassen sich die Jahre mit Klängen symbolisieren?«, schlug Odette vor.

»Wie denn?«, wollte ich wissen.

Sie war entwaffnet.

»Ich weiß es nicht«, gestand sie schüchtern. »Ich dachte nur, das wäre eine gute Idee.«

»Also, die Zahl eins wäre ein Streichholz, das angerissen wird«, kam Gabriella ihr zur Hilfe. »Die Zahl zwei das Miauen einer Katze, die drei eine Explosion …«

»Genau!«, rief Odette begeistert. »So was in der Art. Aber sie müssen einen besonderen Sinn ergeben, etwas mehr, als der Zahl zwei ein Miauen zuzuordnen, versteht ihr, was ich meine?«

»Du meinst«, sagte ich nachdenklich, »wir müssen die Klänge finden, die einen Bezug zu van Gogh und Ryoei Saito haben, und dann die numerische Verbindung zu diesen Klängen suchen.«

»Ja, genau das meine ich«, erwiderte sie lächelnd.

»Aber es sind dreihundertfünfundsiebzig Klänge!«, warf Ichiro ein.

»Und jeden einzelnen noch einmal hören?« Die Vorstellung war entsetzlich.

Er zuckte die Schultern. Meine Kopfschmerzen verstärkten sich, und mir wurde schwindelig – ich litt sozusagen schon im Voraus.

»Es bleibt uns nichts anderes übrig, Hubert«, sagte Ichiro voller Bedauern. »Wenn wir nicht ein wenig Ordnung schaffen, wenn wir nicht einen nach dem anderen die Klänge identifizieren, können wir sie den Zahlen nicht zuordnen. Wenn wir die Bezüge herausgefunden haben, könnten wir es zum Beispiel mit dem Jahr 1853 probieren, als Vincent in Zundert geboren wurde, oder mit dem Jahr 1876, als er aus der Galerie seines Onkels hinausgeworfen wurde und plötzlich Minister der Reformierten Kirche der Niederlande werden wollte. Oder mit dem Jahr 1880, als er sich entschloss, Maler zu werden …«

»Oder mit wichtigen Jahren in Saitos Leben«, fügte Gabriella hinzu.

»Ich würde sagen, die wichtigen Jahre in Saitos Leben stehen in Bezug zum *Bildnis des Dr. Gachet*«, schlussfolgerte Ichiro. »Zum Beispiel das Jahr 1990, als er das berühmte Gemälde bei Christie's New York ersteigerte, oder 1991, als ihm die Steuern von 24 Millionen Dollar aufgebrummt wurden und er auf einer Pressekonferenz verkündete, das *Bildnis des Dr. Gachet* mit ihm zusammen verbrennen zu lassen. Oder 1993, als er festgenommen und eingesperrt wurde …«

»Da würde ich aufhören«, bremste ich ihn. »Danach hat sich Saito nur noch mit seiner Racheaktion beschäftigt.«

»Warum machen wir nicht eine Liste«, rief Oliver lachend und richtete sich schwerfällig auf wie ein Greis. »Ich glaube, ihr wollt nur Zeit schinden, um die Klänge nicht noch einmal hören zu müssen. Also los, an die Arbeit. Wer schreibt mit?«

Während er langsam zu der Konsole ging, holten Ichiro, Odette und ich unsere Handys heraus und machten uns bereit, alles zu notieren. Gabriella, die einen Permanent-Marker im Rucksack hatte, würde die Zahlen neben die Knöpfe schreiben. Am frühen Nachmittag war ich davon überzeugt – ich weiß nicht warum –, dass wir schon bald fertig sein würden und im Hotel zu Abend essen könnten. Vielleicht, weil alles auf einem guten Weg zu sein schien und es das Schwerste sein würde, die Liste zu erstellen, was schließlich auch kein so großer Aufwand sein konnte. Wir setzten wieder die Kopfhörerstecker ein (die wir inzwischen herausgenommen hatten), und schon hatten wir wieder das Vergnügen, den ersten der dreihundertfünfundsiebzig Klänge zu hören: die Hupe.

Aber ich irrte mich gewaltig. Es wurde immer komplizierter. Die schwierigsten Klänge, die nicht eindeutig zu benennen waren, führten zu langweiligen Diskussionen, die viel Zeit kosteten. War es der Gesang von Zikaden oder das Pfeifen eines Schneesturms in den Bergen? War es der Gesang eines Wals oder das Muhen einer Kuh? Es zog und zog sich derart, dass es Zeit zum Abendessen wurde und wir immer noch kein Ende absehen konnten. Wir waren gerade mal bis zum hundertfünfzigsten Klang gekommen. Das sah wirklich nicht gut aus, und keiner von uns hatte Lust, die Nacht in dieser Höhle zu verbringen.

Beim Essen platzte uns fast der Kopf. Wir hatten nicht nur hundertfünfzig dröhnend laute Klänge gehört, sondern mussten einige mehrfach wiederholen, bis wir sie identifiziert hatten (und waren uns trotz langer Debatten nicht ganz einig). Dazwischen brauchten wir immer längere Pausen, um nicht verrückt zu werden. Saito musste gewusst haben, dass diese Prüfung härter war als die vorherigen, denn bisher waren wir von gefährlichen Ninja-Waffen mit Chronometern verschont geblieben. Gabriella, die als unser Gefahrenseismograf fungierte, behauptete, dass man nicht mit Gewissheit sagen könnte, ob es nicht doch etwas Ähnliches gebe, auch wenn die Foltermaschine sich noch nicht in Gang gesetzt hatte. Sie vermutete, dass wir nur deshalb noch keiner Gefahr ausgesetzt gewesen waren, weil Saito uns Zeit zum Denken eingeräumt hatte.

Kurz nach Mitternacht konnten wir nicht mehr. Odette fühlte sich regelrecht krank. Sie murmelte, dass sie sich nur noch hinlegen und nichts mehr hören wollte. Gabriella war wieder leichenblass. Auch Oliver musste sich unbedingt hinlegen, sonst würde er vor lauter Müdigkeit und den anhaltenden grässlichen Kopfschmerzen zusammenbrechen, gegen die auch die Tabletten nichts mehr ausrichten konnten. Mir ging es genauso. Ich wollte nur weg und nach Hause. Abhauen wie Morris. Ich würde das Ganze keine Minute länger ertragen.

Wir kamen überein, die Luftmatratzen und Schlafsäcke herauszuholen und die Nacht dort zu verbringen (natürlich nicht freiwillig, aber wir konnten nicht weg, selbst wenn wir gewollt hätten). Schlafen war nicht nur eine Notwendigkeit, sondern eine so starke körperliche Dringlichkeit, wie ich sie noch nie im Leben verspürt hatte – nicht nur, weil mir die Augen zufielen und ich nicht länger wach bleiben konnte, sondern weil Schlaf aus irgendeinem Grund wichtiger war als alles andere auf der Welt. War es eine Reaktion des Körpers auf die akustische Folter? Bestimmt, denn es ging uns allen so. Kaum waren wir in die Schlafsäcke geschlüpft, waren wir schon eingeschlafen, das kräftige Deckenlicht störte dabei überhaupt nicht. Ich, der normalerweise nur im Dunkeln schlafen konnte, fiel unter dem gleißenden Licht regelrecht ins Koma. Und es war nicht das Licht, das mich mehrfach schweißgebadet aufschrecken ließ, es waren die Klänge, die sich in meinem Unterbewusstsein festgesetzt hatten und in meinem Kopf weiterdröhnten.

Als ich wieder einmal aus dem Schlaf hochschreckte, setzte ich mich auf, rieb mir die Augen, strich mit der Hand über meinen Bart und blickte mich erschöpft um. Trotz schlechter Laune und Kopfschmerzen wurde mir schlagartig klar, welche Klänge mich wiederholt geweckt hatten. Und ich wusste, ich hatte die Lösung gefunden.

15 DIE ZAHLEN DER LOTTERIE

Danach konnte ich kein Auge mehr zumachen, weil meine Gedanken in einer Endlosschleife um meine Entdeckung kreisten. Ich hätte die anderen gern lauthals geweckt (ja lauthals), um ihnen zu sagen, dass wir jetzt hier rauskämen, wann immer wir wollten, aber die Erinnerung an unseren Zustand hielt mich zurück: die dunklen Schatten unter den Augen, schwindlig, geschwächt, erschöpft …

Außerdem war mir erst nach meiner Erleuchtung aufgefallen, dass Gabriellas Schlafsack so dicht neben meinem lag, dass ich sie im Schlaf betrachten konnte. Das Oval ihres Gesichts war wunderschön, eingerahmt von einem Heiligenschein aus blondem Haar, das im kräftigen Deckenlicht leuchtete. Wie schön sie war! Sie wirkte einfach unwiderstehlich auf mich. Die Müdigkeit war schlagartig von mir abgefallen und einen Augenblick lang hatte ich wegen Gabriella Amato aus Mailand, Italien, alles andere vergessen.

Ich hätte für immer ihren Schlaf bewachen können, wurde jedoch schlagartig von der kruden Realität eingeholt. Warum zum Teufel betrachtete ich eine Frau, die unerreichbar für mich war? Wie konnte ich mir nur einbilden, dass sie sich für *mich* interessierte, den unglückseligen Hubert Kools, dem seine Ex-Frau mit einem Arbeitskollegen Hörner aufgesetzt hatte? Sie war eine große Schönheit und Künstlerin und ich ein mittelmäßiger Galerist kurz vor der Pleite, der in der Kunstwelt obsolet geworden war. Ich musste sie mir unbedingt aus dem Kopf schlagen. Sie als etwas Unerreichbares ansehen, als Zeit- und Energieverschwendung, als absurde, hoffnungslose Ablenkung.

Ich warf einen Blick auf die Uhr. Es war halb sieben. Zeit, meine Gefährten zu wecken und ihnen zu erzählen, was ich entdeckt hatte. Mit verkrampftem Herzen warf ich einen letzten Blick auf Gabriella und murmelte leise:

»Ach, verdammt, Gabriella! Ich glaube, ich habe mich in dich verliebt.«

Selbstverständlich konnte sie das nicht hören, ich hörte es ja selbst kaum. Sie schlief tief und fest, die Augen geschlossen und die Atmung regelmäßig. Eine Augenbraue war leicht hochgezogen; vermutlich hörte auch sie noch immer Uhren, Ventilatoren, Schläge, Glockengeläut …

Ich krabbelte aus dem Schlafsack und strich mir Hemd und Hose glatt, so gut ich konnte. Als ich gerade die Schuhe anzog, richtete sich Ichiro ebenfalls auf.

»*Ohayō gozaimasu*, Hubert«, sagte er verschlafen.

»Auch dir einen guten Morgen, Ichiro«, antwortete ich, holte die Wasserflasche aus meinem Rucksack und trank einen großen Schluck.

Oliver reagierte auf unsere Stimmen, als hätte man neben seinem Ohr einen Schuss abgefeuert: Er sprang auf, mit Schlafsack und allem, und schaute sich auf der Suche nach einem Angreifer in alle Richtungen um.

»Guten Morgen!«, sagte ich beeindruckt. »Was für eine Nummer!«

Er entspannte sich sogleich und lächelte.

»Ich habe von den Klangeffekten geträumt«, stammelte er zu seiner Rechtfertigung.

»Genau das ist mir auch passiert«, erwiderte ich und fuhr mir mit einem Feuchttuch übers Gesicht. »Aber nur, bis ich die Lösung des Problems gefunden hatte. Danach war ich vollkommen ruhig«, log ich.

Ichiro und Oliver starrten mich mit großen Augen an, und Odette murmelte regungslos vom Boden aus:

»Weißt du jetzt, welche Klänge für welche Zahlen stehen?«

In dem Moment öffnete Gabriella den Reißverschluss ihres Schlafsacks von innen, um die Arme auszustrecken.

»Wieso war ich mir so sicher, dass du das Rätsel lösen wirst?«, murmelte sie mit einem Lächeln.

»Also, ich hatte keine Ahnung«, erwiderte ich. »Mehr noch, ich würde sagen, mein Gehirn hat mir die Lösung im Schlaf eingeflüstert, ohne dass ich bewusst etwas dazu beigetragen hätte.«

»Im Ernst?«, fragte Oliver voller Bewunderung.

»Ganz im Ernst«, erwiderte ich. »Ich habe vier bestimmte Klänge gehört, als ich aufwachte. Die vier Klänge des Codes.«

»Du hast von ihnen geträumt?«, fragte Odette amüsiert und kroch ebenfalls aus dem Schlafsack. »Wie jemand, der von den richtigen Zahlen der Lotterie träumt?«

»Das ist keine Lotterie«, erklärte ich und biss in einen Keks. »Der Code ist keine zufällige Zahlenreihe. Er ist absolut logisch und kohärent. Ein bisschen kniffelig, das schon, aber sehr genau.«

Alle starrten mich stumm an, in der Erwartung, dass ich ihnen das Geheimnis endlich offenbare. Der Ausdruck ihrer Gesichter war so witzig, dass ich auflachen musste.

»Mach schon, Hubert, lass dich doch nicht so lange bitten!«, schimpfte Gabriella.

»Los, wenn du nicht sofort redest, bringe ich dich um!«, rief Oliver.

Da musste ich nur umso mehr lachen.

»Ist ja gut«, sagte ich schließlich. »Lasst mich noch die Kekse aufessen, dann erkläre ich es euch.«

»Kommt nicht infrage!«, entgegnete Gabriella und riss mir die Kekspackung aus der Hand. »Entweder du redest jetzt, oder du wirst für immer den Mund halten, weil wir dich alle zusammen umbringen!«

Ich streckte flehend die Hand nach meinen Keksen aus, aber der mörderische Blick dieser wunderschönen grünen Augen ließ mich zurückschrecken.

»Ist ja gut«, gab ich klein bei. »Aber hinterher will ich meine Kekse wiederhaben!«

»Du kriegst deine Kekse schon«, sagte Gabriella und schob die Packung unter ihren Schlafsack. »Aber jetzt rede endlich!«

Mit einer theatralischen Geste strich ich mir das Haar aus der Stirn und setzte mich auf meinen Schlafsack. Die anderen ließen sich ebenfalls nieder, als säßen wir an einem Lagerfeuer und erzählten uns Schauergeschichten.

»Erinnert ihr euch daran, was im Totenreich passiert ist?«, fragte ich. »Wenn wir in den Pariser Katakomben mit dem Licht die richtige Farbe von Julien Tanguy getroffen hatten, oder wenn wir die Dimmer zu lange nicht bewegten?«

»Klar«, sagte Gabriella, »wie sollte man das vergessen? Es war ein Vibrieren im Boden zu spüren, und gleich darauf sprossen die spitzen Metalldornen des …«

Sie zögerte, weil sie das Wort vergessen hatte.

»*Tetsubishi*«, ergänzte Ichiro. »Die Ninja-Waffen, die Hubert und mir die Füße zerschnitten haben.«

»Genau«, bestätigte ich. »Aber was haben wir vor jedem Vibrieren und Austreten der Dornen gehört?«

»War da was zu hören?«, fragte Odette irritiert.

Oliver grinste von einem Ohr zum anderen. Er konnte sich noch gut daran erinnern, und gerade war ihm eingefallen, dass

227

wir das Geräusch vor gar nicht allzu langer Zeit wieder gehört hatten.

»Ja, ja, es war eine Art hohes Piepen. Ein Piepen!«

Ichiro, Odette und Gabriella pressten die Lippen zusammen und versuchten stirnrunzelnd, sich zu erinnern. Doch ich gönnte ihnen keine Verschnaufpause, vor allem, weil ich meine Kekse wiederhaben wollte.

»Und erinnert ihr euch an den wunderbaren Klang im Ninja-Haus?«, fuhr ich fort. »Jedes Mal, wenn wir dem Angriff der *fukibari* ausgesetzt waren, den Messern, die von der Decke baumelten, oder den *shuriken*?«

»Der *uguisubari*!«, rief Ichiro mit gerecktem Arm wie in der Schule. »Der Nachtigallenboden.«

»Der Gesang der Nachtigall!«, entfuhr es Odette, in deren Kopf der Klang widerhallte, aber nicht wegen des Ninja-Hauses.

»Und was sagt ihr zu dem unangenehmen Geräusch, das die Wolken aus weißem Pulver ankündigte, das uns die Augen …?«

»*Metsubushi*«, unterbrach mich Ichiro.

»… das uns beim Ausmalen vom *Schlafzimmer in Arles* im Ishiyakushi-Tempel Augen und Lungen verätzte?«

»Auweh, dieses grässliche, schrille Zischeln!«, schnaubte Gabriella und schlug unbewusst die Hände vors Gesicht. »Dieses grässliche *Zisss*!«

»Genau!«, bestätigte ich. »Und ich glaube auch nicht, dass ihr schon das metallische Klicken vergessen habt, als die Drachen im Labyrinth von Yoshiwara Feuer spuckten? Dasselbe metallische Klicken, das uns in den G-Can Nummer zwei stürzen ließ.«

»Das Klicken!«, rief Odette, die den Zusammenhang erfasst hatte.

»Das Klicken der *unryū* auf dem Kimono der *oiran* von Keisai Eisen …«, fügte Ichiro hinzu.

»Großartig, Hubert!«, lobte mich Oliver lachend. »Jetzt fehlt nur noch, dass du recht hast.«

»Wenn er das nicht hat«, orakelte Gabriella und gab mir die Kekspackung zurück, »werden wir sehr leiden müssen. Und er am meisten. Dafür sorge ich persönlich.«

»Haben wir die Nummern der vier Klänge notiert?«, fragte Odette.

»Nein«, beschied ihr Ichiro. »Wir sind gestern nur bis zweihundertzehn gekommen. Aber mir scheint, wir müssen nur noch einen Klang finden. Ich könnte schwören, dass ich mindestens drei bereits notiert habe.«

»Und ich bin mir sicher, schon alle vier gehört zu haben«, behauptete Gabriella.

»Ich auch«, erklärte ich. »Aber beim ersten Mal, als Oliver alle Knöpfe drückte. Später, keine Ahnung.«

Die arme Odette stieß einen Seufzer der Resignation aus, holte von irgendwoher ihre Kopfhörer und steckte sie sich in die Ohren.

»Ich bin so weit«, verkündete sie mit schmerzerfülltem Gesicht. »Bereiten wir dieser Tortur ein Ende.«

Zu unserem Pech mussten wir feststellen, dass keiner die Klänge notiert hatte, von denen wir jetzt wussten. In unseren Notizen gab es weder ein Piepen noch Vogelgesang, der einer Nachtigall nahekam, noch elektrisches Zischeln oder Klicken. Wir hatten ähnliche Klänge festgehalten, aber als wir den entsprechenden Knopf drückten, klang der Ton nicht annähend identisch. Doch ich war fest davon überzeugt, dass ich die vier Klänge des Codes im Schlaf gehört hatte. Die anderen ebenfalls. Irgendetwas stimmte nicht.

Als wir uns sicher waren, dass wir mindestens noch einen Ton finden mussten, wie Ichiro gesagt hatte, beschlossen wir, die Klänge von Nummer zweihundertzehn bis zum Ende durchzuhören, denn jetzt wussten wir wenigstens, was wir suchten, und würden ihn erkennen.

Und so geschah es. Zwei Stunden später hörten wir bei Knopf Nummer dreihundertdreiundzwanzig das unverwechselbare metallische Kreischen des *uguisubari*, des Nachtigallenbodens, und hätten wir den Klang nicht im Kopf gehabt, hätten wir das seltsame Fiepen irgendeinem anderen Vogel zugeordnet.

Wir waren uns nicht sicher, ob wir wegen der drei anderen Klänge bis zum Ende weitermachen oder zum Anfang zurückkehren sollten, aber unsere Verzweiflung und Hinfälligkeit (dazu die Kopfschmerzen) ließen uns vernünftig sein, daher beschlossen wir aufgrund irgendeines Wunders, für das ich dankbar war, fortzufahren. Und entfesselten damit natürlich die Katastrophe, die von Anfang an auf uns gelauert hatte.

Denn beim weiteren Knöpfe-Drücken verschwand die Klangwelle des Nachtigallenbodens vom zweiten Monitor und machte Platz für die Welle des neuen Klangs. Und diesmal gab es keine Vorwarnung, abgesehen von der Tatsache, dass Gabriella unerwartet zusammenzuckte und ein ängstliches Gesicht zog. Als wir uns zu ihr umdrehten, hatte der Regen schon eingesetzt.

Mit dem kräftigen Licht und dem schalldämpfenden Material an den Wänden hatten wir die seltsamen Objekte schlicht übersehen, die sich aufgrund ihrer dunkelgrauen Farbe ebenso wie die Lautsprecher perfekt in die Decke einpassten. Als sie sich in Bewegung setzten, gaben diese Objekte einen ähnlichen Ton von sich wie eine Sprinkleranlange, die man zur Gartenbewässerung benutzt. Nur dass sie uns nicht mit frischem Wasser benetzten, sondern mit kochendem. Es war ein feiner Regen, der uns bei lebendigem Leib verbrühte, wo auch immer er mit der Haut in Berührung kam.

»Die Schlafsäcke!«, schrie Ichiro. »Benutzt die Schlafsäcke!«

Odette schrie auf vor Schmerz, während Oliver zu seinem Schlafsack stürzte und ihn ihr überwarf. Ich weiß nicht, wie, aber ich bedeckte Gabriella mit dem erstbesten Schlafsack, den ich greifen konnte, und umarmte sie fest, um mich selbst vor dem heißen Regen zu schützen. Wir alle wiesen an Händen, Armen und Gesicht rote Flecken und Verbrennungen auf, und die nasse Kleidung brannte auf der Haut, denn diese Objekte an der Decke waren leider keine sanften Rasensprenger, sondern Sprinkler wie zum Löschen von Bränden, und es waren viele, so viele, dass einige von ihnen an denselben Stellen kochendes Wasser abgaben, weshalb uns die Schlafsäcke nicht ausreichend schützten und die vollgesaugten Luftmatratzen schwer wie Steine waren.

»Schaut mal in die Ecken!«, rief Gabriella und löste sich aus meinen Armen. »Dort ist es trocken!«

In den vier Ecken des Raumes gab es kleine Dreiecke, in die das Wasser aus den Spritzen nicht hingelangte. Wenn die Lautstärke der Klangeffekte uns krank und wahnsinnig gemacht hatte, würde uns dieser feine Lavaregen endgültig ein Ende bereiten. Ich presste mich verzweifelt in den Winkel zwischen den beiden Wänden, wobei mir heißer Regen über Haar und Bart lief, und zerdrückte mit dem Rücken die stumpfen Spitzen des Isoliermaterials, aber das war mir egal. Das Wasser reichte nur bis zu meinen Schuhspitzen. Noch liefen mir zwar vereinzelte Tropfen über Gesicht und Kleidung, aber der nasse Schlafsack schützte mich zum Glück wie ein Regenmantel. Die anderen auch.

»Seid ihr in Ordnung?«, rief Ichiro, der sich in dieselbe

Ecke geflüchtet hatte wie Odette. Beide zusammen kamen nicht annähernd an Olivers oder meine Körpermaße heran.

Als wir ihm schon antworten wollten, setzte der Regen unvermittelt aus. Wir hörten das Sprinklergeräusch ausklingen, und es fiel kein Wasser mehr von der Decke.

»Ich wusste, dass das passieren würde«, rief Gabriella bekümmert und ließ den dampfenden Schlafsack fallen. »Ich wusste es.«

Der gesamte Raum war nass, und aus dem angestauten Wasser, in dem unsere Luftmatratzen schwammen, stiegen dichte Dunstsäulen auf. Jetzt verstand ich die Bedeutung der U-Boot-Luke.

»Zumindest wissen wir jetzt, was wir tun müssen«, schimpfte Ichiro. »Sollte es wieder regnen, stellt sich jeder mit der Isomatte in eine Ecke.«

Die dünnen Isoliermatten steckten trocken im Rucksack, weil wir auf den Luftmatratzen geschlafen hatten. Wir stellten sie bereit für die nächste heiße Dusche.

Leider hatte der Regen die Klangkonsole nicht zerstört. Sie war zwar nass geworden, funktionierte aber perfekt. Und die verhassten Lautsprecher waren gänzlich trocken geblieben. Jetzt war unsere nasse Kleidung wirklich eine Last und wurde bei Abkühlung immer ungemütlicher, weshalb wir die Wechselkleidung aus den Rucksäcken holten und uns umzogen, auch wenn wir wussten, dass es noch drei weitere Male passieren könnte. Schuhe und Strümpfe legten wir zum Trocknen auf die Rucksäcke und blieben barfuß.

»Los, weiter geht's«, sagte Oliver und stellte sich wieder an den Tisch.

»Ja, lasst uns besser weitermachen«, stimmte Gabriella zu. »Saitos Zeitmesser läuft schon wieder.«

Ungefähr eine Stunde später fanden wir mit Knopf dreihundertfünfundsechzig das Klicken der Drachen aus dem Labyrinth.

Anfangs waren wir uns nicht sicher. Es war so laut und wir derart müde und überdrüssig, dass wir ein Klick hörten, das aber auch ein Krick sein konnte, und wir fast ins Streiten gerieten. Oliver drückte ein weiteres Mal auf den Knopf und probierte zugleich die weißen Potentiometer aus. Am Vortag hatten wir festgestellt, dass die Potentiometer nichts nützten, aber diesmal seltsamerweise schon. Plötzlich ließ sich die Lautstärke auf ein erträgliches Maß herunterdrehen. Diejenigen, die gerade gesprochen hatten, verstummten verblüfft, und Oliver drückte mehrmals auf den Knopf und filterte den Klang, worauf das Klicken klar und deutlich zu hören war.

Das war eine historische Entdeckung. Wären wir nicht so erschöpft gewesen, hätten wir Freudensprünge gemacht. Um wirklich ganz sicher zu sein, drückte Oliver noch einmal den Knopf dreihundertdreiundzwanzig mit dem Nachtigallenboden, und tatsächlich, mit den weißen Reglern ließ sich auch hier die Lautstärke so perfekt drosseln und das Kreischen so weit filtern, dass deutlich zu hören war, dass Metall an Metall rieb und es kein Vogelgesang war.

Jetzt hatten wir zwei Klangwellen des Codes auf zwei Monitoren. Wir wussten nicht, ob an der richtigen Stelle (wir glaubten, wenn es eine richtige Reihenfolge geben sollte, dann die der Holzschnitte auf van Goghs Bild), aber zumindest waren die Wellen sauber und scharf gezeichnet. Trotz der Zahlen machten wir sicherheitshalber auch Fotos.

Langsam sollten wir aber zum Ende kommen, also drückten wir zwei weitere Knöpfe. Beim ersten verschwand die Welle des Klicks der Drachen auf dem letzten Monitor, weshalb wir rasch unsere Isomatten schnappten und in die Ecken liefen. Diesmal waren wir schnell genug und standen schon geschützt, als die ersten Tropfen fielen. Es regnete exakt zwei Minuten kochendes Wasser, und als es wieder aufhörte, wirkte der dampfende Raum wie eine Sauna, und wir verließen schwitzend unsere schützenden Ecken. Die Schuhe hatten wir wieder anziehen müssen, weil das Wasser inzwischen in Knöchelhöhe stand, und obwohl es sich mit dem erkalteten mischte, war es immer noch so heiß, dass sich unsere Füße rot färbten und anschwollen.

»Wir müssen eine Lösung dafür finden«, sagte Ichiro.

»Dann aber schnell«, spottete Gabriella. »Denn der nächste Klang wird die Welle der Nachtigall löschen.«

»Mit anderen Worten«, sagte Odette zögerlich, »es gibt garantiert Regen.«

»Absolut garantiert«, bestätigte Gabriella.

»Aber wir haben nichts in den Rucksäcken, das uns helfen könnte«, sagte Oliver. »Wir haben nur dieses eine Paar Schuhe, und in denen schwimmt es bereits.«

»Wie wär's«, meinte ich zögerlich, »wenn wir die Rucksäcke in die Ecken legen, uns auf sie draufstellen und abwarten, bis das Wasser abgekühlt ist?«

»Wir kommen hier nie raus!«, klagte Gabriella. »Wir verlieren zu viel Zeit!«

»Das ist eine gute Idee, Hubert«, meinte Ichiro. »Ich glaube, das ist das Einzige, was wir tun können. Die Rucksäcke haben einen stabilen Aluminiumrahmen.«

»Meiner ist nicht mehr so stabil«, sagte ich und zeigte auf das verbogene Gestell.

»Doch«, versicherte mir Ichiro. »Er wird dein Gewicht locker tragen, und zudem wirst du wegen der Deformation bequemer darauf stehen als wir auf unseren.«

»Stimmt«, bestätigte Oliver, der ihn sich genauer angesehen hatte. »Er ähnelt jetzt einem Stuhl.«

»Lasst uns bitte weitermachen«, flehte Gabriella. »Ich werde immer nervöser, wenn wir innehalten.«

Also legten wir die Rucksäcke in die Ecken (ich tauschte meinen mit Odettes, damit sie es bequemer hatte), und obwohl sie ein wenig herausragten, konnten wir problemlos darauf abwarten, bis sich das Wasser abgekühlt hatte. Das taten wir nach dem nächsten Klang, als der kochende Regen erneut einsetzte. Diesmal fiel er sehr dicht herab, und das Wasser dampfte, als hätte es gleich seinen Siedepunkt erreicht. Es fehlte nur noch das Sprudeln. Die heiße Luft war kaum noch zu atmen.

Wir arbeiteten den ganzen Nachmittag und verzehrten zwischendurch unseren restlichen Proviant. Zum Glück waren wir gut hydriert und mussten nicht viel trinken. Natürlich mussten wir auch Flüssigkeit loswerden … Aber lassen wir das. Was in dem Raum geschah, bleibt für immer in dem Raum.

Es hatte sich herausgestellt, dass die Potentiometer nur bei wenigen Klang-Codes funktionierten, wie zum Beweis, dass es die richtigen waren. Angesichts des ohrenbetäubenden Lärms und des Wissens, dass man nur vier tatsächlich drosseln konnte, war das schwer zu ertragen. An jenem Nachmittag des zweiten Tages fanden wir, inzwischen fast taub, bei einer weiteren Runde bei Nummer zweihundertdreißig das *Zisss*, das elektrische Zischeln aus dem 3-D-Schlafzimmer in Arles, und als die Welle verschwand, wurden wir einem neuerlichen heißen Regenguss ausgesetzt. Doch inzwischen reichte uns das erkaltete Wasser bis zu den Knien, weshalb wir nur ein wenig erhöhte Temperatur (und Wasserspiegel) spürten, mehr nicht. Es gab auch keine Dispute mehr, weil der Einsatz der Potentiometer uns bestätigte, dass der Klang zum Code gehörte. Jetzt fehlte nur noch einer, und der musste notgedrungen zwischen Knopf zweihundertdreißig (*Zisss*) und dreihundertdreiundzwanzig (Nachtigallenboden) liegen, also beeilten wir uns, bereit, unser Gehör zu verlieren, statt noch einen Tag länger dort verbringen zu müssen.

Und schon hatten wir ihn gefunden, Knopf Nummer zweihundertsechsundfünfzig. Wir brauchten nicht mehr zu streiten oder den Klang zu filtern, um zu wissen, dass das hohe *Piep* eindeutig unser Piepen aus dem Totenreich war. Oliver drosselte die Lautstärke und musste nur noch einmal die anderen drei Knöpfe drücken, damit die entsprechenden Klangwellen auf den Monitoren auftauchten. Das hohe Piepen zeigte sich auf dem dritten Monitor, obwohl es der Klang der ersten von Saitos Fallen gewesen war, aber wir beließen es dabei und versuchten herauszufinden, ob sich nach den anderen drei Klangwellen irgendwo eine Tür öffnete. Aber es geschah nichts. Na ja, doch. Wir bekamen den letzten kochenden Regenschauer ab, und das Wasser stand bereits höher als die Schwelle der U-Boot-Luke, weshalb wir vom Wasser hinausgetragen werden würden, sollte sie sich öffnen und uns freilassen.

Wie schon vermutet, mussten wir die Klänge in die Reihenfolge der jeweiligen Holzschnitte auf van Goghs Bild bringen. Nichts leichter als das. Wir drückten die Nummern, um die Klangwellen in die richtige Reihenfolge zu bringen, und da sie bereits (wenn auch ungeordnet) auf den Monitoren abgebildet waren, erfolgte kein weiterer Schauer, und die Klänge malträtierten auch nicht mehr unsere strapazierten Trommelfelle.

Als wir den letzten Knopf drückten, die Nummer dreihundertfünfundsechzig, und die Klangwelle des Klicks der Drachen auf dem grünen Monitor sichtbar wurde, öffnete sich inmitten der folgenden wunderbaren Stille ein Stück Wand in Form einer Tür und ließ das angestaute Wasser abfließen.

Erschöpft und schmutzig, von Kopf bis Fuß nass und mit großer Lust, endlich ins Hotel zurückzukehren, suchten wir unsere Sachen zusammen und gingen zu der Tür. Auf der anderen Seite befand sich eine kleine Öffnung im Boden, mit einem Metallgitter, durch die das Wasser abgelaufen war, und eine sehr lange, graue Betontreppe.

»Wo ist der Tisch mit dem Holzschnitt und der Holzmarke?«, fragte Odette.

Irritiert blieben wir stehen. Hatten wir etwas falsch gemacht? Fehlte noch etwas?

Vom oberen Ende der Treppe drangen merkwürdige Geräusche zu uns.

»Gehen wir rauf«, sagte Ichiro. »Dann sehen wir schon, was los ist.«

»Und der Holzschnitt und die Holzmarke?«, insistierte Oliver. »Wir können nicht ohne sie gehen.«

»Hier sind sie nicht«, sagte ich müde. »Und dort drinnen waren sie auch nicht. Tun wir, was Ichiro sagt.«

Aber Odette und Oliver wollten sicherheitshalber nachsehen, ob sich nicht doch irgendwo eine weitere Tür aufgetan hatte oder die beiden fehlenden Objekte von der Decke herabgelassen worden waren. Sie kamen noch mutloser zurück.

»Da ist nichts«, murmelte Odette.

Keiner sagte etwas. Langsam folgten wir Ichiro, der schon die Treppe hinaufging. Erschöpft und verletzt wie wir waren, wurde die lange Treppe zum letzten Martyrium dieser verfluchten Prüfung. Um die Füße auf die nächste Stufe zu hieven, lehnten wir uns müde ans Geländer und drückten uns mit den Händen ab. Und als wir endlich oben angekommen waren, standen wir vor einer weiteren Tür. Sonst nichts. Eine Tür voller alter Schlösser und Riegel, durch die gedämpft recht seltsame Geräusche drangen. Ichiro wurde nervös.

»Das kann nicht sein«, murmelte er, als er die vielen Schlösser öffnete.

Offensichtlich doch. Als wir die Tür öffneten, wurden wir von gleißenden Neonlichtern in knallbunten Farben sowie dem ohrenbetäubenden Gebimmel von unzähligen Spiel- und Musikautomaten attackiert, dazu das Geräusch von laufenden Industriemaschinen. Das Ganze wirkte wie ein überdimensioniertes Casino aus Las Vegas, allerdings saßen hier kettenrauchende Japaner (in Japan darf man in den Lokalen rauchen, aber nicht auf der Straße) vor den Spielautomaten.

In dem Moment erklang ein lautes Hupen, und jemand brüllte etwas auf Japanisch durch ein Mikrofon. Ein paar wenige sahen uns ausdruckslos an, und wie aus dem Nichts tauchten zwei Typen auf, die wie Geschäftsführer aussahen und auf uns zueilten.

Was für ein surreales Ende für diese erschöpfende Prüfung.

Die Tür, durch die wir gekommen waren, schloss sich von selbst, und wir sahen, dass sie sich in nichts von der Wand unterschied; mit den gleichen Neonlichtern und Schildern wie die restliche Wand, als hätte sie sich nie aufgetan. Die Anzugmänner waren bei uns angekommen und verbeugten sich unzählige Male tief, bevor sie uns mit ausgestreckten Armen und den Blick auf den Boden geheftet (soll heißen, mit dem größten Respekt) eine schwarze Plastiktüte mit einem *ukiyō-e*-Holzschnitt und einer Holzmarke aushändigten.

16 DIE SCHÖNE DAME AUF DEM HOLZSCHNITT

Wir hatten einen buddhistischen Tempel betreten, der einer kinderfressenden Göttin geweiht war, und waren in einem *pachinko*-Lokal herausgekommen, wie Ichiro erklärte, als wir uns inmitten von Menschenmassen auf der Straße wiederfanden, die sich an diesem warmen Abend auf das *obon*-Fest, das Totenfest, einstimmten.

Ichiro hatte per Telefon einen Wagen geordert und erklärte uns, die wir wie schmutzige und nasse weiße Gespenster auf unseren schmuddeligen Rucksäcken saßen, dass *pachinko* – eine Mischung aus Geldspielautomat und *arcade*-Spiel – seit über einem Jahrhundert das populärste Spiel in Japan sei, beliebter noch als Videospiele. Nach dem Zweiten Weltkrieg hatte sich das *pachinko* für die besiegte, deprimierte Bevölkerung regelrecht zur Sucht entwickelt, eine Sucht, die seither unaufhaltsam zunahm. Und das, obwohl es dabei gar nicht um Geld ging, denn Glücksspiel war in Japan verboten. Die Spieler kauften, gewannen oder verloren nur Metallkügelchen, die sie später gegen vollkommen legale und einfache Geschenke einlösen konnten. Aber weil die *pachinko*-Lokale von der *yakuza* betrieben wurden, gab es natürlich immer irgendeinen Laden in der Nähe, in dem man die einfachen Geschenke gegen klingende Yen-Münzen eintauschen konnte.

Gabriella und auch wir anderen wunderten uns, dass die

Lokalbesitzer den schwarzen Plastikbeutel mit dem Holzschnitt und der Holzmarke dreiundzwanzig Jahre lang aufbewahrt hatten.

»Das ist nichts Außergewöhnliches«, erklärte Ichiro, der ständig nach dem Wagen Ausschau hielt. »Erstens sind wir Japaner im Allgemeinen extrem verantwortungsbewusst, und ein Versprechen zu halten ist ausgesprochen wichtig, eine Frage der Ehre. Wenn Saito eine feste Abmachung oder gar einen schriftlichen Vertrag mit dem Lokal hatte, hätten sie auch hundert Jahre gewartet, bis jemand aus dieser Wand kommt, um ihren Part zu erfüllen und den Beutel auszuhändigen. Das reicht eigentlich zur Erklärung, aber leider muss ich zugeben, dass es eine … wie soll ich sagen, radikalere Version gibt: die *yakuza*, die japanische Mafia, mit der wir in dieser Woche schon zum zweiten Mal zu tun hatten. Wenn Saito seinen Vertrag mit der *yakuza* gemacht hat, dann hätte dieses *pachinko*-Lokal den Beutel selbst dann noch aufbewahrt, wenn es eine Weltkatastrophe gegeben hätte und die Menschheit ausgelöscht worden wäre.«

Ein Minibus hielt vor uns, und der Fahrer öffnete die Türen, wobei er uns anlächelte und mehrmals mit dem Kopf nickte.

»Wir fahren übrigens nicht ins Hotel«, sagte Ichiro auf der Fahrt durch die hell erleuchteten Straßen Tokios. »Wir fahren nach Shizuoka – nach Hause.«

»Warum?«, fragte Odette im Halbschlaf.

»Weil wir vollkommen erschöpft sind«, antwortete er und schloss die Augen. »Die Prüfung war extrem anstrengend. Wir müssen uns richtig ausruhen, bevor es weitergeht. Und macht euch keine Sorgen wegen eures Gepäcks. Es wird noch heute Abend nach Shizuoka gebracht.«

»Willst du dir nicht mal den nächsten Holzschnitt anschauen?«, murmelte ich, schon im Begriff, das Bewusstsein zu verlieren. Es war ein grenzenloser Genuss, in den trockenen, weichen Autositzen zu versinken und im Hintergrund nur das leise Brummen des Motors zu hören.

Aber Ichiro war bereits eingeschlafen und antwortete nicht mehr.

Ich erinnere mich schwach, dass wir irgendwann beim Haus der Kogas eintrafen. Auch an Kentaro, Fumiko und Midori, die uns erfreut in Empfang nahmen, sogar an die Dusche und das anschließende heiße Bad in einer Holzwanne, *ofuro* genannt, nach japanischem Brauch. Aber die beste Erinnerung ist, dass ich auf einem bequemen Futon lag, umgeben von Stille. Absoluter Stille.

Ich träumte von dem Ninja-Haus und schreckte hoch. Als Erstes hörte ich im Garten die Vögel zwitschern, was mich im Traum wahrscheinlich in das Haus mit den Nachtigallenböden geführt hatte. Wenn ich erst wieder mein normales Leben in Amsterdam führte, würde ich wahrscheinlich selbst kaum glauben, was ich in Japan alles erlebt hatte. Es könnte natürlich auch sein, dass ich meine Galerie schließen und nach Mailand ziehen würde …

»Nein«, murmelte ich im Aufstehen. »Nichts von alledem. Was für ein absurder Gedanke.«

Ich öffnete das Fenster und sah, dass uns ein strahlender Tag erwartete, mit wunderbar goldenem Licht und einer unglaublich großen Sonne an einem kobaltblauen Himmel. Wie spät es wohl sein mochte? Ich hatte keine Ahnung, also warf ich einen Blick aufs Handy und stellte fest, dass es fast Mittag war. Ich erschrak. Die Kogas! Das traditionelle Frühstück! Meine Gefährten!

Eine Viertelstunde später stand ich geduscht, rasiert, ordentlich angezogen und ausgeruht wie schon lange nicht mehr im *kuyakuma* … und wäre am liebsten im Boden versunken!

Zu meiner großen Überraschung war nur Kentaro anwesend und in sein Tablet vertieft. Auf dem Sofa neben ihm lag die (offene) schwarze Plastiktüte mit der Holzmarke.

»*Ohayō gozaimasu, Hubert*«, begrüßte er mich freudig, als er mich eintreten sah.

»*Ohayō gozaimasu, Kentaro-san*«, erwiderte ich den Gruß und trat näher. »Wo sind denn die anderen?«

»Fumiko und Midori sind zum Einkaufen in die Stadt gefahren«, erklärte er und legte das Tablet aufs Sofa. »Ichiro und die anderen sind noch nicht wach. Du bist der Erste. Möchtest du frühstücken?«

»Nein, danke«, erwiderte ich. »Aber ich würde gern einen Matcha-Tee mit Milch trinken.«

Er lächelte mich höflich an, um seinen Widerwillen über meinen schlechten Geschmack zu kaschieren, und drückte einen Knopf an der Armlehne. Eine Zehntelsekunde später tauchte einer der Männer im schwarzen Anzug auf, und Kentaro sagte etwas auf Japanisch zu ihm. Der Mann verschwand nach einer Verbeugung, und wir waren wieder allein.

»Ichiro hat uns heute Nacht erzählt«, sagte er mit sorgenvollem Gesicht, »dass diese Prüfung die schlimmste von allen war.«

»Die schlimmste würde ich nicht sagen«, erklärte ich, »aber bestimmt die längste und die anstrengendste. Die Lautstärke war unerträglich. Uns ist fast der Kopf geplatzt.«

»Wie es scheint, habt ihr aber keine Verbrennungen von dem heißen Wasser davongetragen.«

»Heißes Wasser?«, sagte ich lachend. »Wohl eher kochendes Wasser! Aber nein, keiner hat sich verbrannt. Das hat Saito offensichtlich nicht gewollt.«

»Das habe ich auch gedacht«, sagte er, als eine junge Frau meinen Tee brachte und ihn auf den Tisch stellte.

Plötzlich stand Oliver im Raum.

»Hallo«, grüßte er uns fröhlich. »Ich habe noch nie so gut geschlafen!«

Ihm folgten Gabriella und Odette, die angeregt plauderten.

»*Ohayō gozaimasu*«, begrüßte Kentaro sie.

»Wo ist Ichiro?«, fragte Odette.

»Der war schon immer ein Murmeltier«, erwiderte Kentaro lachend. »Er liegt oft lange im Bett.«

Das hätte ich nicht gedacht. Ichiro schien immer unter Strom zu stehen. Aber wenn sein Vater sagte, er sei ein Murmeltier, würde das schon stimmen.

Anschließend wurde uns allen, auch Ichiro, der inzwischen ebenfalls aufgestanden war, ein kleines westliches Frühstück serviert, und Midori und Fumiko kehrten aus der Stadt zurück. Fumiko begrüßte uns ausgesucht höflich und verschwand sogleich, während die erschöpfte Midori neben ihrem Mann auf das Sofa sank und sich zurücklehnte. Der japanische Verhaltenskodex erlaubte ihnen weder, sich zur Begrüßung zu küssen, noch vor anderen zu berühren, obwohl sie verheiratet waren.

»Konntet ihr euch ausruhen?«, fragte Midori freundlich.

Alle bestätigten, dass die Stille auf dem Land uns einen Schlaf beschert hatte, als hätten wir eine Schlaftablette genommen. Ehrlich gesagt gewöhnten wir, die wir sonst ein so geordnetes, ruhiges Leben führten, uns langsam an diesen verrückten, schwindelerregenden Rhythmus. Odette hingegen beteuerte, dass sich ihr Leben in Marseille mit zwei kleinen Kindern gar nicht so anders gestaltete als hier in Japan.

»Ich vermisse meine Kinder sehr«, gestand sie lächelnd. »Doch wenn ich ehrlich bin, waren diese zehn Tage auch wie Urlaub für mich. Nichtsdestotrotz möchte ich bald wieder nach Hause, weshalb ich gerne wüsste, was als Nächstes auf uns zukommt.«

Wollte ich auch bald wieder nach Hause? Nein, ich hatte keine Eile. Niemand wartete auf mich. Meine Galerie war wegen Urlaubs geschlossen, und ich wollte mich auch nicht von Gabriella trennen. Oder vielleicht wäre es besser, mich so schnell wie möglich von ihr zu distanzieren. Es würde weniger wehtun.

»Ja, ich würde das Ganze auch langsam beenden«, sagte ich. »Ich möchte auch gern nach Hause.«

»Dann wollen wir nicht länger warten«, rief Kentaro enthusiastisch. »Während ihr zu Ende frühstückt, erzähle ich euch, was ich über den neuen Holzschnitt herausgefunden habe. Über die Holzmarke habe ich nichts gefunden, wie ihr euch vermutlich denken könnt.«

»Diese Marken sind eine wahre Plage«, klagte Ichiro.

»Ich bin ganz deiner Meinung«, stimmte sein Vater zu. »Aber für irgendetwas müssen sie nützlich sein, wir werden es schon noch erfahren. Kommen wir jetzt zu dem neuen Holzschnitt.«

Er zog aus der Seitentasche seines Rollstuhls eine Mappe und ließ sie weiterreichen, damit wir alle über eine Kopie des Holzschnitts und vom *Porträt des Père Tanguy* verfügten, um das Original mit van Goghs Version zu vergleichen. Diesmal war das Ergebnis nicht ganz so schlimm. Mein Landsmann hatte sich angestrengt und die schöne Dame des Originals sehr sorgfältig ausgearbeitet.

»Glaubt ihr, das ist das Porträt einer Frau?«, fragte Kentaro amüsiert.

Alle nickten.

»Nein, das ist keine Frau, auch wenn es so aussieht«, erklärte er mit breitem Lächeln. »Das ist Iwai Kumesaburō III., der berühmte und große *onnagata* des *kabuki*-Theaters aus dem 19. Jahrhundert.«

»Im *kabuki*-Theater«, erklärte Ichiro, »wurden die Frauenrollen von Männern gespielt, den *onnagata*. Sie waren auf Frauenrollen spezialisiert.«

»Denn obwohl Frauen das *kabuki*-Theater im 17. Jahrhundert als humoristisch-populäres Genre eingeführt haben«, unterbrach Midori ihn, »wurde ihnen von den Tokugawa-Shōgunen verboten, an den Aufführungen mitzuwirken – um die gesellschaftliche Moral zu schützen, wie sie behaupteten. So entstanden die *onnagata*, junge Schauspieler, die in die Frauenrollen schlüpften und kurioserweise auf andere Weise die gesellschaftliche Moral revolutionierten: Homosexualität war bis Mitte des 19. Jahrhunderts eine akzeptierte Lebensform in Japan, bis der Westen mit seinen christlichen Vorstellungen von Sexualität kam und die großen Liebesgeschichten der Samurai-Krieger für immer beendete.«

Kentaro schnaubte ungehalten, aber Midori beachtete ihn nicht weiter.

»Die *onnagata* waren sehr berühmt«, fuhr Ichiro fort, »und hatten große Fangemeinden, die keine Theatervorstellung in Edo oder Kyoto ausließen. Deshalb malten die *ukiyō-e*-Künstler sie in den Kostümen samt Schmuck und Make-up ihrer berühmtesten Figuren. Die Leute kauften Tausende von Holzschnitten ihrer Lieblings-*onnagata*.«

»Aber auch von Schauspielern, die keine *onnagata* waren«, protestierte Kentaro.

»Natürlich«, räumte Ichiro ein. »Die Schauspieler des *kabuki*-Theaters waren richtige Stars wie in Hollywoods besten Zeiten oder auch wie die heutigen Kinohelden. Sie waren so berühmt, dass sie sogar auf der Straße erkannt und angesprochen wurden. Da es damals noch keine Handys gab, um Selfies zu machen, kauften die Leute eben die *ukiyō-e*-Drucke.«

»Dann ist die Frau auf diesem Bild ein Schauspieler«, fasste Gabriella zusammen.

»Genau«, bestätigte Kentaro. »Es handelt sich, wie schon gesagt, um den berühmten *onnagata* Iwai Kumesaburō III., soll heißen, der dritte Schauspieler mit diesem Namen, denn der wurde vom Vater an den Sohn weitergegeben, auch wenn sie nicht blutsverwandt waren. Schauspieler adoptierten andere Schauspieler, die damit ganz legal ihre Söhne wurden und den berühmten Namen des Adoptivvaters erbten. Der Name wurde zur Marke des Interpretationsstils oder der Provenienz gewisser Rollen im *kabuki*-Theater. Deshalb hatte Iwai Kumesaburō III. noch einen anderen Namen, Iwai Hanshiro VIII., und ich habe heute Nacht entdeckt, dass er sogar noch weitere hatte, aber unter diesen beiden war er bekannt. Noch heute tragen die *kabuki*-Schauspieler Namen von berühmten Schauspielern mit der entsprechenden Nummer dahinter. Diese Tradition hat sich erhalten.«

»Dieser Holzschnitt, den ihr in Händen habt«, schnitt ihm Ichiro das Wort ab, weil sein Vater sich von seiner Begeisterung davontragen ließ, »ist das Bild eines anderen wichtigen *ukiyō-e*-Künstlers namens Utagawa Kunisada und gehört zu einer Porträt-Serie von Theaterschauspielern, die er 1861 gemalt hat. Es trägt den Titel *Iwai Kumesaburō III. in der Rolle der Kurtisane Takao aus dem Hause* Miura.«

»Van Gogh hatte bestimmt keine Ahnung«, spottete Oliver, »dass er einen Mann malte, als er den *onnagata* auf das Bild seines Freundes Tanguy kopierte.«

»Deshalb wirkt sie auf van Goghs Bild auch hübscher!«, sagte Gabriella lachend.

»Das *Miura*«, fuhr Kentaro lächelnd fort, »war eines der

berühmtesten und feinsten Bordelle im Yoshiwara-Viertel und die Geschichte von Liebe und Tod der Kurtisane Takao, die dort arbeitete, einer der größten Erfolge des *kabuki*-Theaters.«

»Hast du nicht gesagt, dass das *kabuki* eine Art humoristisch-populäres Theatergenre war?«, fragte Gabriella Midori. »Diese Geschichte von Liebe und Tod klingt mir eher nach Drama.«

»Ursprünglich war es bei seiner Gründung im 17. Jahrhundert ein ausschließlich humoristisches und satirisches Spiel und begann als eine Art Ballett,« erklärte Midori. »Es war ein Tanztheater, daher stammen auch die übertriebenen Gesten der *kabuki*-Schauspieler, und enthielt durch Humor und Satire eine wichtige sozialkritische Komponente. Mit der Zeit kamen mehr tragische und rührselige Geschichten dazu, die noch immer ausgesprochen populär sind. Die Geschichte der unmöglichen Liebe der Kurtisane Takao zu ihrem Freier hat das Publikum Meere an Tränen vergießen lassen. Sie war über ein Jahrhundert hinweg erfolgreich.«

»Und wird heute noch aufgeführt«, ergänzte Ichiro.

»Mit *onnagata*?«, fragte Odette neugierig.

»Ja, mit *onnagata*«, erwiderte Kentaro lachend. »Die weiblichen Rollen werden noch immer von Männern gespielt. Obwohl Schauspielerinnen jetzt kein Problem für die gesellschaftliche Moral mehr darstellen. Es gibt allerdings nur noch wenige *kabuki*-Theater. Die meisten haben die großen Brände von Tokio und den Zweiten Weltkrieg nicht überlebt. Ein paar wenige wurden jedoch mehrfach wiederaufgebaut. Wir Japaner sind sehr stolz auf unsere Theaterkultur.«

»Und wohin führt uns das Bild des *onnagata*?«, wollte ich wissen. »Wieder nach Yoshiwara? In ein anderes Bordell?«

»Nein«, antwortete Kentaro. Er drehte das Bild um und

zeigte auf die Rückseite mit Saitos Botschaft. »Auf einen Friedhof. Hier steht: *Sein Grab.* Und wie ich herausfinden konnte,
befindet sich das Grab von Iwai Kumesaburō III., der mit zwei-
undfünfzig Jahren am 19. Februar 1882 starb, auf dem Friedhof
des buddhistischen Tempels Joshin-ji in Tokio.«

»Wir müssen wieder nach Tokio?«, fragte ich. In diesen
Kremationsofen wollte ich nicht zurück.

»Ja, heute Nachmittag«, bestätigte Ichiro. »Gleich nach dem
Essen. Das viele Fahren tut mir leid, aber gestern Nacht hielt
ich es für eine bessere Idee hierherzukommen.«

»Du weißt gar nicht, wie dankbar wir dir dafür sind,
Ichiro«, sagte Gabriella inbrünstig. »Ich glaube, uns allen gefällt dieses Haus sehr, und wir haben uns hier viel besser erholt
als im Hotel. Ich habe keine Klimaanlage gebraucht, um schlafen zu können.«

Ja, das Haus der Kogas war sehr schön. Ich hätte gern einen
ganzen Tag dort verbracht, um das große Gebäude zu erkun-
den und durch den Garten zu spazieren, aber immer mussten
wir zur nächsten Prüfung hetzen oder uns von der vorigen er-
holen. Wir würden Japan wahrscheinlich verlassen, ohne die
Stadt Shizuoka auch nur gesehen zu haben.

»Müssen wir etwas über den Friedhof des Joshin-ji-Tempels wissen?«, fragte Odette, die langsam ihre Schüchternheit
ablegte.

»Abgesehen davon, dass dieser Tage das *obon*-Fest stattfindet, das jedes Jahr um diese Zeit begangen wird, und der
Friedhof deshalb gut besucht sein dürfte, nichts Besonderes«,
erklärte Kentaro. »Es ist ein normaler Friedhof eines normalen
Tempels. Er ist zwar ziemlich groß, aber vermutlich wird es
euch nicht schwerfallen, Iwai Kumesaburōs Grabstätte zu finden, auch wenn sie über hundertfünfunddreißig Jahre alt ist.
Sie wird sich im ältesten Teil befinden. Ach, da ist doch noch

etwas! Achtet bitte darauf, nicht die *kami* der Toten zu stören, denn sonst verfolgen sie euch auch außerhalb des Friedhofs und machen euch das Leben schwer.«

Ich schaute ihn forschend an, ob er vielleicht scherzte, aber nein, er sagte das vollkommen ernst. In Japan glaubte selbst der rationalste und respektabelste Mensch zutiefst und ohne jeden Zweifel an die Existenz der Geister.

17

ALS GÄBE ES KEIN MORGEN

Am Ende verspäteten wir uns und trafen erst gegen Abend in Tokio ein, weshalb uns keine Zeit mehr blieb, auf den Friedhof des Joshin-ji-Tempels zu gehen und das über hundert Jahre alte Grab von Iwai Kumesaburō III. zu suchen. Stattdessen lud uns Ichiro in ein *kabuki*-Theater ein. Im Hotel zogen wir uns rasch um und machten uns auf den Weg in den Distrikt Ginza, wo in den alten Gässchen zwischen Geschäften und schicken Wohnhäusern das *kabukiza* stand, das wichtigste *kabuki*-Theater der Hauptstadt und eigentlich ganz Japans. Es war ein beeindruckendes Gebäude mit einem schwarz gewellten Schieferdach und einer weißen Fassade, nur die Tür und die Balkone im ersten Stock waren rot gestrichen. Vor den Kassen standen lange Schlangen, aber nachdem einer von Ichiros Sicherheitsmännern mit jemandem vom Theater gesprochen hatte, konnten wir problemlos an ihnen vorbei.

Drinnen war das *kabukiza* riesig, mit einer Menge Sitzplätze aus rotem Samt und einer zwei- bis dreimal so großen Bühne wie die eines europäischen Theaters. Es war so neu, dass es gar nicht wie aus dem Jahr 1889 wirkte. Klar, nach allem, was Kentaro über die Brände und den Krieg erzählt hatte, dürfte der letzte Wiederaufbau noch nicht lange her sein. Und es war brechend voll.

Wir sahen ein *kabuki*-Stück mit dem Titel *Die Zofe des*

Dōjō-ji-Tempels, und das Publikum applaudierte frenetisch, wenn ein neuer Schauspieler in einer uns unverständlichen Situation auftrat, wenn die Schauspieler schnell die Garderobe wechselten … Offensichtlich war der Star des Stücks, Bandō Tamasaburō V., ein großer Star in Japan, nicht nur als einer der besten *onnagata* der heutigen Zeit, sondern auch, weil er viele erfolgreiche Filme gedreht hatte. Ich erinnere mich nur an die Trommeln, die endlosen Dialoge eines Mönchschors, die Musiker, die eine *shamisen* (eine japanische Langhalslaute, einem Banjo ähnlich) spielten und mit gebrochener Stimme hinter den vielen Mönchen sangen, die sich ebenfalls als *onnagata* herausstellten, sowie an die seltsamen, vollkommen schwarz gekleideten Komparsen, die Requisiten über die Bühne trugen und vermutlich unsichtbar und gar nicht da sein sollten. Als Bandō Tamasaburō V. in Frauenkleidung und in Begleitung von schrillen Föten- und Schlagzeugklängen am Bühnenrand entlangtrippelte, erhielt er Standing Ovations.

Ichiro applaudierte wie alle Besucher viel und ausdauernd – natürlich aus unserem westlichen Blickwinkel. Wir vier, die nichts verstanden hatten, klatschten erst am Ende des Stücks frenetisch, denn es hatte uns sehr gefallen, auch wenn wir keine Ahnung von der Handlung hatten. Oliver redete davon, es den alten *ukiyo-e*-Künstlern gleichzutun und auf alle Wände Liverpools *onnagata* zu sprayen, und Gabriella wollte die Namen der berühmtesten *kabuki*-Schauspieler wissen, um sie ebenfalls zu malen oder Büsten von ihnen anzufertigen. Odette und ich hatten einfach nur den Augenblick genossen.

Wir aßen und plauderten angeregt in einem nahe gelegenen Luxusrestaurant und kehrten danach ins Hotel zurück, ohne einen Gedanken an den Friedhof zu verschwenden, den wir am nächsten Tag aufsuchen mussten.

Aber dann war es wieder so weit. Um sieben Uhr morgens

251

hielt der Minibus vor dem Joshin-ji-Tempel und entließ uns mit den schweren Rucksäcken in die schreckliche Hitze. Es war der 15. August, der dritte und wichtigste Tag des *obon*-Festes, und der Tempel wirkte wie das *kabukiza*: Er war bereits um diese Uhrzeit sehr gut besucht, weil das vermutlich der beste Zeitpunkt war, um die Gräber und Mausoleen, die *ohaka*, zu säubern.

Familien mit kleinen Kindern gingen von einem Buddha zum anderen, zogen an den Glockenseilen der Tempel, legten Münzen vor die Statuen und klatschten. Doch die Menschenflut strebte, von den bunten Schirmchen der Frauen beschattet, vor allem auf den Friedhof, weshalb wir uns einfach unter die Leute mischten, die ihren Verstobenen die Ehre erwiesen und vor den *ohaka* beteten.

Traurig wirkte das Ganze nicht, eher wie ein Fest. Die Kinder lachten, und die Erwachsenen unterhielten sich angeregt und hatten wunderschöne Blumensträuße dabei. Überall konnte man sich Plastikeimer, Schöpfkellen aus Bambus und Wasser zum Reinigen der Grabsteine holen.

Als wir auf dem Friedhof angekommen waren, erzählte uns Ichiro, dass dort keine Leichen vergraben seien. Keine einzige, auf keinem japanischen Friedhof. Denn in Japan werden die Menschen nicht begraben, sondern eingeäschert, und ihre Asche wird entweder in einem Tempel verwahrt oder bleibt in der Familie, wenn diese einen Altar für die Urne besitzt. Als Bestattungsunternehmer musste Ichiro das ja wissen, wir bekamen diese Information sozusagen aus erster Hand: Auf diesem Friedhof lagen keine Toten. Es war eher eine öffentliche Parkanlage voller *ohaka*, leere kleine Denkmäler aus Marmor, Zement oder Granit mit den Namen der Verstorbenen, die von den Familienangehörigen regelmäßig gesäubert wurden. Punkt. Ach ja, und jeder *ohaka* verfügte über einen kleinen

Altar für Vasen und Laternen, um Weihrauch abzubrennen und kleine Kerzen anzuzünden, die während des *obon*-Fests den *kami* den Weg wiesen, wenn sie die Welt der Lebenden aufsuchten.

»Wir können nicht Japanisch lesen«, klagte Odette und warf neidische Blicke auf die bunten Schirmchen der Japanerinnen. »Also kann nur Ichiro das Grab von Iwai Kumesaburō III. finden.«

»Stimmt!«, antwortete Ichiro und stellte sich vor eine große Tafel voller mikroskopisch kleiner japanischer Schriftzeichen. Nach längerem Suchen steuerte er schließlich einen Pfad an, der hinter einem der Tempel in ein abgelegenes Waldstück führte. »Hier entlang.«

»Weißt du jetzt, wo das Grab liegt?«, fragte Oliver.

»Natürlich«, antwortete er. »Friedhöfe sind normalerweise strukturiert aufgebaut. Auf der Tafel ist der genaue Standort der jeweiligen Gräber festgehalten. Wie mein Vater schon sagte, befindet sich Iwai Kumesaburōs Grabstätte auf dem ältesten Teil.«

Die Bäume des kleinen Waldes schützten uns vor der kräftigen Augustsonne, aber nicht vor der klebrigen Luftfeuchtigkeit oder den Mücken. Zu beiden Seiten des Weges Gräberreihen, aber natürlich keine frischen. Sie wurden immer älter. Manche waren vernachlässigt, schmutzig und ohne Blumenschmuck, Kerzen oder dergleichen und lagen so dicht nebeneinander, dass es uns mitunter schwerfiel, mit unseren großen Survival-Rucksäcken voranzukommen.

»Die Mönche machen sie bestimmt hin und wieder sauber«, sagte Ichiro voller Bedauern. »Doch wenn während des *obon*-Festes keine Familienangehörigen kommen, verwittern die *ohaka* schnell.«

»Und die Asche dieser Toten?«, fragte Odette.

»Steht hier im Joshin-ji-Tempel«, erklärte Ichiro im Gehen. »Alle Tempel, sowohl die buddhistischen als auch die shintoistischen, verfügen über Nischen, wo die Asche auf Bitten der Familie aufbewahrt wird. Sie bezahlen die Mönche auch dafür, für die *kami* der Verstorbenen zu beten. Heutzutage werden keine großen Friedhöfe wie dieser mehr angelegt, und schon gar nicht mitten in der Stadt, wegen der Bodenpreise. Jetzt werden moderne hohe Gebäude für die Urnen mehrerer Generationen errichtet, wo sie von Mönchen und modernster Technologie beaufsichtigt werden. Sie sehen aus wie der Hauptsitz von Apple oder Microsoft.«

»Und sind echte Friedhöfe«, amüsierte sich Odette.

»Du müsstest diese Gebäude mal sehen«, sagte Ichiro begeistert. »Ihre Architektur ist beeindruckend und stammt von der Avantgarde der japanischen Baumeister.«

Der Pfad war schmaler geworden und noch schwieriger zu begehen. Zum Glück war niemand zu sehen. Es handelte sich um den einsamsten Teil des Friedhofs, was uns vor indiskreten Blicken schützte, wenn wir versehentlich auf alte *ohaka* traten.

»Hier ist es!«, rief Ichiro plötzlich. »Das ist das Grab von Iwai Kumesaburō III.!«

Auch wenn wir wussten, dass es sich nicht um ein Grab im westlichen Sinne handelte, war es ein recht schönes steinernes Denkmal. Ganz anders als die *ohaka*, die wir bisher gesehen hatten. Der breite quadratische Sockel war aus einem einzigen Steinbrocken gemeißelt und ungefähr einen halben Meter hoch, und in der Mitte, wo sich hellgrünes Moos gebildet hatte, stand eine Schale aus Stein. Aus dieser ragte ein Vieleck von einem Meter Höhe, in das in japanischen Schriftzeichen der Name des großen *onnagata* gemeißelt war, und an dessen Oberkante stand eine Figur, die eine Hommage für seine Theaterarbeit sein dürfte, denn sie trug die traditionelle japanische Frauenfrisur. Das *ohaka* war eindeutig sehr alt. An einigen Kanten war der Stein abgebrochen und von einer nicht mehr ganz frischen Moosschicht überzogen. Vor dem quadratischen Sockel stand ein kleiner Altar für den Weihrauch und davor eine kleine Steinmuschel mit schmutzigen Wachsresten. Irgendwann in den letzten hundertfunddreißig Jahren musste jemand zum *obon*-Fest hergekommen sein und eine Kerze angezündet haben. Vielleicht Ryoei Saito selbst, obwohl das Wachs älter wirkte.

Odette war schon dabei, das Denkmal zu säubern. Wir hatten natürlich weder einen Eimer noch eine Bambus-Schöpfkelle dabei, um Wasser über den Stein zu gießen, aber sie schleppte ja immer Unmengen an Feuchttüchern mit sich herum, mit denen sie jetzt über Iwai Kumesaburōs Stein wischte, als wäre er ein schmutziges Kindergesicht. Ichiro lächelte zufrieden.

»Wir sollten ihm Weihrauch und eine Kerze anzünden«, schlug Gabriella vor. »Aus Respekt. Denkt daran, was Kentaro erzählt hat.«

»Hast du Angst, dass Iwai Kumesaburōs *kami* dich sonst nach Mailand verfolgt und dir das Leben unmöglich macht?«, spottete Oliver.

»Liegt vermutlich an der Erziehung«, erwiderte sie gelassen und verjagte die lästigen Fliegen aus ihrem Gesicht. »Als Kind war ich am 1. November immer mit meiner Mutter und meiner Großmutter auf dem Friedhof, um das Familiengrab zu säubern. Ich fand es richtig spannend, dort herumzuschnüffeln. Heute gehe ich gar nicht mehr auf Friedhöfe.«

Ichiro reichte ihr ein Päckchen Weihrauch und eine weiße Kerze von der Größe einer Zigarette. Als guter Bestatter hatte er so etwas immer dabei.

»Hier«, sagte er. »Iwai Kumesaburō III. wird sich bestimmt

sehr geehrt fühlen von deiner Geste und dir seine Dankbarkeit zeigen.«

»Indem er mir erscheint?«, fragte sie erschrocken. Wenn man sich auf einem Friedhof befindet, so unecht er auch sein mochte, vergaß man gern mal das rationale Denken und neigte zu Aberglauben.

»Nein«, erwiderte Ichiro lachend. »Indem er dich mit guten Dingen segnet. Du wirst schon sehen.«

Auch das war reiner Aberglaube, aber ich sagte nichts.

Ichiro entzündete das ungeöffnete Weihrauchpäckchen an einem Ende und reichte es Gabriella. Sie legte es auf den kleinen Altar, wo es sachte zu rauchen begann, dann zündete er die Kerze an, und sie befestigte sie mit ein paar Wachstropfen in der Steinmuschel.

Ichiro legte in Höhe des Gesichts die Hände aneinander und verbeugte sich mehrmals tief vor dem *ohaka*. Aus großem Respekt, dem größten. Wir taten es ihm gleich. Und tatsächlich, wenn man sich so tief verbeugte, empfand man großen Respekt. Egal, vor wem oder was. Die Geste löst das Gefühl aus.

Plötzlich hörte ich, wie sich Stein an Stein rieb, und schaute verwundert auf. Was zum Teufel war das? Es überraschte mich kaum, zu sehen, dass sich das Vieleck auf dem großen Steinsockel drehte und eine Öffnung freigab. In ein Grab, dachte ich besorgt, mussten wir diesmal wirklich in ein Grab hinabsteigen? Ich wusste zwar, dass wir weder Knochen noch Schädel wie in Paris vorfinden würden, aber es blieb ein Grab, noch dazu das eines berühmten Japaners. Mir stellten sich die Nackenhaare auf.

Als der Stein (mit allem darauf) zum Stillstand kam, richteten wir uns langsam und wortlos auf.

»Nach dieser Erfahrung«, murmelte Oliver schließlich,

»werde ich lange Zeit nicht mehr in den Keller meines Hauses gehen. Und das, obwohl wir dort unsere Videospiele spielen.«

»Also ich bin gern unter der Erde«, sagte Ichiro lächelnd und schickte sich an, auf den Steinsockel zu klettern. »Scheint eine Berufskrankheit zu sein.«

»Du solltest mal einen Arzt aufsuchen«, erwiderte ich und folgte ihm.

»Vorsicht mit dem Moos«, warnte er, ohne auf meinen Kommentar einzugehen. »Nicht drauftreten.«

»Würden wir damit Iwai Kumesaburōs *kami* beleidigen?«, fragte Odette.

»Nein«, antwortete Ichiro mit Blick in die Öffnung. »Aber es ist hübsches, altes Moos und verschönert die Grabstätte. Warum sollte man einem Lebewesen unnötigerweise Schaden zufügen?«

»Also ich habe schon einen Haufen Mücken erschlagen, seit wir in Japan sind!«, rief Oliver lachend.

»Mücken sind weder hübsch noch alt«, erklärte Gabriella und stieg hinter Ichiro in das Loch. »Und sie verschönern gar nichts. Sie sind eine Geißel der Menschheit.«

Die Öffnung war ziemlich eng, weshalb wir nicht mitsamt unseren Rucksäcken hineinpassten. Aber trotz der Enge gingen wir schon bald eine weitere lange Zementtreppe hinunter, und es roch stark nach feuchter Erde.

»War es etwa kein Mangel an Respekt von Ryoei Saito, am Grab von Iwai Kumesaburō III. diesen Zugang einbauen zu lassen?«, fragte ich, als ich meine Taschenlampe einschaltete.

Ichiros Stimme kam von weit unten.

»Notgedrungen. Bevor er mit den Arbeiten anfangen konnte, musste er mehrere Geistliche bitten, die Reinigungs- und Vergebungsrituale zu zelebrieren. Und für die Genehmigung natürlich ein Vermögen an den Jōshin-ji-Tempel bezahlen. Die Tempel sind immer knapp bei Kasse.«

Wir stiegen noch eine ganze Weile ins Erdinnere hinab und gelangten schließlich zu dem typischen kleinen Vorraum mit einer Tür. Es war ziemlich kühl dort unten und dieser Temperaturabfall war, so verschwitzt wie wir waren, ziemlich unangenehm. Zumindest handelte es sich diesmal nicht um eine U-Boot-Luke wie im Klangstudio. Es war eine normale gepanzerte Tür mit Griff, die sich hinter uns schließen würde, kaum dass wir eingetreten wären. Ich wünschte uns von Herzen, dass wir diesen Ort nicht allzu lädiert verlassen würden.

Ichiro überlegte nicht lange und öffnete sie. An Längs- und Oberseite des Rahmens waren Löcher und am Türblatt ein eiserner Riegel zu sehen. Ein metallischer Geruch stieg uns in die Nase, aber drinnen war es stockfinster, weshalb wir keine Ahnung hatten, woher er kam. In dem Raum herrschte absolute Dunkelheit, eine Dunkelheit, die mir äußerst unheimlich erschien, wenn man bedachte, wo wir uns befanden. Dann hörten wir, wie sich der Zugang zum *ohaka* schloss, ein Reiben von Stein an Stein. Es wirkte alles irgendwie gruselig.

»Geht diesmal kein Licht an?«, fragte Oliver und ging weiter.

»Nein«, antwortete Ichiro aus dem Inneren und bewegte den Schein der Taschenlampe in alle Richtungen, wobei ein vollständig leerer Raum zu erkennen war.

Die gepanzerte Tür war tonnenschwer und schloss sich von selbst wie die U-Boot-Luke, sobald wir eingetreten waren und ich sie losgelassen hatte. Und wieder setzte sich nach dem Einrasten des Riegels ein Mechanismus in Bewegung: Die Deckenlichter gingen an, und aus dem Boden stieg eine Art Steinaltar auf, der aussah wie ein Sarg. Er bestand aus einem einzigen Gesteinsbrocken und war ungefähr zwei Meter lang und einen Meter hoch und breit. Auf der Oberseite befanden sich jede Menge mehr oder weniger quadratische, aber nicht sehr tiefe Löcher, die sich über eine Fläche von ungefähr vierzig Zentimeter in der Länge und fünfundzwanzig in der Breite ausdehnten.

»Oh nein, nicht schon wieder!«, stöhnte Gabriella, als sie sich die Löcher genauer ansah. »Und jetzt müssen wir wieder raten, was wir damit tun sollen.«

Aber auf Ichiros Lippen lag ein seltsam glückliches Lächeln. »Endlich!«, rief er höchst erleichtert, setzte seinen Rucksack ab und nestelte an ihm herum. In einer Art nervösen Anfall wühlte er mit beiden Armen wie verrückt in dem Rucksack. »Wurde auch Zeit!«

»Die Holzmarken?«, wagte sich Oliver vor.

»Genau!«, rief er, ohne mit dem Wühlen aufzuhören. »Ich wusste, dass sie irgendwann zum Einsatz kommen würden!«

»Die Löcher sind aber nicht alle gleich groß«, stellte Oliver fest.

»Die Marken auch nicht«, sagte ich und beugte mich ebenfalls über den Sarg. »Manche sind eher quadratisch und andere eher rechteckig.«

»Aber die Löcher sind genau so tief wie die Marken dick!«, erklärte Odette.

»Ja, stimmt«, bestätigte Gabriella.

»Da sind sie ja!«, rief Ichiro und hielt triumphierend die Plastiktüte mit sämtlichen Holzmarken hoch, die wir bisher gefunden hatten.

»Wartet mal«, sagte ich und zeigte auf die Wände. »Was ist das?«

Wir waren so auf den Altar und die Marken konzentriert gewesen, dass wir glatt übersehen hatten, dass an den Wandecken ganze Reihen von Metallscheiben in der Größe eines

Tischtennis- oder Golfballs eingelassen waren, die sich im Licht reflektierten. In jeder Ecke sechs Scheiben und so angeordnet, dass sie perfekt zu den sechs Scheiben gegenüber passten. Auf den ersten Blick wirkten sie harmlos und unscheinbar, waren vielleicht nur eine außergewöhnliche Dekoration, aber ich blieb misstrauisch.

In dem Moment zeigte Oliver an die Decke und sagte:

»Dann begrüßt mal unsere alten Freunde.«

Ein Haufen Sprinkler wie die, die uns im Klangstudio mit kochendem Wasser geduscht hatten, schwebten über unseren Köpfen. Diese Sprinkler, diesmal in Hellgrau, waren uns gar nicht aufgefallen, als wir den Raum auf mögliche Gefahrenquellen hin untersuchten, weil Wände, Decke und Boden ebenfalls hellgrau waren.

»Beruhigt euch wieder«, sagte Ichiro, ging in eine Ecke und betastete vorsichtig eine der Metallscheiben. »Das ist nur eine Aluminiumkugel, mehr nicht. Vielleicht hat sie einen Nutzen.«

Gabriella lachte ironisch auf.

»Ganz bestimmt hat sie den! Daran habe ich keinen Zweifel.«

»Warum fangen wir nicht mit den Holzmarken an und verschieben die Probleme auf später?«, schlug ich vor und verspürte einen seltsamen Knoten im Magen.

Ichiro holte die Marken aus dem Plastikbeutel und legte sie neben die Löcher. Es war das erste Mal, dass ich sie alle fünf zusammen sah, und außer einer wiesen alle rätselhafte Gravuren auf. Eine schien ein Blitz zu sein, der quer über die Marke zuckte – wir wussten nicht, ob vertikal oder horizontal. Eine andere hatte einen unregelmäßigen Verlauf wie ein Aktienindex oder ein Gebirgszug. Die nächste zeigte eine kurze Linie, die eine der Ecken vom Rest trennte, und die letzte wirkte wie eine Frauenbrust, die von einem Hügel herabhängt. Oder so was Ähnliches. Alle Holzmarken waren an den Seiten ungefähr sechs oder sieben Zentimeter lang und höchstens zwei Zentimeter hoch.

»Wie viele Löcher gibt es?«, fragte ich und begann zu zählen.

»Ganz einfach«, erwiderte Gabriella. »Drei Reihen und sieben Säulen ergeben einundzwanzig Löcher.«

»Legen wir die Marken einfach rein oder suchen wir vorher nach einer Logik?«, fragte ich.

»Was für eine Logik?«, fragte Oliver überrascht. »Wir haben fünf Marken und einundzwanzig Löcher. Da gibt es keine Logik.«

»Es muss aber eine geben«, murmelte Odette.

»Wartet mal«, sagte ich und ging um den Sarg herum. »Schaut man von rechts auf die Löcher oder im Gegenteil von der anderen Seite? Schaut man von dort drüben oder gegenüber von meinem Standort?«

»Mach es nicht noch komplizierter«, sagte Gabriella tadelnd.

»Was soll das heißen, nicht komplizierter?«, empörte ich mich. »Du erinnerst mich an Morris und seine große Fähigkeit, zu nerven. Ich glaube, nichts ist logischer als das, was ich eben sagte. Wenn das eine Art Puzzle ist, in das unsere Teile passen sollen, von wo aus muss man das Bild also betrachten?«

»Aber wir wissen doch gar nicht, was für ein Bild es ist«, schimpfte sie.

»Genau das will ich damit sagen!«, explodierte ich. »Wir haben keine Ahnung, was unsere fünf Teile in diesem Blind-Puzzle mit einundzwanzig Positionen bedeuten. Und selbst, wenn wir zufällig die fünf Marken in die richtigen Öffnungen legen, bleiben uns immer noch sechzehn leere!«

Ich weiß nicht, warum ich mich derart über Gabriella ärgerte. Vermutlich aus Frustration oder Wut. Ich versuchte sie zu ignorieren, so gut ich konnte, und dann verlor ich die Beherrschung und fing mit ihr zu streiten an. Bravo Hubert, sagte ich mir, du wirst dem Idioten Morris immer ähnlicher.

»Beruhigt euch bitte!«, befahl Oliver, irritiert von unserem Disput.

»Im Grunde kennen wir das Bild des Puzzles«, sagte Odette im Versuch, die Wogen zu glätten. »Wir müssen es kennen, denn keine von Saitos Fallen war bisher ohne einen Zusammenhang. Wir mussten den Holzschnitt oder das Bild erkennen. Vielleicht handelt es sich um ein ganz berühmtes Werk und wir haben es noch nicht erkannt.«

»Und wenn es eine dieser Holzformen wäre, die man in der *ukiyō-e*-Kunst einsetzt?«, fragte Ichiro höchst zufrieden damit, das Problem gelöst zu haben.

Wir alle schwiegen nachdenklich. Tatsächlich hatten wir noch keine Form dieser Holzschnitte gesehen, wenn auch viele Drucke. Der Gedanke führte zum nächsten, und plötzlich schoss mir durch den Kopf, dass Vincent van Gogh nicht nur eigene Bilder gemalt, sondern auch *ukiyō-e*-Holzschnitte kopiert hatte, als gäbe es kein Morgen.

»Das hat eindeutig was mit van Gogh zu tun«, sagte ich laut. »Das muss eines seiner Bilder sein oder eine seiner vielen Kopien der *ukiyō-e*-Drucke.«

Ichiro kam auf mich zu und fragte empört:

»Hast du schon mal daran gedacht, dass van Gogh über sechshundert *ukiyō-e*-Drucke gesammelt hat? Vielleicht sogar doppelt so viele, denn Hunderte davon wurden verschenkt oder sind nach seinem Tod verloren gegangen. Im Amsterdamer Van-Gogh-Museum hängen exakt fünfhunderteinunddreißig aus seinem Besitz. Und weißt du, wie viele davon er womöglich als Zeichenübung, als Entwürfe oder als Bilder kopiert hat?«

Gabriella, die noch sichtlich verstimmt war, sah Ichiro plötzlich merkwürdig an. Seine Worte schienen ein Licht in ihrem Kopf entzündet zu haben. Sie riss ihre grünen Augen auf und rief:

»Van Goghs Raster! Die Löcher stellen van Goghs Raster dar! Und das Bild der Prostituierten im Brautkleid aus der *Paris Illustré*!«

18

IM INTERNET FINDET SICH ALLES

Unversehens stand uns Keisai Eisens Bild der *oiran* im traditionellen Hochzeitskimono mit den fliegenden Drachen vor Augen. Daran sollten wir allerdings nicht denken, sondern an die Kopie, die Vincent mithilfe eines Rasters auf die große Leinwand übertragen hatte: die Version der *oiran*, die 1886 auf dem Titelbild der *Paris Illustré* erschienen war.

Wie wir von Ichiro bereits wussten, hatte van Gogh mit einem Bleistift ein vertikales Rechteck um die Figur gezogen und dieses mit horizontalen und vertikalen Linien unterteilt, wodurch ein Raster mit einundzwanzig Quadraten entstand. Diese Matrix aus drei Säulen mal sieben Linien übertrug er auf die große Leinwand und kopierte anschließend den Inhalt eines jeden Quadrats, nicht ohne vorab einen Entwurf auf Papier angefertigt zu haben, den wir im Haus der Kogas auf einer Kopie hatten studieren können. Ja, kein Zweifel, Gabriella hatte ins Schwarze getroffen, als ihr beim Anblick der Löcher das Raster in den Sinn gekommen war. Vielleicht auch beim Anblick der feinen Linien dazwischen – egal, selbst wenn die Löcher etwas größer waren als die Marken, die Matrix war genau die gleiche.

»Meine Güte, Gabriella, du hast vielleicht Adleraugen!«, entfuhr es Odette voller Bewunderung.

»Künstlerinnenaugen«, korrigierte Oliver sie lächelnd. »Die Augen einer Malerin.«

264

»Hat jemand den Entwurf auf seinem Handy?«, fragte sie.

Ich natürlich nicht. Kentaro gab uns ständig neue Kopien, die ich in einer Mappe sammelte und in meinem Koffer aufbewahrte, der mal im Haus der Kogas in Shizuoka und dann wieder im Hotel in Tokio stand. Es waren wunderschöne Bilder, die irgendwann eine fantastische Erinnerung an dieses Japan-Abenteuer und die Suche nach dem verschwundenen Van-Gogh-Bild sein würden. Warum sollte ich die hochauflösten Drucke abfotografieren? Als Fotos waren sie nichts wert. Im Internet dürfte es Hunderte von diesen Bildern geben, wozu sie zusätzlich aufs Handy laden?

»Nein«, antwortete Oliver für uns alle. »Ich glaube, keiner von uns hat den Entwurf fotografiert. Ich zumindest nicht.«

»Dann sehen wir im Internet nach«, schlug Ichiro vor. »Da lässt er sich bestimmt schnell finden.«

»Du hast es auch nicht auf dem Handy?«, wunderte sich Odette.

»Wozu denn?«, erwiderte er mit schuldbewusster Miene. »Mein Vater kümmert sich schließlich um die Bilder und gibt uns allen eine Kopie, die ich jedoch immer zu Hause oder in meinem Büro in Tokio lasse. Mir ist gar nicht in den Sinn gekommen, ihn um einen Stick zu bitten, weil man doch alles im Internet findet.«

»Ich fürchte nein«, sagte Gabriella gedehnt mit Blick auf ihr Smartphone. »Wir haben keinen Empfang.«

»Wir haben keinen Empfang?«, wiederholte Ichiro aufgeregt, holte sein Handy heraus und fand es bestätigt.

Am Ende wirkten wir wie Fahrgäste, die um sieben Uhr morgens auf die Metro warteten: Alle starrten wie gebannt auf die Displays ihrer Smartphones. Aber es stimmte leider. Unter dem Friedhof gab es kein Netz, nicht mal einen kleinen Balken. Wir waren von der Außenwelt abgeschnitten.

»Schade, dass ich auf diesen Marken nichts von der *oiran* erkennen kann«, murmelte Odette nachdenklich. »Und das, obwohl ich mich ganz genau an das Bild erinnere, sowohl an Eisens Original als auch an das Titelbild der *Paris Illustré*, das allerdings spiegelverkehrt war, ebenso wie van Goghs Kopie.«

Ja, aber es war eine Sache, sich an das Bild zu erinnern, und eine ganz andere, sich an die Details zu erinnern. Dafür brauchte es ein gutes fotografisches Gedächtnis. Vor lauter Sorge, dass auch ich mich nicht erinnern könnte, schloss ich die Augen und ließ vor meinem geistigen Auge van Goghs Bild Gestalt annehmen, seine mithilfe eines Rasters angefertigte kitschige und schlampige Kopie des wunderschönen Holzschnitts von Eisen. Aber ja doch, atmete ich erleichtert auf, da war es. Ich sah nicht nur den Entwurf vor mir, sondern war auch imstande, es in allen Einzelheiten zusammenzufügen. Und ich musste lächeln, als ich erkannte, wie sich das, was mir wie eine über einen Hügel herabhängende Frauenbrust erschienen war, beim gedanklichen Umdrehen der Marke in die Fußspitze der *oiran* verwandelte, die unter dem Saum des Hochzeitskimonos hervorlugte.

Schweigend trat ich an den Steintisch und griff zu der Marke. Alle hatten mich stumm angeblickt, als ich mit geschlossenen Augen dastand, weil sie sich daran erinnerten, dass ich das auch getan hatte, als wir das *Schlafzimmer in Arles* in 3-D ausmalen sollten, denn auf diese Weise konnte ich ein Bild im Geiste millimetergenau erfassen. Und als sie mich zu der Marke greifen sahen, stürzten sie herbei, um zu sehen, wo ich sie hinlegen würde.

Das Problem war nur, dass ich keine Ahnung hatte, wo ich sie hinlegen sollte. In meinem Kopf befand sich die Fußspitze an der unteren linken Ecke des Rasters mit den einundzwanzig Quadraten. Aber wo genau befand sich die untere linke Ecke am Tisch? An der rechten Seite zur Wand, von der Tür aus betrachtet, oder die zur linken Seite? Denn die kürzeren Seiten der rechteckigen Oberfläche des Steinaltars (und deshalb die obere und untere Seite des Rasters) zeigten zu den Wänden.

Klar war mir nur, dass man sie in ein Loch der kurzen Seiten legen musste, um das Bild aus drei langen Säulen mit sieben Löchern und aus sieben kurzen Säulen mit jeweils drei Löchern zusammenzusetzen. Gut, musste ich jetzt den Fuß der *oiran* in das untere linke Loch legen, nennen wir es Fach 1–1, um die Löcher irgendwie zu nummerieren, oder eher in das Fach 7–3, das Loch in der oberen rechten Ecke? Im Falle eines Irrtums würde ich bestimmt den Mechanismus dieser verfluchten Sprinkler-Falle auslösen. Kurz und gut, ich stand mit der Marke in der Hand unentschlossen da und tat nichts.

»Worauf wartest du, Hubert?«, fragte Gabriella ungeduldig.

Mein erster Impuls war, ihr barsch zu antworten, weil sie mich so drängte, aber ich wusste, dass es nur meine Frustration war, die diese Reaktion hervorrief, also beschränkte ich mich darauf, mein Problem zu erklären, ohne sie anzusehen: dass wir nicht wussten, aus welcher Perspektive wir anfangen sollten, und demzufolge auch nicht, welches Fach 1–1 und welches Fach 7–3 war.

»Unsere Chancen stehen *fifty-fifty*«, murmelte Oliver nach kurzem Nachdenken achselzuckend.

»Ich bin dafür, es zu riskieren«, sagte Gabriella. »Es bleibt uns ja nichts anderes übrig.«

»Aber erinnere dich …«, setzte Odette an.

»Ich erinnere mich ganz genau«, schnitt ihr Gabriella das Wort ab. »Und mir ist auch klar, dass wir im Falle eines Irrtums wieder bestraft werden, und wer weiß, wie das ausgeht. Aber ich wiederhole, uns bleibt nichts anderes übrig, als es zu riskieren.«

Das war uns allen klar. Da die rechte Seitenwand (von der Tür aus betrachtet) am nächsten war, kehrte ich an den Tisch zurück und legte die Marke mit der Fußspitze und dem Kimono-Saum in Fach 1–1 der äußersten rechten Ecke. Als ich sie losließ, wurden die Sprinkler aktiviert. Erst da begriff ich meinen Denkfehler.

»Das ist das falsche Fach!«, rief ich alarmiert und nahm die Marke schnell wieder heraus.

»Was du nicht sagst!«, rief Oliver, der sich schon in eine Ecke geflüchtet hatte wie im Klangstudio, um dem kochenden Regen zu entgehen.

Desgleichen Gabriella sowie Odette und Ichiro, die wieder zusammen in derselben Ecke standen. Ohne nachzudenken, stürzte auch ich in die letzte freie Ecke.

»Diese Marke ist fast quadratisch«, sagte ich und spürte, wie sich die Tischtennisbälle in meinen Rücken bohrten und das Wasser herabfiel. »Und das Loch war auch irgendwie quadratisch.«

»Jetzt ist es zu spät«, schnaubte Gabriella verärgert und starrte an die Decke.

Aber diesmal waren die Sprinkler so verteilt, dass es auch in den Ecken regnete. Es gab nirgendwo ein trockenes Plätzchen, und seltsamerweise brannte das Wasser auch nicht. Es war kalt, was bedeutete, wir wurden zwar nass, aber nicht verbrüht. Auch der Druck war schwächer.

In unserer Verblüffung merkten wir nicht gleich, dass uns von hinten eine unangenehme Überraschung drohte. Als Erstes spürte ich ein heftiges Stechen an den Stellen, wo die Kugeln sich in meine Rückseite und den Hinterkopf bohrten, als würde man mich mit riesengroßen Nadeln traktieren. Der Schmerz war unerträglich, und ich spürte, dass mir schwindlig wurde und meine Beine nachgaben. Ich sah, wie sich Oliver in der gegenüberliegenden Ecke in den Nacken griff, als hätte er einen heftigen Schlag erhalten, und zugleich entdeckte ich einen leuchtend blauen Lichtbogen, der sich aus Odettes und Ichiros Ecke zu Gabriellas Ecke diagonal durch den Raum spannte und mit einem merkwürdigen Surren direkt über ihrem nassen Haar in die Wand einschlug.

Ich wollte ihnen sagen, dass es Stromschläge waren, dass aus den Kugeln Elektrizität durch unsere nassen Körper zuckte und nach einem Ausgang suchte, aber als ich den Mund öffnete, wurde mir speiübel, weshalb ich ihn schnell wieder schloss, um mich nicht zu erbrechen. Ich sah Gabriella das Bewusstsein verlieren und zusammensacken, und ich sah, wie Ichiro Odette stützte. Oliver hielt sich nur mühsam auf den Beinen, und Ichiro schrie:

»Legt euch auf den Boden! Auf den Boden!«

Heftiger Brechreiz hinderte ihn am Weitersprechen, und er sank gemeinsam mit Odette zu Boden, musste sich aber zum Glück nicht übergeben. Während er gegen eine neuerliche Welle ankämpfte, zeigte er noch auf die diagonal zwischen den Kugeln hin und her zischenden blauen Lichtblitze, womit er uns sagen wollte, dass zwischen der unteren Kugelreihe und dem Boden genug Platz war, um den elektrischen Schlägen zu entgehen.

Das wunderschöne Spektakel der blauen Lichtblitze, die laut zischend durch den Raum schossen, dauerte kaum ein paar Sekunden. Es setzte unvermittelt aus, ebenso wie der Regen, aber keiner von uns richtete sich auf. Wir fühlten uns krank, litten an heftigen Muskelkrämpfen und spürten ein seltsames Kribbeln im ganzen Körper. Auf dem Bauch liegend und die Wange auf den nassen Boden gedrückt, fragte ich mich, wie es wohl Gabriella ginge, die ich wegen des Steinaltars nicht sehen konnte. Ich fühlte mich schwach und mir war schwindlig, stand aber ganz langsam auf. In dem Moment interessierte mich nichts mehr auf der Welt als zu erfahren, wie es ihr ging.

Auf den Altar gestützt schleppte ich mich zur anderen Seite, wo sie bewusstlos auf dem Boden lag. Auf ihren schlanken Körper waren die elektrischen Ladungen von fünf Kugeln abgefeuert worden, was er nicht ausgehalten hatte. Ich sank neben ihr auf die Knie und überprüfte als Erstes, ob sie noch atmete. Erleichtert stellte ich fest, dass sie lebte, ergriff ihren Kopf und drückte ihn an mich.

»Wach auf, Gabriella«, flüsterte ich leise, während ich sie in meinen Armen wiegte und ihr das nasse Haar aus dem Gesicht strich. »Wach auf, Gabriella, wach auf.«

Oliver war zu Ichiro und Odette gegangen, aber von meinem Platz aus konnte ich keinen von ihnen sehen.

»Wie geht es ihnen, Oliver?«, fragte ich laut.

»Odette ist bewusstlos«, antwortete er. »Ichiro ist okay, ihm ist aber noch schlecht. Haben wir Plastiktüten, falls jemand sich erbrechen muss?«

»Ja, im Rucksack«, sagte ich. »Obere Außentasche links.«

Als ich wieder nach unten schaute, traf mein Blick auf ihre wunderschönen grünen Augen.

»Ich habe dich gehört, weißt du?«, murmelte sie und schloss die Augen langsam wieder.

»Du hast mich gehört?« Ich hatte keine Ahnung, wovon sie sprach, und dachte, sie fantasiere, rede wirr wegen der Stromschläge. »Gut. Kannst du dich aufrichten?«

»Neulich«, flüsterte sie regungslos. »Im Klangstudio.«

Wovon, zum Teufel, redete sie? Langsam machte ich mir Sorgen.

»Ich habe gehört …«, flüsterte sie weiter, »ich habe gehört, wie du sagtest: ›Ach, verdammt, Gabriella! Ich glaube, ich habe mich in dich verliebt.‹«

Sollte ich mir je im Leben gewünscht haben, die Erde möge sich auftun und mich verschlingen, dann in diesem Moment. Ich erstarrte.

»In diesen Dingen bist du ziemlich unbeholfen, weißt du das?«, fügte sie hinzu und sah mich mit verführerischem Augenaufschlag an. »Sag es bitte noch einmal.«

Ich brachte keinen Ton heraus. Eigentlich konnte ich weder atmen noch mich rühren.

»Na gut«, meinte sie enttäuscht, richtete sich auf und rückte mit spöttischem Lächeln von mir ab. »Ich hoffe, du bringst irgendwann genug Mut auf, um es mir direkt zu sagen. Lass mich aber nicht zu lange warten. Wir würden nur Zeit verschwenden.«

Manchmal überstürzen sich die Gedanken und bilden dann eine Linie, so flach wie eine Elektroenzephalografie, soll heißen, es gibt keine Gedanken mehr. So etwas Ähnliches passierte mir. Ich hatte eine Art Filmriss, einen weißen Fleck im Gedächtnis: Die nächsten Minuten meines Lebens sind wie ausgelöscht. Ich erinnere mich an nichts, absolut gar nichts, bis zu dem Augenblick, als ich mit schweißnassen Händen und einem Herzschlag von hundert hörte, dass meine Gefährten mich aufforderten, die Marke endlich in das richtige Fach zu legen, weil wir Gefahr liefen, dass Saitos Chronometer wieder diese verdammten Tesla-Spulen hinter den Metallkugeln aktivierte.

»Seid ihr sicher, dass es Tesla-Spulen sind?«, stammelte ich.

»Ganz sicher, Hubert«, wiederholte Oliver müde, als hätte er es mir schon hundert Mal erklärt. »Ich kenne die Dinger aus den Diskotheken von Liverpool, die sind genial. Wenn du den Rhythmus der Musik mit den Lichterbögen koordinierst, flippen die Leute aus. Das sind natürlich ganz schwache Tesla-Spulen für Veranstaltungen und es gibt einen Haufen Sicherheitshinweise dazu. Ich habe nie einen Schlag bekommen, erst recht keinen wie gerade eben.«

»Mensch, Hubert, leg die Marke rein«, drängte Gabriella.

Gabriella … Mein Herz schlug wieder schneller, und meine Kehle war trocken, was mir einen leichten Hustenanfall bescherte. Ichiro kam zu mir und klopfte mir auf den Rücken.

»Mach schon, Hubert«, animierte er mich. »Sei mutig und sag Gabriella, dass du sie liebst.«

»Was hast du gesagt?«, schrie ich wütend.

Er zuckte zusammen.

»Dass du die Marke in das Fach legen sollst«, stotterte er. »Was hast du denn verstanden?«

»Nichts!«, platzte es aus mir heraus. Ich schien offensichtlich langsam den Verstand zu verlieren.

Wir standen an der linken Wand, weshalb das Fach 7–3 der anderen Seite jetzt das Fach 1–1 und im Gegensatz zu dem anderen quadratisch war, also müsste es das richtige sein. Nicht, dass ich Angst gehabt hätte, die Marke abzulegen, doch meine Hand zitterte, und ich wusste, dass es für eine der Anwesenden lächerlich und pathetisch aussehen musste.

»Mach schon, Hubert!«, befahl mir Gabriella.

Ich legte die Marke in das Fach 1–1. Es passierte nichts. Die Sprinkler rührten sich nicht.

»Gut!«, rief Ichiro zufrieden. »Jetzt haben wir die richtige Ausgangsposition! Weiter geht's, die nächste Marke.«

Aber die verbliebenen vier waren nicht so eindeutig wie die mit der Schuh-Brust. Wir hatten eine glatte, rechteckige Marke; die mit dem Blitz war auch eher rechteckig, und wenn man sich die Löcher ansah, gab es keinen Zweifel daran, dass er vertikal verlief; dann gab es noch die mit dem Strich in der Ecke und schließlich die mit dem Börsenindex mit stumpfen Spitzen.

»Konzentriere dich, Hubert!«, sagte Ichiro und legte mir die unbemalte Marke in die Hand. »Schließ die Augen und stell dir das Bild vor. Wo würde diese Marke hineinpassen? Such die freie Stelle!«

Das tat ich bereits. Am oberen Rand, wo die Stäbe aus der Hochfrisur der *oiran* herausragten, war keine freie Stelle. Auch direkt darunter beim Gesicht und dem weiten Kragen des *uchikake* nicht. Dann folgte schon der Körper im Hochzeitskimono, oben breit und immer schmaler werdend bis zur Schleppe, und dann die leicht verdrehte Schuhspitze der *oiran*. Hey, einen Moment! Es gab eine Stelle im breiten Teil des Kimonos unterhalb von Hals und Schultern.

Ich legte die Marke wieder auf den Tisch und nahm die mit dem vertikalen Blitz zur Hand.

»Wo soll die hin?«, wollte Odette wissen.

Das war mir auch noch nicht ganz klar. Ich wusste, dass sie in die rechte Säule musste, die dritte, denn dort befand sich die Rückenseite des Kimonos. Allerdings zweifelte ich noch, ob sie in Fach 5–3 oder in Fach 4–3 gehörte, denn ich wusste nicht, auf welcher Höhe … Ich schloss erneut die Augen. Wenn die Kimonoschleppe wirklich so lang war wie in meiner Erinnerung, musste sie die beiden unteren Fächer der dritten Säule ausfüllen, die ich im Geiste mit 1–3 und 2–3 nummeriert hatte. Also blieben für den Blitz nur drei Möglichkeiten, nämlich die Falten des Kimonos: die Fächer 3–3, 4–3 oder 5–3.

Ich öffnete die Augen, legte die Marke mit dem Blitz wieder zurück und ergriff die unbemalte Marke.

»Was machst du denn?«, fragte Oliver überrascht.

»Legt euch vorsichtshalber schon mal auf den Boden, falls ich mich irre«, sagte ich, und schon lagen alle auf dem nassen Stein.

Ich wollte diese Marke an die einzig mögliche Stelle legen, die es im ganzen Entwurf gab: die Schleppe, also in die Lochreihe der dritten Säule, wo es neben den zarten Beinen der *oiran* und ihrer leichten Körperdrehung einen einzigen freien Platz gab, im Fach 3–3. Ich legte die Marke vorsichtig hinein und warf mich zwischen meine Gefährten auf den Boden. Aber es passierte nichts. Absolute Stille und Ruhe, wie auf einem Friedhof. Die aber wegen Ichiros gewohntem Elan leider nicht lange vorhielten.

»Jetzt haben wir schon zwei Marken richtig gelegt!«, rief er und sprang strahlend vor Glück auf. »Jetzt fehlen nur noch drei!«

»Ich glaube, ich weiß, wo die dritte hingehört«, sagte Gabriella vom Boden aus.

»Welche?«, fragte Oliver.

»Die mit dem Strich und den Kreisen.«

Diese Marke kannte ich nicht, dachte ich verblüfft. Welche meinte Gabriella? Gabriella … Wieder schlug mein Herz hundert Mal pro Sekunde. Wenn ich so weitermachte, würde ich noch einen Herzinfarkt erleiden. Wie konnte eine Frau, die ich seit kaum vierzehn Tagen kannte, so große Verwirrung in mir auslösen? Das Virus hatte mich in Paris befallen, der Krankheitsverlauf war dramatisch.

Wir standen wieder auf, und Gabriella griff zu der Marke, auf der ich nur einen kleinen Strich in der Ecke gesehen hatte. Ich nahm sie ihr ab, bemüht, Gabriella dabei nicht zufällig zu berühren, und sah mir die Marke genauer an. Tatsächlich, an einer Stelle waren zarte Linien zu erkennen, das konnten durchaus kleine Kreise sein. Gab es auf dem Entwurf irgendwo Kreise? Ich schloss die Augen und sah jetzt ganz deutlich die feinen, mit Bleistift skizzierten Spiralen auf der Schleppe des eleganten *uchikake*. Eigentlich waren diese Spiralen das Einzige, was bei Vincent von dem schönen fliegenden Drachen übrig geblieben war. Ich vermutete, dass der Strich in der Ecke zum oberen Teil der Schleppe gehörte, die diagonal herabfiel, weshalb diese Spiralen in Fach 2–2 gehörten.

Noch mit geschlossenen Augen hörte ich, wie sich die verfluchten Sprinkler in Gang setzten. Gabriella hatte mir die Marke wieder abgenommen und in das falsche Loch gelegt.

»Auf den Boden!«, schrie Ichiro.

Das hätte er uns nicht sagen müssen. Während der kalte Nieselregen von der Decke fiel, zuckten die blauen Lichtblitze durch den Raum und trafen auch den Steinaltar, ohne ihm etwas anhaben zu können. Die tieferen Blitze zischten nur wenige Zentimeter über uns hinweg, manchmal so nah, dass sich das Haar elektrisch auflud und kräuselte. Geheimnisvollerweise schadeten sie uns aber nicht. Sie schmerzten nicht und verursachten auch keine Übelkeit.

»Wir sind geerdet«, spottete Oliver und klopfte auf den nassen Boden.

Erdung bei dem vielen Wasser?, dachte ich, doch es schien zu funktionieren, denn als das blaue Lichtspiel vorüber war, standen wir alle unversehrt auf, wenn auch von Kopf bis Fuß tropfnass. Adrenalin rumorte in unseren Körpern, weshalb wir zum Glück nicht froren.

»Wo hast du die Marke mit den Kreisen hingelegt, Gabriella?«, fragte ich und sah ihr diesmal ins Gesicht.

Sie erwiderte meinen Blick mit ihren wunderschönen grünen Augen, und wieder hatte ich starkes Herzklopfen.

»Offensichtlich in das falsche Loch«, sagte sie lachend.

Die Marke lag im Fach 3–2, wo das Kleid schmaler wurde, eins zu weit oben. Ich nahm die Holzmarke heraus und sagte zu den anderen:

»Legt euch besser gleich wieder hin. Ich werde zwei Marken einlegen, vielleicht sogar alle drei, einverstanden?«

»Wenn du die letzte reinlegst, sag uns Bescheid, ja Hubert?«, bat Odette.

»Wenn alles gut geht, sage ich dir Bescheid«, erwiderte ich. »Sollte es wieder Blitz und Donner geben, kannst du dir immer noch Sorgen machen.«

Alle lachten und legten sich auf den Steinboden. Ich stand allein vor dem Steinaltar. Zwei Marken lagen am richtigen Platz. Die dritte hielt ich in der Hand und legte sie zögerlich in Fach 2–2. Diesmal geschah nichts.

»Ich habe jetzt die dritte reingelegt«, verkündete ich und fuhr mir nervös über den Kinnbart.

Die Glückwünsche waren einstimmig. Jetzt hatten wir schon mehr als die Hälfte geschafft. Fehlten noch zwei. Die Marke mit dem Blitz konnte ich schon enger eingrenzen. Für sie kam nur Fach 4–3 oder 5–3 infrage. Wenn die glatte Marke in Fach 3–3 richtig lag, passte der vertikale Blitz nicht in das Loch darüber, weil über dieser Marke eine leere Stelle bleiben musste. Das schloss Fach 4–3 aus, denn dort bräuchte es eine Diagonale, um das Kleid zu den Beinen hinunter schmaler werden zu lassen. Blieb also nur Fach 5–3, die breiteste Stelle des Kimonos. Dort ergäbe es einen Sinn, weil die Falten des Stoffs – wie auch der Blitz – vertikal verliefen.

Überzeugter denn je legte ich die Marke in das Fach 5–3. Und es geschah nichts. Richtig entschieden!

»Jetzt fehlt nur noch eine«, erklärte ich. »Vier liegen schon am richtigen Platz.«

»Großartig, Hubert!«, rief Oliver, und Ichiro jubelte abwechselnd auf Englisch und Japanisch.

Schön, fehlte nur die letzte Marke. Aber es standen noch immer siebzehn Löcher zur Verfügung, was ziemlich viele Möglichkeiten ergab. Die letzte Marke war die mit dem Börsenindex. Ich schloss die Augen und betrachtete erneut van

Goghs Entwurf. Wo zum Teufel gab es eine solche Form? Ich konnte sie nirgendwo entdecken und beschloss, nichts zu riskieren. Ich öffnete die Augen, drehte die Marke um und prägte mir den Anblick ein. Anders herum betrachtet könnte sie sehr wohl auf dem *uchikake* zu finden sein, aber wo? Ich schloss erneut die Augen und suchte. Nein, nichts. Ich öffnete die Augen und drehte sie wieder um. Jetzt sah ich wieder den Börsenindex, aber im freien Fall. Ich schloss die Augen. Da war sie. Ich hatte die Stelle gefunden. Er handelte sich um einen Zipfel des linken Kimonoärmels, einem weiten Ärmel. Gleich darunter sah man die Hand der *oiran*, die den Stoff des Brautkleides raffte, weshalb der Ärmel im leicht angehobenen Arm diesen Winkel aufwies. Die Marke gehörte in die erste Säule des Entwurfs, in die linke.

Ich öffnete die Augen und zählte: Letzte Reihe, die obere: die Frisur mit dem seltsamen Schmuck. Nächste Reihe: Gesicht und Schultern. Dritte Reihe: der Ärmel und der breite Teil des Kimonos. Also gehörte die Marke in die erste Säule gegenüber der mit dem Blitz, in das Fach 5–1.

»Es ist so weit«, warnte ich. »Ich lege jetzt die letzte Marke hinein.«

»Mach keinen Fehler, Hubert!«, erwiderte Gabriella ernst.

Mit erhobenem Arm zählte ich die Fächer noch einmal, um ja keinen Fehler zu machen, und legte die Holzmarke in das Loch. Mein Körper war schon im Begriff, sich zu Boden zu werfen, aber das war nicht nötig. Ich hatte alle Marken richtig eingelegt und spürte Stolz aufsteigen über meine neuen (vielleicht nicht ganz so neuen, aber bisher unbekannten) Fähigkeiten. Das Geld, das die Kogas uns zahlen würden, hatte ich tatsächlich verdient.

Der Steinaltar begann zu knirschen, noch bevor meine Gefährten aufgestanden waren. Das Geräusch zog sie magisch an, sie eilten herbei und umringten mich. Alle Löcher, außer den Fächern mit den fünf Holzmarken, senkten sich leicht, drehten sich und stiegen wieder auf, um abschließend van Goghs kompletten Entwurf abzubilden. Er war spektakulär, wenn auch zerstückelt. Etwas aus der Vergangenheit, das die Zeiten überdauert hatte dank der Augen und Hände zweier Genies, Eisen und van Gogh. Ich wusste nicht, ob diese *oiran* wirklich gelebt hatte, aber wenn ja, dann hatte sie bestimmt nicht geahnt, dass sie mit diesem Brautkleid einmal unsterblich sein würde.

Ein leises Quietschen hinter uns ließ alle den Kopf wenden und sehen, wie sich in der Wand eine Tür auftat. Der Weg war frei. Jetzt konnten wir gehen. Wir sammelten unsere Sachen ein, traten in eine schmale Kammer und sahen uns nach einem Tisch mit einem weiteren *ukiyō-e*-Holzschnitt um (dem letzten auf van Goghs Bild, oben links in der Ecke). Eine Holzmarke gab es nicht mehr, nur das Bild in einer schmutzigen Plastiktüte. Und sie lag diesmal nicht auf einem Tisch, sondern auf dem Boden. Warum? Keine Ahnung.

Während Ichiro sie aufhob, entdeckte ich in der leeren Kammer einen Griff an der Wand. Als ich ihn hinunterdrückte, öffnete sich eine unsichtbare Tür, die uns in denselben Vorraum mit der Treppe führte, die wir hinabgestiegen waren. Auf der anderen Seite war die Tür ebenso wenig zu erkennen, sie war in diesem Halbdunkel schlicht unsichtbar.

Mit der eingeschalteten Taschenlampe kehrte ich zu meinen Gefährten zurück, die über Ichiro gebeugt das Bild betrachteten. Zum ersten Mal handelte es sich nicht um einen alten *ukiyō-e*-Holzschnitt. Es war ein Ausschnitt aus van Goghs *Porträt des Père Tanguy*: die verschneite Landschaft unter blauem Himmel, mit gelben Häusern und grüner Erde sowie zwei kleinen Figuren in der Rückenansicht, die dicht nebeneinander einen weißen Weg entlanggingen.

»Wie seltsam!«, murmelte Ichiro. »Wohin soll uns denn ein Bild von van Gogh führen, wenn wir das Original nicht kennen?«

Er drehte das Bild um und las die handschriftliche Botschaft Saitos laut vor:

»*Unkai Momijiyama teien chashitsu Sunpu-jō kōen.*«

»Was heißt das?«, fragte Odette.

Aber Ichiro schien weit weg zu sein. Sein Gesichtsausdruck wirkte wie eingefroren.

»Ichiro«, rief ich und rüttelte ihn an der Schulter. »Was heißt das, was du vorgelesen hast?«

»Wolkenmeer«, übersetzte er ganz benommen. »Teehaus im Momijiyama-Garten im Sunpu-Schlosspark.«

»Wo ist dieses Sunpu-Schloss?«, fragte Gabriella befremdet.

Ichiro sah sie verwirrt an, er fand nur schwer aus seiner seltsamen Entrücktheit heraus und brauchte ein Weilchen, um die Frage zu verarbeiten.

»In Shizuoka«, antwortete er schließlich wie betäubt. »Sunpu ist der alte Name von Shizuoka.«

19 GRÖSSTMÖGLICHE SCHLICHTHEIT IST HÖCHSTMÖGLICHE RAFFINESSE

Wegen der verdammten Tesla-Spulen und Holzmarken hatten wir ganz vergessen, etwas zu essen. Also machten wir uns auf der Fahrt ins Hotel über unseren Proviant her, auch wenn wir wussten, dass es bald Abendessen geben würde.

»Warum fahren wir nicht gleich nach Shizuoka?«, schlug Gabriella vor, die mir aus dem Weg zu gehen schien und sich neben Oliver gesetzt hatte. »Schließlich wird die nächste Prüfung dort stattfinden.«

»Was meinen die anderen?«, fragte Ichiro nach hinten. Sein pitschnasses Haar formte wieder eine Art Badehaube auf seinem Kopf. Zum Glück war die Klimaanlage im Wagen nur schwach eingestellt, sonst hätten wir uns alle eine Lungenentzündung geholt.

»Wir müssten unser Gepäck abholen«, sagte ich und dachte an meinen armen Koffer, den ich seit meiner Ankunft noch kein einziges Mal ausgepackt hatte.

»Mach dir darüber keine Gedanken«, erwiderte Ichiro, denn auch er fuhr immer gern nach Shizuoka zurück. »Das ist mit einem Anruf erledigt.«

»Von mir aus gern – dort schläft man besser als im Hotel«, erklärte Oliver lächelnd.

Kein Zweifel, wir fühlten uns wohl im Haus der Kogas. In Shizuoka war es nicht so heiß wie in Tokio, die Landschaft war schlicht beeindruckend, und wir fühlten uns bei der gast-freundlichen Familie wie zu Hause. Selbst in Gegenwart der stillen Fumiko, die sich um unsere Verpflegung und unser Wohlbefinden kümmerte wie eine Mutter.

Also gab Ichiro mitten auf der viel befahrenen und hell erleuchteten Tokioter Durchgangsstraße dem Fahrer die An-weisung, umzukehren und nach Shizuoka zu fahren, und be-auftragte anschließend jemanden telefonisch, unser Gepäck nachzuliefern.

Während die anderen sich angeregt unterhielten, dachte ich darüber nach, was ich in den nächsten Tagen und Wochen zu erledigen hatte. Spontaneität gehörte nicht gerade zu meinen Eigenschaften, und ich glaubte nicht daran, das noch ändern zu können. Ich machte mir ein wenig Sorgen deshalb.

Da wir bei unserer Ankunft in Shizuoka natürlich keinen Hunger mehr hatten, setzten wir uns mit Kentaro und Midori ins *kyakuma*, plauderten und genossen die abendliche Brise, die durch die offenen Schiebetüren aus dem Garten herein-wehte, während Kentaro neugierig das neue Bild studierte. Als er die Zeilen auf dessen Rückseite las, machte er dasselbe Ge-sicht wie sein Sohn.

»Das *Unkai* im Sunpu-Schlosspark …?«, rief er ungläubig.

»Ist das ein ganz normales Teehaus?«, fragte Oliver mit Blick in den Garten. »Ich meine … Ist es wie alle anderen Tee-häuser, oder ist es was Besonderes?«

»Es ist ein ganz normales Teehaus«, erklärte Kentaro noch immer verdattert. »Mit anderen Worten, es ist kein *sukiya* für die Teezeremonie, sondern ein *chashitsu*, ein Tee-Salon, oder zu eurem besseren Verständnis, ein Ort, an dem man Tee trinkt und etwas Süßes dazu isst, wie bei euch in den Cafés. Jedenfalls müsst ihr wissen, dass es nirgendwo in Shizuoka schlechten Tee gibt.«

»Hier wird fast die Hälfte der japanischen Produktion des grünen Tees angebaut, hauptsächlich Matcha-Tee«, erklärte Midori. »Und wegen seiner hohen Qualität ist unser Tee seit über achthundert Jahren der beste in ganz Japan. Die Matcha-Tee-Plantagen von Shizuoka sorgen für über hunderttausend Arbeitsplätze, und unsere *sukiyas* und *chashitsus* sind viel mehr als schlichte Teehäuser.«

»Was bedeutet«, warf ich ein, »dass es kein Zufall ist, dass wir in einem *chashitsu* in Shizuoka Tee trinken sollen. Aber auch wenn es für Ryoei Saito äußerst wichtig war, erkenne ich die Verbindung zu van Goghs Bild immer noch nicht.«

»Wir müssen weiter nachforschen«, sagte Midori gepresst.

»Morgen früh können wir euch mehr sagen«, meinte Ichiro mit Blick zu seinem Vater, der zustimmend nickte. »Im Augenblick wissen wir auch nicht mehr als ihr.«

Odette, die einen Augenblick hinausgegangen war, um zu Hause anzurufen und mit ihrem Mann und den Kindern zu sprechen, kam traurig in den *kyakuma* zurück.

»Ist was passiert?«, fragte Gabriella besorgt.

»Nein, nein, es geht ihnen bestens«, erwiderte Odette und lächelte traurig. »Aber ich vermisse sie so. Ich würde gern bald nach Hause fahren.

»Viel fehlt nicht mehr, Odette«, versuchte Oliver sie aufzumuntern. »Wir werden das Gemälde bald finden. Das Bild von van Gogh ist das letzte auf dem *Porträt des Père Tanguy*.«

Wir alle lächelten stolz. Wir hatten gute Arbeit geleistet und wussten es. Jetzt mussten wir nur noch die letzte Prüfung bestehen, und das Bild gehörte uns. Na ja, den Kogas. Und wir hätten bei unserer Rückkehr eine anständige Lebensversicherung auf dem Bankkonto. Dieses Abenteuer in Japan, so geheim es auch sein mochte, würde eine der besten Erinnerungen meines Lebens sein. Vor allem, wenn es mir gelingen sollte, Gabriella für mich zu gewinnen. Ich sah verstohlen zu ihr hinüber und erstarrte, als ich entdeckte, dass sie mich ebenfalls anblickte. Mein Herz blieb fast stehen. Warum hatte ich solche Angst vor etwas, wonach ich mich derartig sehnte? Wir lächelten uns an. Es war ein Wunder, dass ich dieser schönen Frau gefiel, aber es hieß ja immer, dass Wunder manchmal geschehen. Warum nicht auch mir? Auch ich hatte ein Recht darauf, dass mir Außergewöhnliches widerfuhr. Wie jetzt gerade. Wirklich, es passierte gerade mir! Die Traurigkeit und Niedergeschlagenheit bei meiner Ankunft in Paris hatten sich in den letzten zwei Wochen unmerklich in Luft aufgelöst. An jenem Abend im Hause der Kogas war ich glücklich, seit langer Zeit wieder richtig glücklich und voller Hoffnung.

Kurz darauf schickte Midori uns alle ins Bett (auf den Futon). Sie wusste, dass ihr Mann erschöpft war, und schloss daraus, dass es uns nicht anders erging. Außerdem hatten Kentaro und sie noch viel Arbeit vor sich, also schlüpfte sie kurzerhand in die Mutterrolle und befahl uns, auf unsere Zimmer zu gehen, zu duschen und mindestens acht Stunden am Stück zu schlafen.

»Wer weiß, was euch bei der letzten Prüfung bevorsteht«, sagte sie, als sie uns eine gute Nacht wünschte. »Ihr müsst ausgeruht sein.«

Aber das hatte ich nicht vor. Ganz im Gegenteil.

Als ich keineswegs entspannt aus dem Bad kam, zog ich mich wieder an und verließ leise mein Zimmer. Im Flur war es dunkel und still. Keine Ahnung, warum mir plötzlich der Nachtigallenboden aus dem Ninja-Haus in den Sinn kam. Bei meinen ersten Schritten zu Gabriellas Zimmer hallte in meinem Kopf unbewusst das verhasste Geräusch der angeblichen Nachtigall wider. Erschrocken blieb ich stehen und erinnerte mich daran, dass es hier keinen *uguisubari* gab und dass niemand meine Schritte auf den Holzdielen hören konnte.

Ich klopfte leise an ihre Tür. Dann hörte ich Geräusche im Zimmer und leise Schnitte, die näher kamen. Als Gabriella die Tür öffnete, strahlte sie bei meinem Anblick übers ganze Gesicht. Ich habe vermutlich auch gelächelt.

»Hubert …«, flüsterte sie, ohne sich vom Fleck zu rühren.

Sie starrte mich an, als könnte sie nicht glauben, dass ich wahrhaftig vor ihr stand. Dann ließ sie mich mit einem amüsierten Blick eintreten. Selbstsicherheit vortäuschend ging ich an ihr vorbei ins Zimmer. Ich hörte, wie sie leise die Tür schloss, und drehte mich um. Sie trug ein leichtes kurzes Sommernachthemd mit Spaghettiträgern. Schöner, verführerischer und magischer hätte sie nicht auf mich wirken können. Ich ging langsam auf sie zu, als fürchtete ich, dass sie gleich weglaufen würde. Doch selbst wenn Gabriella es versucht hätte, ich konnte mich nicht mehr beherrschen und stürzte mich wie ein Hungernder oder Verdurstender auf sie. Nichts konnte mich mehr aufhalten.

Als ich die Wärme ihres Körpers spürte und mir zum ersten Mal ihr Geruch in die Nase stieg, küsste ich sie. Ihre warmen Lippen waren zärtlich und zugleich besitzergreifend und gebieterisch. Ihr Geschmack weckte Gier und Verlangen in mir, ebenso ihr Atem, so neu und aufregend, dass ich mich nicht mehr beherrschen konnte. Das Gute war, dass es nicht nur mir so ging. Es war ein Tanz, eine Art intime Choreografie, deren Intensität uns beide derart erregte, wie ich es noch nie erlebt hatte. Aber da war noch mehr, viel mehr als Verlangen … Da war … Nun ja, vermutlich Liebe. Noch nie im Leben war ich so glücklich gewesen und nie, niemals hatte ich solche Empfindungen gehabt wie mit ihr. Gabriella war meine Droge, und ich war abhängig von ihr.

Nach einer etwas mühsamen Entkleidung (ich hatte etwas mehr an als sie) landeten wir schließlich auf dem Futon. Wir verbrachten die ganze Nacht zusammen, schliefen keine Minute, genossen lange Momente der geflüsterten Zärtlichkeiten, Komplimente und des Schweigens. Ihre Haut war unglaublich weiß, aber auch unfassbar weich. Gabriella war perfekt. Wie auch im sonstigen Auftreten war sie in ihrem Verlangen fordernd, ausdauernd und feurig. Unsere Körper fanden sich, als wären sie zwei Teile eines Ganzen, das in der Mitte auseinandergebrochen war, und es gab nichts auf der Welt, was ich mir mehr wünschte, als für immer bei ihr zu bleiben.

Doch wie in jedem Märchen ging irgendwann die Sonne auf und erinnerte uns daran, dass wir in die Realität zurückkehren mussten. Wir wussten nicht, wann wir wieder zusammen sein konnten, aber bevor ich duschen und anschließend frühstücken ging, meinte sie, dass wir uns nicht verhalten sollten, als wäre nichts passiert. Dafür wäre es zu wichtig. Gabriella fand, es zu verheimlichen wäre feige.

»Ich sehe dich unten«, sagte sie an der Tür. »Wir werden heute viel Kaffee brauchen, um uns auf den Beinen zu halten.«

»Hast du vergessen, dass wir in ein Teehaus gehen?«, erwiderte ich lachend und gab ihr schnell noch einen Kuss. »Koffein und Teein heben die Stimmung.«

»Eben«, sagte sie lachend und schloss die Tür.

Das Leben war mir wohlgesonnen, die Sonne schien, die Welt war ein wunderbarer Ort, und ich hatte die beste Nacht meines Lebens hinter mir. Was wollte ich mehr? Meine Gedanken kreisten ausschließlich um Gabriella, und ich wollte nur noch mit ihr zusammen sein.

Als ich zum Frühstück hinunterging, waren fast alle schon versammelt. Gabriella auch. Wir sahen uns an, lächelten und …

»Hey, ihr beiden!«, rief Oliver und sah uns mit forschendem Blick an. »Was war denn los heute Nacht? Ihr strahlt ja beide um die Wette – wow, ich bin geblendet!«

»Ach, sei still, Oliver«, rief Odette mit breitem Lächeln. »Du willst doch nicht behaupten, dass du nichts gehört hättest.«

Gabriella wurde knallrot und ich verlegen, weshalb ich zu ihr ging und sie auf den Mund küsste.

»Wurde auch Zeit, Hubert!«, schloss Oliver, als ich mich neben ihn setzte.

»Sei doch endlich still!«, riefen Gabriella, Odette und ich wie aus einem Munde.

Wegen der verfluchten japanischen Wände mussten wir eine Menge Scherze und viel Gelächter über uns ergehen lassen, und obwohl sie nicht aus Papier bestanden, waren sie für unser westliches Verständnis von Privatsphäre eindeutig zu dünn. Aber das war mir schnurz und Gabriella offensichtlich auch, so wie auch sie auf die Scherze einging.

Ichiro kam als Letzter und war noch zu verschlafen, um irgendetwas zu begreifen. Erst als wir ins *kyakuma* gingen und Midori und Kentaro uns Händchen haltend eintreten sahen und uns lautstark beglückwünschten, wurde Ichiro gewahr, was los war.

»Im Ernst …?«, fragte er überrascht. »Wann ist das denn passiert? Ich habe gar nichts gemerkt.«

»Weil du viel zu besessen von dem Bild bist«, erwiderte seine Frau Midori. »Das hat man doch von Weitem gesehen!«

Kentaro sagte erstmals etwas auf Japanisch zu Gabriella und mir, woraufhin sein Sohn und Midori herzlich auflachten.

»Mein Schwiegervater wünscht euch mit einem japanischen Sprichwort ein langes gemeinsames Leben und viele Kinder«, übersetzte Midori mit Tränen in den Augen.

»Dafür ist es noch etwas zu früh«, grummelte Gabriella und setzte sich aufs Sofa.

»Danke, *Kentaro-san*«, antwortete ich und verbeugte mich tief vor dem alten Mann. Das mit den Kindern hatte mich zu Tode erschreckt.

In Kentaros Blick blitzte etwas auf, war aber sogleich wieder verschwunden. Was ihm wohl durch den Kopf gegangen war? Jedenfalls kam er sofort zur Sache.

»Die Experten vom Amsterdamer Van-Gogh-Museum gehen davon aus, dass das letzte Bild, das Vincent auf das *Porträt des Père Tanguy* gemalt hat, nicht von einem *ukiyō-e*-Holzschnitt stammt. Es ist kein ähnlicher japanischer Holzschnitt bekannt, weshalb man vermutet, dass es ein Original von Vincent ist. Natürlich zeigt es gewisse Einflüsse, die darauf verweisen, was ihn dazu inspiriert hat.«

Dabei holte er wie üblich einen Stapel Mappen aus der Seitentasche seines Rollstuhls, und einer seiner Angestellten verteilte sie an uns. Diese beiden Riesen folgten ihm wie Schatten, als wären sie Bodyguards. Das machte ihn unabhängiger von seiner Familie, weil er nicht ständig seine Frau oder seine Schwiegertochter bemühen musste.

In der Mappe lag wie gewohnt eine Kopie des gefundenen Bildes für uns, in diesem Fall war es also keine Reproduktion eines japanischen Holzschnitts, sondern ein Original von van Gogh. Und bei genauerer Betrachtung war das auch deutlich zu erkennen: Die beiden Figürchen in der Mitte wirkten etwas hölzern und die weißen Dächer, die den verschneiten Himmel teilten, waren eigentlich überflüssig.

In der Mappe lag noch eine weitere Kopie, diesmal von einem echten *ukiyō-e*-Werk. Darauf hing ein auffällig großer weißer Mond (was wir heute Supermond nennen) am Nachthimmel, darunter lang gezogene rote Dächer, aber die dazugehörigen Häuser blieben hinter dunklen Baumkronen verborgen. Im Vordergrund des Bildes verlief diagonal ein hoher Wall, auf dem kleine Gestalten an gelben Tee-Ständen entlangspazierten. Und an der rechten unteren Ecke hatte das Wasser hinter dem Schutzwall einen grünlicheren Blauton als der Himmel.

»Das zweite Bild«, fuhr Kentaro fort, »ist ein Holzschnitt von Hiroshige, dem großen *ukiyō-e*-Maler, von dem die Impressionisten und Postimpressionisten sehr stark beeinflusst waren, vor allem van Gogh, der ihn, wie ihr wisst, zutiefst bewunderte.«

Gabriella warf mir verstohlen einen zärtlichen Blick zu. Die Erinnerungen an die vergangene Nacht waren noch ganz frisch.

»Hiroshiges Werk trägt den Titel *Yoshiwara Nihonzutsumi*«, erklärte nun Midori und hielt die Kopie hoch, um unsere Aufmerksamkeit darauf zu lenken. »Übersetzt heißt das: Der Nihon-Wall von Yoshiwara. Es gehört zur Serie *Kotō meisho*, *Berühmte Ansichten von Edo*, die Hiroshige zwischen 1856 und 1858 malte. Wie ihr seht, hat das nicht viel mit van Goghs Bild zu tun, aber die Experten meinen, dass er sich vielleicht von diesem Holzschnitt inspirieren ließ.«

Die einzige Ähnlichkeit zwischen beiden Bildern, wenn man es denn so nennen konnte, waren die lang gezogenen Dächer in der oberen Bildhälfte, die bei van Gogh weiß in den verschneiten Himmel ragten, während sie bei Hiroshige rot leuchteten. Ansonsten waren beide Bilder vollkommen unterschiedlich.

»Die Sache ist doch«, mischte sich Ichiro ein und legte die Mappe gleichgültig auf den Tisch, »dass es uns egal sein kann, wovon sich van Gogh für dieses Bild inspirieren ließ. Weil wir Saitos Botschaft auf der Rückseite haben.«

»Dein Vater und ich glaubten heute Nacht«, sagte Midori sanft, »auf van Goghs Bild eine Anspielung auf die Teefelder von Shizuoka zu erkennen.«

Ichiro sah sie überrascht an. Ich vermutlich ebenfalls. Die anderen auch.

»Wo seht ihr denn Teefelder?«, fragte er skeptisch.

»Das Bild zeigt eine ländliche Landschaft«, erwiderte Kentaro leicht pikiert. »Und obwohl Vincent eine Schneelandschaft gemalt hat, erkennt man deutlich das Grün des Bodens und des Weges, der in diesen blauen Streifen unter den weißen Dächern mündet. Als gäbe es am Horizont Teefelder.«

Gabriella konnte nicht an sich halten.

»Nimm's mir nicht übel, *Kentaro-san*, aber das klingt ziemlich weit hergeholt«, sagte sie respektvoll. »Ich glaube, ihr beide habt allzu hartnäckig nach Gemeinsamkeiten von van Goghs Bild und den Teefeldern Shizuokas gesucht.«

Kentaro ließ den Kopf hängen und nickte.

»Das will ich nicht bestreiten«, räumte er schließlich widerwillig ein.

»Vielleicht sind wir bei unserer Suche nach diesem Zusammenhang etwas zu weit gegangen«, stimmte auch Midori resigniert zu. »Wir waren ziemlich frustriert über das wenige Material und wollten uns nicht damit abfinden, ausschließlich Saitos Hinweisen zu folgen.«

»Wenn sich kein Zusammenhang finden lässt, gibt es eben keinen«, tröstete Odette die beiden lächelnd. »Wichtig ist nur, wie Ichiro schon sagte, dass wir wissen, was wir zu tun haben.«

»Genau«, schloss er bestimmt. »Wir müssen im *Unkai* des Sunpu-Schlossparks Tee trinken.«

»Was bedeutet ›unkai‹?«, fragte ich, weil ich mich nicht mehr an Ichiros Übersetzung erinnerte.

»Wolkenmeer«, antwortete Kentaro.

Das war selbstverständlich ein schöner Name, aber der Tee-Salon *Unkai* stand auf keinem Berggipfel, von dem aus man die Wolken gemächlich vorüberziehen sah, sondern mitten in einem Industriegebiet von Shizuoka – in einem Park, in dem vor Jahrhunderten das alte Stadtschloss des antiken Sunpu gestanden hatte, in dem die Tokugawa-Shōgune residierten, wenn sie auf die Jagd gingen oder sich aus der Regierung zurückzogen (oder besser, wenn sie abgesetzt wurden). Heutzutage existierte nur noch der Park. Der Teil im Nordosten hieß Momijiyama-Garten und wirkte eher wie ein kleiner Pinienwald mit moosbedeckten Wegen.

Als wir fünf auf das Teehaus zugingen, das wie eine Jagdhütte von der Vegetation verschlungen schien, blieben Gabriella und ich ein wenig zurück, aber nicht viel, so sehr wir es auch wünschten. Erst mussten wir diesen Auftrag zu Ende bringen, zu dem uns die Kogas verpflichtet hatten, dann wären wir frei und könnten tun und lassen, wonach uns der Sinn stand.

Die Kogas hatten überlegt, ob sie reservieren sollten, hatten sich aber dagegen entschieden, weil es besser sein würde, sich an Saitos Plan zu halten. Also durchquerten wir mit unseren Rucksäcken den kleinen Stadtwald, wieder einmal auf dem Weg ins Ungewisse.

Vor Betreten des Tee-Salons wurden wir von Ichiro instruiert:

»Tee wird schweigend getrunken. Wenn ihr etwas zu sagen habt, dann leise. In Ordnung?«

»Wir können uns nicht unterhalten?«, wunderte ich mich.

»Doch, aber leise. Man muss sich respektvoll verhalten. Eine traditionelle Tee-Zeremonie ist so etwas wie eine Meditation, weshalb absolute Stille herrschen sollte. Das komplexe Ritual zielt auf Reinheit, Harmonie, Respekt und natürlich

Ruhe ab. Der Teemeister sucht die Reinheit, indem er alle Utensilien für die Zubereitung säubert, und bereitet den Tee dann ganz sorgfältig zu, womit er dir, dem Gast, großen Respekt erweist, und du dankst ihm auf die gleiche Weise dafür, dass er dir das köstliche Getränk serviert hat. So ist man zusammen in Harmonie. Meister und Gast bezeugen sich durch absolutes Schweigen gegenseitig Respekt. Nur so gelangt man zu Ruhe und innerem Frieden. Deshalb trinken wir Japaner unseren Tee immer in absoluter Stille, auch wenn wir keiner Zeremonie beiwohnen.«

»Und wenn ein Handy klingelt?«, fragte Odette. Ich musste an unsere lautstarken Frühstücke mit Matcha-Tee bei den Kogas denken. Sie schienen uns gewähren zu lassen, bei ihnen konnten wir uns so westlich verhalten, wie wir wollten, aber in der Öffentlichkeit war das anders.

»Schaltet die Handys besser aus oder stellt sie stumm«, antwortete Ichiro. »Tee zu trinken hat immer etwas Zeremonielles. Alle großen Teemeister waren auch immer Zen-Mönche. Ihr müsst zur inneren Ruhe finden und auf Farben, Gerüche, Dekoration, Licht, Geschmack und Geräusche achten, alles ist wichtig, all das gehört zum Tee-Erlebnis. Und ihr solltet gleich damit anfangen, denn wir sind schon auf dem *roji*, dem Weg zu dem Ort, wo wir unseren Tee trinken werden. Achtet darauf, dass wir trotz der großen Hitze heute Nachmittag im Schatten der Bäume über einen feuchten, frischen Boden gehen, und achtet auf die schönen, mit Moos überwachsenen Granitlaternen zu beiden Seiten des Weges. Wenn man den *roji* entlanggeht, sollte man sich auf das Erlebnis einstimmen.«

»Die japanische Philosophie ist wirklich kompliziert«, sagte ich in Gedanken an den bitteren grünen Tee.

»Das finde ich nicht«, meinte Ichiro. »Wir Japaner glauben, dass die größtmögliche Schlichtheit die höchstmögliche Raffinesse ist. In allem. Das ist auch ein Zen-Prinzip. Seid also höflich und redet so wenig wie möglich und nur leise.«

Was er gesagt hatte, traf zu. Im Salon *Unkai* waren die Tische mit jeweils zwei oder drei Personen besetzt, die Tee tranken und tatsächlich so leise miteinander sprachen, dass man durch die großen Fenster aus durchsichtigem Papier das Vogelgezwitscher aus dem Garten hören konnte. Das gesamte Gebäude war im alten japanischen Stil aus Holz gebaut und ganz schlicht, ohne auffällige Verzierungen, und drinnen herrschte die lässige Atmosphäre eines öffentlichen Lokals. Der Teemeister war ein junger Mann in der traditionell dunklen Kleidung wie einst die Ninjas. Neben ihm kniete eine junge Frau, um die kleinen Keramikgefäße mit der heißen, schäumenden Flüssigkeit, die der Mann zubereitet hatte, entgegenzunehmen und an den jeweiligen Tisch zu bringen, wobei sie sich anmutig und ohne die Hilfe der Hände erhob. Es wurden auch Tabletts mit unbekanntem Gebäck gereicht, aber das war nichts für mich. Dunkelviolette Kuchen sind nicht gerade meine Lieblingsspeise.

Da wir den Tee-Salon nicht mit den Rucksäcken betreten konnten, hatte uns eine andere junge Frau im selben Kimono wie die Kollegin mit den Schalen hinter das Gebäude geführt, wo wir sie in einem kleineren Pavillon abstellen konnten. Danach setzten wir uns an einen Tisch. Ichiro sprach mit der Bedienung, die sich mehrfach verbeugte, bevor sie unsere Bestellung weitergab.

Ich überlegte kurz, ob ich Ichiro bitten sollte, eine Zuckerdose kommen zu lassen – es war nirgendwo eine zu sehen –, als Gabriella mich mit dem Ellenbogen in die Seite knuffte.

»Schau mal«, flüsterte sie und wies mit dem Kinn auf eine Nische mit einem Boden aus *tatamis* und einer Rolle mit wunderschönen japanischen Schriftzeichen an der Wand, unter der auf einem kleinen Sockel eine stilvolle Blumenvase aus weißer

Keramik mit einem großen knorrigen und blühenden Kirschzweig stand. Das vom Papier gedämpfte Licht, das durch die Fenster hereinfiel, ließ diese schlichte, fast leere Nische golden schimmern.

»Größtmögliche Schlichtheit ist höchstmögliche Raffinesse«, flüsterte ich ihr lächelnd zu.

»Nein, das meine ich nicht«, flüsterte sie mir ins Ohr. »Wir haben Sommer. Es gibt jetzt keine *sakura*-Zweige. Weder Kirschblüten noch andere Blüten. Dieser Zweig kann nicht echt sein.«

Die Vorstellung, dass der Zweig künstlich sein könnte, kollidierte mit der schlichten, eleganten Schönheit dieser *tatamis*-Nische. Ich sah mir die Vase genauer an. Da fiel mir auf, dass Gabriella nicht nur recht hatte und der Zweig um diese Jahreszeit nicht echt sein konnte, sondern dass er auch ein merkwürdiges, ins Blau changierende Grün aufwies. Die kleinen Blüten waren weder weiß noch rosa, sondern beige mit türkisgrünen Tupfen. Er kam mir irgendwie bekannt vor, es mochte mir aber partout nicht einfallen, woher. Ich fühlte mich, wie sich Neil Armstrong bei seinem Mondspaziergang gefühlt hätte, wenn er eines seiner Kinderspielzeuge auf der Mondoberfläche vorgefunden und nicht gewusst hätte, welches es war. Ich kannte diesen Zweig. Mehr noch, ich kannte ihn gut. Aber wie konnte ich einen Zweig kennen? Das war das Dümmste auf der Welt.

Die Kellnerin servierte Ichiro eine Schale mit dampfendem Tee. Mit einem leichten Kopfnicken bedankte er sich.

»Hört mal«, flüsterte ich den anderen zu. »Gabriella hat was entdeckt. Da hinten in der weißen Vase steckt ein blühender Kirschzweig, da stimmt irgendwas nicht. Jetzt ist doch keine Kirschblütenzeit, oder Ichiro?«

Ichiro musterte ihn aufmerksam.

»Nein, die Kirschbäume blühen nicht mehr, und dieser Zweig stammt auch von keinem Kirschbaum.«

»Vielleicht von einem anderen Baum, der im August blüht?«, flüsterte Odette.

»Glaube ich nicht«, erwiderte Ichiro. »Ich weiß nicht, was für ein Baum das ist, doch der Zweig kommt mir irgendwie bekannt vor, als hätte ich ihn schon öfter gesehen.«

»Mir geht es genauso«, bestätigte ich leise. »Und dafür kann es nur eine Erklärung geben: Dieser Zweig taucht auf einem Bild von Vincent van Gogh auf. Darauf verwette ich meinen Kopf.«

Sofort suchten wir alle auf unseren Smartphones nach Van-Gogh-Bildern und hatten die Lösung schnell gefunden. Es handelte sich um das wunderschöne Bild *Blühende Mandelbaumzweige*, das Vincent im Februar 1890 gemalt hatte, um es seinem Neffen, Theos und Jo Bongers neugeborenem Sohn, zu schenken. Als Erstes stach das tief leuchtende Türkisblau des Himmels ins Auge, der den Hintergrund bildete. Wenn man nur den alten, knorrigen Mandelblütenzweig mit seinen kleinen Blüten sah, war das Bild nicht wiederzuerkennen. Und wenn man noch eine japanische Vase und einen japanischen Raum hinzufügte, war es erst recht nicht zu erkennen. Dieses Gemälde hing ebenfalls im Amsterdamer Van-Gogh-Museum, und ich hatte es millionenfach aus der Nähe betrachtet. Deshalb war mir der Zweig so bekannt vorgekommen.

»Lasst uns die Rucksäcke holen«, flüsterte Ichiro, der schon aufgestanden war.

Mit einer Verbeugung sagte er etwas zur Kellnerin, die gerade die nächste Schale Tee an unseren Tisch brachte, während auch wir aufstanden und zur Tür gingen. Mit einem Seitenblick sah ich noch, wie Ichiro ihr ein paar Yen-Scheine aushändigte.

»Der Raum ist privat«, erklärte er uns. »Er ist ausschließlich für den Gebrauch der Besitzerfamilie des *chashitsu*. Aber wenn wir den *genkan* hinter dem Haus benutzen, damit uns die anderen Gäste nicht sehen, dürfen wir kurz hinein.«

Wir holten unsere Rucksäcke aus dem kleinen Pavillon und gingen zur Hintertür. Anschließend durchquerten wir einen kleinen Lagerraum mit Hunderten Dosen Matcha-Tee und violetten Keksdosen und betraten die schöne Nische mit dem *tatamis*-Boden. Vom Gastraum aus hatten wir nicht erkennen können, dass sich in der Mitte eine quadratische, ungefähr vierzig oder fünfzig Zentimeter tiefe Öffnung befand, um die vier große Matten aus geflochtenem Reisstroh lagen. Im Innern dieser Öffnung steckte ein seltsames Gefäß, das laut Ichiro als Feuerstelle zum Erhitzen von Teewasser diente.

Die Kellnerin schaute kurz herein, um zu sehen, dass wir auch nichts Verbotenes taten, und verschwand sogleich wieder zu ihren Gästen. Als wir uns unbeobachtet fühlten, gingen wir zu der Vase mit dem Zweig, um ihn genauer zu untersuchen. Wie wir feststellen konnten, war der Zweig künstlich. Er bestand aus bemalter Keramik und war so arrangiert, dass er von außen wirkte wie auf van Goghs Bild.

Als Ichiro ihn herausnahm, um ihn sich genauer anzusehen, gab die *tatamis*-Matte unter unseren Füßen mit einem leisen Knacken nach und sank ein, weshalb wir wie auf einer Art Rampe langsam in den Keller des Teehauses rutschten. Als die Falltür über uns mit einem dumpfen Schlag zufiel und wir im Dunkeln standen, hatte Ichiro den Zweig noch in der Hand.

»Na fein«, klagte Oliver missmutig, als er sich aus dem Haufen freischaufelte, den wir mitsamt unseren Rucksäcken bildeten. »Es geht wieder von vorn los.«

20

SIEN UND GORDINA

»Sag mal, Hubert«, fragte mich Gabrielle ernst. »Warum benutzt du eigentlich keine Kontaktlinsen? Alle Welt trägt heutzutage Kontaktlinsen! Oder warum lässt du dir die Augen nicht lasern? Das machen heutzutage auch viele!«

Meine Brille war in irgendeinem Winkel des Kellers gelandet, und ich kroch mit eingeschalteter Taschenlampe über den Boden. Zum Glück hatte sie keinen Schaden genommen, schien nur über den polierten Metallboden gerutscht zu sein.

»Ich trage gern Brille«, erwiderte ich heiter und setzte sie wieder auf. »Ich höre auch gern Schallplatten.«

Angesichts meiner grässlichen Geständnisse weiteten sich Gabriellas Augen vor Entsetzen, und ich musste lachen, weil das ziemlich witzig aussah. Sie war eindeutig komplett digital und ich zutiefst analog. Mit anderen Worten, wir ergänzten uns.

Die anderen waren inzwischen ebenfalls aufgestanden und schalteten ihre Taschenlampen ein. Überall lagen Scherben des blühenden Mandelzweiges aus Keramik. Es war kalt in diesem Keller, wohl wegen des Temperaturwechsels im Vergleich zu der feuchten und klebrigen Luft oben.

»Und was jetzt?«, fragte Oliver.

Ichiro zeigte auf mich, und alle starrten mich verblüfft an.

»Geh mal zur Seite, Hubert«, bat er mich. »Hinter dir ist ein Türgriff.«

Ich fuhr herum. Diesmal handelte es sich um einen gewöhnlichen Griff wie an einer normalen Tür, den man einfach nach unten drücken musste. Er war dick und lang und ebenso aus Metall wie alles in diesem Keller: Boden, Decke, Wände und die Tür selbst, die kaum zu erkennen war.

»Ist das Aluminium oder rostfreier Edelstahl?«, fragte Odette und fuhr über die glatte Wand.

»Wegen des matten Glanzes würde ich sagen Edelstahl, bin mir aber nicht sicher«, sagte Gabriella.

»Edelstahl«, bestätigte ich, als ich gegen die Wand klopfte. Aber wenn es wirklich Edelstahl war, mussten die Wände sehr dick sein, denn mein Klopfen klang dumpf, wie in einem Massivbau.

»Wir befinden uns in einer Art Tresor«, erklärte ich. »Hinter der Tür muss es etwas Wertvolles geben.«

»Vielleicht ist es endlich das *Bildnis des Dr. Gachet*«, sagte Ichiro hoffnungsvoll.

»Mach sie schon auf, Hubert«, sagte Oliver, der sich zu mir gesellt hatte.

»Mach sie doch selbst auf«, konterte ich. »Ich hole meinen Rucksack.«

Meinen Rucksack und Gabriella.

Oliver hatte die Tür geöffnet und nur schwarze Dunkelheit vorgefunden. Aber nicht die Dunkelheit verschlug uns die Sprache, sondern die verfluchte Tür. Die große Stahltür war bestimmt zwanzig Zentimeter dick und natürlich genauso verstärkt wie alle anderen Türen, die wir bisher in Saitos Fallen gesehen hatten: Löcher im Rahmen und Sicherungsstifte aus Stahl im Blatt, in diesem Fall ausgesprochen dicke. Als ich das sah, wusste ich, hier stimmte was nicht.

Wir leuchteten mit unseren Taschenlampen ins Innere, aber in dem gigantischen Raum, ebenfalls mit Edelstahl ausgekleidet, wie mir schien, war gleich links eine Wand und der Rest erstreckte sich nach rechts. An der langen Seite mit der Tür war ein Podest zu erkennen, eine Art quadratischer Sitzplatz, der sich weiter hinten in der Dunkelheit verlor. Alles wirkte höchst seltsam: groß, kalt und metallisch.

»Solange wir die Tür nicht schließen, gehen die Lichter nicht an«, brachte uns Odette in Erinnerung und zeigte mit ihrer Taschenlampe auf die flache, durchsichtige Deckenlampe.

»Hubert«, flüsterte mir Gabriella ins Ohr und ergriff meine Hand. »Dieser Ort macht mir Angst, ich weiß nicht, warum.«

»Wirkt ziemlich unheimlich«, räumte ich ein. »Aber das muss nicht zwangsläufig schlimmer sein als bei den anderen Fallen.«

Aber es war zweifellos schlimmer. Zu grau und metallisch, zu kalt und nüchtern, zu bedrückend und gepanzert. Der Raum wirkte wie ein Industrieschlachthof.

Wegen ihres Gewichts schloss sich die Tür nur langsam. An ihrer Innenseite gab es natürlich weder einen Griff noch einen Knopf. Als sie zufiel und uns in diesem merkwürdigen Tresorraum einschloss, gingen in der Deckenmitte weiß leuchtende Lampen an. Jetzt wirkte er wie der Operationssaal eines verrückten Chirurgen.

Und gleichzeitig mit dem Aufleuchten der Lampen erklang ein metallisches Klicken, das uns alle zusammenzucken ließ: Knapp ein halber Meter des Podests öffnete sich geräuschvoll wie eine mechanische Spielzeugkiste. Was ein Glück, dass kein Kasper heraussprang, sonst hätte ich mich zu Tode erschrocken.

»Was ist denn das?«, hörte ich Oliver fragen, als ich mich gerade über das beugte, was tatsächlich wie eine aufgeklappte Kiste aussah.

Ich drehte mich um und sah zur Wand gegenüber der Tür, auf die er zeigte, und glaubte etwas zu sehen, das ich von Raumschiffen aus Science-Fiction-Filmen kannte: komplizierte Schalttafeln, merkwürdige Bezeichnungen, rätselhafte Muster und weitere bedrohliche Dinge. Aber das war es natürlich nicht. Es war viel einfacher, aber deshalb nicht weniger seltsam: in den Edelstahl waren Rechtecke von ungefähr fünfundzwanzig Zentimeter Länge, fünf oder sechs Zentimeter Höhe und einen Zentimeter Tiefe gestanzt. Diese waren mit vertikalen und horizontalen Linien verbunden, was dem Ganzen wie gesagt etwas Außerirdisches verlieh, es wirkte wie eine Art Grafik mit vielen Verzweigungen, die sich bis zu der Wand am Ende des langen Raumes fortsetzten und ausbreiteten.

»Scheint eine Grafik zu sein«, sagte Gabriella. »Während meines Studiums habe ich ähnliche Skizzen angefertigt.«

»Und was sollen wir mit diesen Rechtecken jetzt anstellen?«, fragte Ichiro irritiert.

»Ich glaube, diese Dinger dort hineinlegen«, sagte ich und zeigte auf die offene Kiste, von der ich zuerst geglaubt hatte, sie sei eine Sitzgelegenheit.

Darin lagen Metalltafeln in genau derselben Größe wie die ausgestanzten Rechtecke in der Edelstahlwand mit Namen darauf. Ich griff zur erstbesten.

»Anna Cornelia Carbentus«, las ich laut und erstarrte.

Ichiro sah mich mit großen Augen an.

»Anna Cornelia Carbentus?«, stammelte er.

Ein Niederländer kannte Anna Cornelia Carbentus natürlich, eigentlich die ganze Familie Carbentus, die in Den Haag ein berühmtes Geschäft führten: *Buchbinder des Königshauses*. Aber Anna Cornelia Carbentus, oder Anna Carbentus, wie man sie normalerweise nannte, war zweifelsohne die Berühmteste der ganzen Familie.

»Und wer ist diese Anna Cornelia Carbentus?«, fragte Gabriella.

»Die Mutter von Vincent van Gogh«, antwortete ich.

Alle starrten schweigend auf die tabellenartige Anordnung.

»Soll das van Goghs Stammbaum werden?«, fragte Odette.

»Nein, das kann nicht sein«, erwiderte Gabriella. »Schau dir mal den Anfang da oben an. Zwei Rechtecke, eines über dem anderen, verbunden mit einem vertikalen Strich, aus dessen Mitte ein anderer horizontal zu einem Rechteck führt, von dem, wenn du genau hinschaust, alle weiteren Verzweigungen abgehen. Und van Gogh hatte keine Kinder.«

»Das ist nicht …«, setzte Ichiro an, aber keiner beachtete ihn.

»Vielleicht ist es ein umgedrehter Stammbaum«, schlug Oliver vor. »Von Vincent rückwärts. Seine Vorfahren.«

»Vielleicht …«, murmelte ich, obwohl ich das eher für unwahrscheinlich hielt. Im Augenblick hatten wir nur drei Tafeln, um sie in die Grafik einzusetzen, und soweit ich sehen konnte, würde sich das Ganze ziemlich kompliziert gestalten.

»Was steht auf den anderen Tafeln?«, fragte Oliver, als er sah, dass ich sie schon in der Hand hielt.

»Theodorus van Gogh und Vincent Willem van Gogh.«

»War Theodorus Vincents Vater?«, fragte Odette. »Der Mann von Anna Carbentus?«

Ichiro und ich nickten. Ichiro studierte und erforschte van Gogh seit über zwanzig Jahren und ich als Niederländer schon mein Leben lang.

Ich ging zur Wand und legte die Tafel von Theodorus ins obere Fach, die von Anna darunter und die von Vincent in das Rechteck, das mittels einer Linie mit den Eltern verbunden war. Die vertikalen Linien verbanden die Paare, während die Horizontalen, die von ihnen ausgingen, zu den jeweiligen Kindern führten.

»Vermutlich habt ihr auch gesehen«, sagte Ichiro, »dass von Vincent van Gogh zwei vertikale Linien ausgehen, eine nach oben …«

Klick! Als ich die Tafel von Vincent eingelegt hatte, löste sich ein weiteres Stück aus dem Podest, und die zweite Kiste war geöffnet.

»… und die andere nach unten«, schloss Ichiro überrascht.

Gabriella holte zwei Tafeln aus der Kiste.

»Sien Hoornik und Gordina de Groot.«

Der Name Sien Hoornik sagte mir nichts, Gordina de Groot hingegen schon. Die Mitglieder der Familie de Groot waren auf einem seiner hässlichsten und berühmtesten Bilder verewigt, *Die Kartoffelesser*, es gilt als sein erstes Meisterwerk. Als Vincent 1885 dieses Bild malte, war es dank Millet und Breton gerade groß in Mode, Bauern zu malen. Das Bild hängt natürlich auch im Amsterdamer Van-Gogh-Museum und zu meiner Überraschung drängeln sich die Leute regelmäßig davor. Vincent, der damals noch nicht die Komplementärfarben für sich entdeckt hatte, schuf ein unheimliches, düsteres Werk, für das er sämtliche Farben auf der Palette zusammenmischte. Gordina de Groot ist die Frau vorne links auf dem Bild, sie ist auch auf einem anderen Bild von van Gogh zu sehen, *Kopf einer Bäuerin mit weißer Haube*, das ebenfalls 1885 entstanden ist, und zwar in meinem Geburtsort Nuenen.

»Das ist es!«, rief Ichiro und reckte die Faust. »Das meinte ich mit den Linien, die von Vincent nach oben und nach unten zeigen! Diese beiden Frauen sind die einzigen bekannten Mütter seiner Kinder!«

»Aber van Gogh hatte keine Kinder!«, widersprach Gabriella empört.

»Doch!«, beharrte Ichiro. »Er hatte mindestens zwei! Vielleicht sogar mehr.«

»Bist du verrückt geworden?«, fragte ich ihn und meinte es ernst. Ja, es hatte immer Gerüchte gegeben, aber die waren nie bestätigt worden.

»Nein, ich bin nicht verrückt geworden«, sagte er überzeugt. »Es gibt mehr als genug Beweise dafür, dass diese beiden Frauen, Sien Hoornik und Gordina de Groot, jeweils ein Kind von ihm hatten. Das wusste sogar Vincents Mutter, Anna Carbentus! Das wusste die ganze Familie. Deshalb hatte der reiche Bruder von Theodorus, bekannt als Onkel Cent, im Juli 1888 eine Sonderklausel in sein Testament eingefügt, nach der sein Neffe Vincent vom Erbe ausgeschlossen wurde – er und seine gesamte Nachkommenschaft.«

»Aber … aber die Familie van Gogh«, stammelte ich perplex, »erkennt als Erben nur Theos Sohn, Vincents Bruder, an. Alle heutigen Nachfahren der van Goghs stammen von Theo und seiner Frau Jo Bonger ab. Für deren einzigen Sohn malte Vincent den blühenden Mandelzweig. Er hat nie zugegeben, einen Sohn zu haben.«

»Natürlich nicht!«, schnaubte Ichiro. »Zu jener Zeit existierten uneheliche Kinder nicht, sie wurden nicht anerkannt, sie waren eine Schande! Glaubst du, dass die fromme Anna Carbentus und ihr Mann, der konservative Minister der Reformkirche Hollands, akzeptiert hätten, dass ihr missratener Sohn Vincent mit einer Prostituierten wie Sien Hoornik oder mit einer Bäuerin wie Gordina de Groot Nachkommen zeugte? Nicht im Traum! Die guten niederländischen Familien des 19. Jahrhunderts sorgten mit allen Mitteln dafür, dass ihre illegitimen Nachkommen in Vergessenheit gerieten und erst recht deren Mütter. Diese Frauen – Prostituierte und Bäuerinnen – dienten den Männern lediglich zum Abreagieren. Wenn eine von ihnen ein Kind erwartete, wurde sie sofort verlassen und ihre bloße Existenz von nun an ignoriert.«

Gabriella hielt noch immer die Tafeln mit den Namen Sien und Gordina in den Händen. Ich merkte, dass sie unschlüssig war, was sie mit ihnen tun sollte, denn in ihrem Kopf waren gerade zwei Züge zusammengestoßen zwischen dem, was sie geglaubt hatte, und dem, was Ichiro soeben erklärt hatte. Wie ich schon sagte, Gerüchte hatte es immer gegeben. Erst vor Kurzem hatte jemand eine DNA-Analyse beantragt, um zu beweisen, dass er von Vincent van Gogh abstammte, aber die Familie van Gogh hatte sich rundweg geweigert, und die holländische Justiz hatte sich auch nicht gerade kooperativ gezeigt. Es stand ein großes Erbe auf dem Spiel, das viel wichtiger war als das Auffinden eines direkten Nachkommens von Vincent van Gogh.

»Also schön«, sagte ich noch immer verwirrt. »Nehmen wir an, Vincent hatte mit Sien Hoornik und Gordina de Groot Kinder. Hat sich Ryoei Saito so sehr dafür interessiert?«

»Ich habe es euch schon in Paris gesagt, Hubert«, antwortete Ichiro und entspannte sich wieder. »Saito war ein Exzentriker, ein extravaganter Kerl, der sich gern amüsierte. Ich kann mir gut vorstellen, dass er es wahnsinnig genossen hat, über die vermeintlichen Nachkommen van Goghs Nachforschungen anzustellen.«

»So vermeintlich anscheinend doch nicht«, brachte ihm Gabriella in Erinnerung, indem sie mit den beiden Tafeln in der Luft herumwedelte.

»Lasst mich mal nachdenken«, erwiderte Ichiro stirnrunzelnd und starrte auf die Wand. »1872 war eine unbekannte Frau von Vincent schwanger, ihren Namen hat man nie erfahren. Angeblich eine Prostituierte aus der Geest-Gasse in Den Haag. Ihr wisst, dass Onkel Cent, der reiche Bruder von Vincents Vater, Besitzer der berühmten Ladenkette Groupil war, wo sowohl Künstlermaterialien als auch Drucke von Gemälden verkauft wurden. Als Vincent sein Studium aufgab, überredeten seine Eltern Onkel Cent, ihn einzustellen, und der hat ihn tatsächlich in seinem Laden in Den Haag arbeiten lassen. Als der Skandal mit der unbekannten schwangeren Frau publik wurde, schickte Onkel Cent seinen Neffen in die Groupil-Filiale nach London. Ende der Geschichte.«

»Ichiro …«, sagte Gabriella und fuchtelte mit den Tafeln in der Luft herum.

»Ist ja gut!«, erwiderte er lächelnd. »Ich versuche mich nur daran zu erinnern, mit welcher er zuerst zusammen war, Gordina oder Sien.«

Odette lachte auf.

»Wegen mir kannst du diese Geschichten gern erzählen, Ichiro«, sagte sie amüsiert. »Ich finde sie hochinteressant.«

Ichiro lächelte ebenfalls.

»Mal sehen«, murmelte er mit dem Finger auf der Nasenspitze. »Ja, ich glaube, die erste schwangere Frau in Vincents Leben war Sien Hoornik. Vincent war inzwischen achtundzwanzig Jahre alt und nach einem schrecklichen Streit mit seinen Eltern, aufgrund dessen sein Vater ihn für immer aus dem Haus verbannte, nach Den Haag gegangen. Das war 1882, da wollte er schon Maler werden. Er schrieb, dass er ein williges Modell gefunden hätte.« Ichiro lachte, aber Gabriella warf ihm einen vernichtenden Blick zu. »Sie war Prostituierte, krank und schwanger, wie er seinem Bruder Monate später erzählte. Sie wohnten von Anfang an zusammen, und Sien bekam im Sommer 1882 einen Jungen, den sie Willem nannten, so lautete Vincents zweiter Vorname.«

»Das heißt, ich lege Sien Hoornik in das obere Rechteck«, schloss Gabriella daraus.

»Ja, leg sie nach oben«, bestätigte Ichiro. »Denn Gordina de Groot tauchte erst 1884 in Vincents Leben auf. Obwohl man ihn hinausgeworfen hatte, kehrte Vincent zwei Jahre später in sein Elternhaus in der armen, elenden Gemeinde Nuenen zurück. Angeblich wollte er dort nur Weihnachten verbringen, blieb aber. Besser gesagt, er drängte sich auf. Kaum angekommen, brach er den ersten Streit mit seinem Vater vom Zaun, und die Streitereien sollten bis zu Theodorus' Tod im Jahr 1885 nicht enden. Die Familie gab immer Vincent die Schuld daran; schließlich habe er ihm das Leben unmöglich gemacht.«

Ich hatte diese Geschichte über Nuenen schon oft gehört. Jeder in der »armen, elenden Gemeinde« kannte sie. Sowohl die Kapelle, in der Vincents Vater gepredigt hatte, als auch das Pfarrhaus, in dem die Familie so viel gestritten hatte, waren noch erhalten. Aber aus Ichiros Mund zu hören, dass mein Geburtsort arm und elend sei, störte mich schon. Nuenen war ein schönes, modernes Dorf voller Erinnerungen an Vincent van Gogh. Ichiro schien offensichtlich zu glauben, dass ich in Amsterdam geboren wurde.

»In diesen Jahren in Nuenen«, erzählte er weiter, »lernte er Gordina de Groot und ihre Familie kennen, von der er mehrere Bilder malte, das berühmteste ist *Die Kartoffelesser*. Das ganze Dorf wusste über seine Beziehung mit Gordina Bescheid, obwohl es vorher noch eine andere Frau gab, Margot Begeman, ebenfalls aus Nuenen, eine reiche Erbin fortgeschrittenen Alters, die sich in Vincent verliebt hatte. Aber beide Familien waren gegen die Verbindung. So ging er im Oktober 1884 eine Beziehung mit Gordina de Groot ein, die im August 1885 einen Sohn gebar, den sie Pieter nannten. Der Skandal in einem kleinen Dorf wie Nuenen war groß. Alle wussten, dass er der Vater von Gordinas Sohn war, selbst seine Mutter, Anna Carbentus, damals schon Witwe, die daraufhin verlangte, dass Vincent für immer ihr Haus verließ.«

Gabriella, die unbedingt weitermachen wollte, ging zu der Grafik und legte die Tafel von Sien Hoornik in das obere Rechteck über Vincent und die Tafel von Gordina de Groot in das unter Vincent. Zwei vertikale Linien verbanden den Namen Vincent mit beiden Frauen, und von diesen beiden Linien führten zwei horizontale Linien zu weiteren Rechtecken.

Als Gabriella die Tafeln eingesetzt hatte, öffnete sich mit einem trockenen Klicken ein weiteres Stück Podest. Es war keine Überraschung, nur zwei Namen vorzufinden. Oliver las sie laut:

»Willem van Wijk und Pieter van Rooijses.«

»Willem van Wijk ist der Sohn von Sien«, sagte Odette. »Aber ich verstehe nicht, warum er einen anderen Familiennamen trägt. Müsste er nicht Willem Hoornik heißen?«

»Und Gordinas Sohn Pieter?«, ergänzte Oliver. »Müsste der nicht Pieter de Groot heißen statt Pieter van Rooijses?«

Ichiro lachte.

»Meine Kenntnisse über van Goghs Nachkommen reichen nur bis zu diesen beiden Jungs«, räumte er lächelnd ein. »Aber ich kann euch die Namensänderungen erklären. Ein Jahr nach dem Ende ihrer Beziehung mit Vincent hat Sien Hoornik einen Seemann namens van Wijk geheiratet und hieß fortan Sien van Wijk. Ihr Sohn bekam den Namen des Stiefvaters. Und Gordina de Groot heiratete nach dem Ende ihrer Beziehung einen Cousin namens van Rooijses, und es geschah genau dasselbe. Van Goghs zweiter Sohn hieß von da an Pieter van Rooijses.«

Oliver legte die Tafel mit dem Namen Willem van Wijk in das obere Rechteck, das mit einer horizontalen und einer vertikalen Linie die Namen Vincent und Sien verband, und anschließend die Tafel mit dem Namen Pieter van Rooijses in das untere Rechteck mit den Linien zwischen Vincent und Gordina. Willem und Pieter wiesen ihrerseits vertikale Linien auf, die zu weiteren noch leeren Rechtecken führten.

Ein weiteres Knacken und eine neue Kiste öffnete sich. Jetzt müssten die Frauen der beiden Söhne dran sein. Oliver holte zwei Tafeln heraus.

»Maria Elisabeth Roelofs und Hendrina Wisselingh«, sagte er.

Alle schauten Ichiro an und erwarteten eine Erklärung, aber der zuckte diesmal nur mit den Schultern.

»Mehr, als ich euch erzählt habe, weiß ich nicht«, sagte er. »Die Namen dieser beiden Frauen habe ich noch nie gehört. Keine Ahnung, wer sie sind.«

»Offensichtlich die Frauen von Willem und Pieter«, sagte Odette. »Aber welche gehört zu wem?«

»Jetzt wird es riskant«, erklärte Gabriella besorgt. »Bisher haben wir uns erspart, was auch immer sich Saito zur Strafe für diese Prüfung ausgedacht hat. Aber wenn wir uns irren, werden wir das gleich merken, fürchte ich.«

Alle schwiegen besorgt. Unsere Blicke wanderten an den nackten Metallwänden entlang, auf der Suche nach einem Hinweis, von wo die Gefahr kommen könnte, aber es war nichts zu erkennen. Decke, Boden und Wände (ausgenommen die Deckenlampen) waren wollkommen glatt.

»Machen wir weiter!«, entschied Ichiro und nahm Oliver die Tafeln ab. »Lasst uns nicht lange nachdenken! Was passieren soll, wird passieren! Wo soll ich Maria Elisabeth Roelofs reinlegen? Bei Willem oder bei Pieter?«

»Leg sie zu Willem«, wagte sich Gabriella vor. »Jetzt käme uns Johns App mit der Münze sehr gelegen.«

»Du hast auch eine«, sagte ich. »Frag mal dein Handy, und du wirst sehen, was sie antwortet.«

»Nein, sie wird nichts antworten«, meinte Ichiro. »Die intelligenten Assistenten eines Smartphones funktionieren nur übers Internet. Und wir haben kein Netz. Hier drin ist kein Empfang.«

Frustriert verzog ich das Gesicht. Dieser verdammte Panzerraum blockierte das Signal.

Ichiro hatte die Tafel von Maria Elisabeth Roelofs unter die von Willem van Wijk gelegt und wollte schon Hendrina Wisselingh unter Pieter van Rooijses einfügen, als eine Art leises Schnurren erklang. Wir erstarrten, und in einer Zeitspanne, in der man einen Schluck Wasser trinkt, wurde der Panzer zum Gefrierschrank. Die Temperatur sank um fünfzehn oder zwanzig Grad. Der Wechsel war brutal.

»Tausch schnell die Tafeln aus, Ichiro!«, bat Gabriella.

Aber wenn sie erst mal in den Rechtecken lagen, ließen sie sich nicht einfach wieder herausnehmen. Sie steckten fest, weshalb Ichiros Versuche, die Tafel von Maria Elisabeth Roelofs mit den Fingernägeln herauszulösen, erfolglos blieb.

Als sie das sah, schob Gabriella ihn beiseite und versuchte es mit ihren langen Nägeln. Zum Glück gelang es ihr. Einen Augenblick meinte ich zu spüren, dass die Temperatur wieder anstieg, aber nein. Sie sank nicht weiter, das schon. Aber sie stieg auch nicht. Inzwischen mussten wir nahe dem Nullpunkt sein, zumindest fühlte es sich so an.

»Wir brauchen irgendein Werkzeug, um die Tafeln schnell wieder rauszunehmen, wenn wir uns noch einmal irren«, sagte ich und suchte schon in meinem Rucksack nach dem Schweizer Taschenmesser.

»Holt auch die Thermodecken heraus«, empfahl mir Odette und öffnete den ihren. »Die aus der Reiseapotheke.«

Wir legten unsere Thermodecken auf den Boden, und da wir spürten, wie uns die Kälte durch die dünne Sommerkleidung in die Knochen drang, zogen wir unsere Ersatzkleidung darüber. Die Softshell-Jacken waren noch nicht nötig. Dann probierten wir alle Objekte aus, die wir zum Herauslösen der Tafeln gefunden hatten: fünf Schweizer Taschenmesser, drei kleine Schraubenzieher und zwei Nagelfeilen.

Nachdem wir alle Vorsichtsmaßnahmen getroffen hatten, kehrten wir zu der Stammbaum-Grafik zurück. Gabriella legte Hendrina Wisselingh zu Willem van Wijk und Maria Elisabeth Roelofs zu Pieter van Roojises. Wir wussten nicht, ob es daran lag, dass wir dicker angezogen waren, oder ob die Temperatur tatsächlich ein paar Grad anstieg, jedenfalls öffnete sich die nächste Kiste, und wir froren etwas weniger.

Gabriella kam zu mir und umschlang meine Hüfte. Ich legte ihr die Arme über die Schultern und zog sie an mich.

»Ist dir kalt?«, fragte ich.

»Meine Ohren, Hände und Nasenspitze sind eiskalt«, flüsterte sie. »Wenn das hier vorbei ist, fahren wir für ein paar Tage an einen warmen, sonnigen Ort.«

»Versprochen«, sagte ich. »Sehr warm und sehr sonnig und ganz weit weg von Japan.«

Sie lachte und löste sich von mir.

»Abgemacht.«

Oliver hielt fünf Metalltafeln in den Händen und begann die Namen nach einer ersten Vorsortierung aufzulisten.

»Hendrina van Wijk und Liselot van Wijk auf der einen Seite. Wilhelmina van Rooijses, Gerrit van Rooijses und Jan van Rooijses auf der anderen.«

»Dann können wir uns bei den Schwestern van Wijk nur einmal irren«, schätzte ich laut. »Aber bei den drei Geschwistern Rooijses öfter.«

Odette musste lachen.

»Mir gefällt, wie du diese grässlichen Familiennamen aussprichst, Hubert.«

Ich sah sie irritiert an.

»Du hast noch nicht mal gemerkt, wie schlecht wir anderen sie aussprechen«, fuhr sie fort und bog sich vor Lachen.

»Wir Niederländer sind an die falsche Aussprache gewöhnt«, erwiderte ich. »Ich habe den Namen van Gogh immer wie ihr ausgesprochen, um nicht wie ein Pedant dazustehen. Wisst ihr, wie man ihn richtig ausspricht? Fan Goch.«

Alle mussten lachen, als sie das hörten.

»Wollt ihr hören, wie wir Japaner ihn aussprechen?«, fragte Ichiro. »Fu-a-n Go-jo.«

»Auf Italienisch sagen wir van Goge«, scherzte Gabriella. »Aber wir sollten uns bemühen und *Fan Goch* sagen. Es wäre gut, wenn wir Vincents Namen richtig aussprechen.«

»Was glaubst du wohl, warum er seine Bilder nur mit Vincent signiert hat?«, fügte ich hinzu. »Weil in Frankreich kein Mensch in der Lage war, den Familiennamen korrekt auszusprechen. Eigentlich ist das auch unwichtig. Jeder soll ihn nennen, wie er will. Wir Niederländer sind daran gewöhnt.«

»Ich weiß ja, dass ihr nicht gern daran erinnert werdet«, warf Oliver ein, »aber wir müssen noch fünf Tafeln einsetzen.«

»Leg die Schwestern van Wijk ein, wie du willst«, sagte Odette. »Sie sie die Töchter von Willem. Insgesamt können wir uns nur einmal irren.«

Alle waren einverstanden, und Oliver legte Liselot oben und Hendrina unten ein. Ihre beiden horizontalen Linien liefen durch die vertikale, die ihre Eltern verband. Sie waren van Goghs älteste Enkeltöchter.

Es geschah nichts, also hatte Oliver auf Anhieb die richtige Reihenfolge erwischt. Mit Vincents Enkeln aus dem Zweig von Gordina de Groot hatten wir nicht so viel Glück. Wir entschieden uns dafür, sie folgendermaßen zu kombinieren: Jan–Wilhelmina–Gerrit. Damit war die Enkelin in der Mitte, aber als wir Jan oben einfügten, sank die Raumtemperatur spürbar um mehrere Grad, wir klapperten mit den Zähnen und schlüpften rasch in unsere Softshell-Jacken. Zum Glück hatte auch jeder ein Paar dicke Handschuhe im Rucksack. Inzwischen mussten wir bei fünf oder sechs Grad minus angekommen sein, denn wir stießen beim Sprechen weiße Atemwölkchen aus. Mein Schnurrbart fühlte sich schon härter an als die Metalltafeln. Nachdem wir Wilhelmina nach oben gesetzt hatten, schien die Kälte etwas nachzulassen, doch als wir Gerrit unten einfügten, mussten wir uns auf der Suche nach Wärme dicht zusammendrängen. Somit war Wilhelmina die Älteste, Jan der Mittlere und Gerrit der Jüngste.

Klack! Eine weitere Kiste sprang auf, wofür wir von Herzen dankbar waren. Ich merkte, dass wir kaum noch redeten und uns auch weniger bewegten, bezog es aber nicht auf die Kälte.

Gerrit van Rooijses Frau war eine Italienerin namens Grazia Ortese, die von Jan eine gewisse Rosie Ward. Der Mann von Liselot van Wijk hieß Daniël Koopman, der von Wilhelmina van Rooijses Frederik Schafrat und der von Hendrina van Wijk war ein Franzose namens François Bouyer.

Zu diesem Zeitpunkt war die Kälte in der Kammer beinahe unerträglich. Wir hatten uns inzwischen auch die Thermodecken über die Schultern gelegt und Wollmützen sowie sämtliche Socken übergezogen, weshalb wir die Sommerschuhe aufschneiden mussten, weil unsere Füße nicht mehr hineinpassten. Jetzt stießen wir beim Atmen weiße Dunstwölkchen aus und jede noch so kleine Bewegung kostete viel Kraft. Aber es fehlte noch viel in der Grafik. Wir waren erschöpft und konfus, auch müde. Weshalb niemand, nachdem wir die letzte Tafel von Hendrina van Wijks Ehemann, dem Franzosen François Bouyer, eingelegt hatten und sich die nächste Kiste öffnete, auf Odette achtete, die ganz langsam zu der Wand ge-gangen war und stumm auf den Stammbaum starrte.

Erst dann hörten wir sie sagen:

»Meine Großmutter mütterlicherseits war keine Französin, sie stammte aus Nordeuropa.«

Um gleich darauf hinzufügen:

»Meine Großeltern mütterlicherseits hießen François und Hendrina Bouyer.«

21 DER KÜNSTLER IN SEINEM WERK

Trotz der Thermodecken drängten wir uns bibbernd und zähneklappernd aneinander, um uns gegenseitig zu wärmen; in unseren eiskalten Zehen und Fingern kribbelte es, und klar denken konnten wir auch nicht mehr. Deshalb verwirrten uns Odettes Worte umso mehr.

Gabriella löste sich sanft von mir und ging schweigend zu der weinenden Odette, deren Tränen augenblicklich gefroren.

»Ich dachte, das wäre nur in meinem Fall so«, murmelte sie gedehnt. »Aber nein. Mein Großvater väterlicherseits war auch kein Italiener. Ich weiß, dass er seinen Namen geändert hat, als er nach dem Zweiten Weltkrieg nach Mailand kam. Mein Großvater hieß Gerardo Ruise und meine Großmutter mit Mädchennamen Grazia Ortese, wie die Frau von Gerrit van Rooijses.«

»Gerrit ist im Englischen Gerard und im Deutschen Gerhard«, flüsterte ich verwirrt.

»Und im Italienischen Gerardo«, fügte sie hinzu. »Der Familienname Ruise kommt aus der Gegend von Mailand und klingt irgendwie ähnlich wie Rooijses.«

Wir alle wurden blass, aber nicht wegen der Kälte. Mein Herz schlug mir bis zum Hals.

»Ist das … ist das nur ein seltsamer Zufall«, rief Ichiro alarmiert, »oder werden wir langsam verrückt?«

»Ich weiß, dass mein Urgroßvater auch nicht aus England kam«, stammelte Oliver, »und dass mein Großvater seinen ausländischen Familiennamen in Roos änderte, als seine maritimen Handelsgeschäfte gut liefen, noch bevor er meine Großmutter heiratete. Aber das muss nichts besagen. Ist vielleicht nur Blödsinn.«

Vielleicht war es tatsächlich nur Blödsinn, und wir halluzinierten vor lauter Unterkühlung, vielleicht blockierte die Eiseskälte unseren Verstand und ließ uns nicht klar denken, so sehr wir uns auch bemühten. Unsere Lider wogen schwer, und es kostete große Mühe, die Augen offen zu halten und der Versuchung zu widerstehen, uns einfach auf den eisigen Boden zu legen und zu schlafen. Wie konnten wir in einem solchen Zustand denken, dass … Wir bildeten uns das gewiss nur ein.

Doch diese vielen Übereinstimmungen wirkten wie Brandbomben auf uns. Was bedeutete das alles? Odette, noch im Schockzustand, schleppte sich mit einer letzten Anstrengung zum Podest und holte die nächsten Tafeln aus der Kiste. Als sie anfing, die Namen vorzulesen, klang ihre Stimme fern, schwach und vor allem ängstlich:

»Clasina Koopman, Oliver van Rooijses, Gerarda Schafrat, Gabriella Ruise und … ja: Odette Bouyer. So hieß meine Mutter vor ihrer Heirat.«

In mir hallte laut der Name Gerarda Schafrat nach. Meine Großmutter Gerarda war die Mutter meines Vaters. Ich kannte sie nur als Gerarda Kools, meinen Familiennamen. War sie diese Gerarda Schafrat? Plötzlich war die Kälte wie weggeblasen. War das ein Zweig meines eigenen Stammbaumes …?

Gabriella kam wieder zu mir, kuschelte sich in meine Arme und drückte sich unter der Thermodecke an mich. Ich spürte ihre Unruhe, ihre Nervosität. Unsere Vermutungen waren beängstigend.

»Noch mal von vorn«, flüsterte Oliver und löste sich aus unserem Wärmeknäuel. »Clasina Koopman war offensichtlich die Tochter von Daniël Koopman und Liselot van Wijk, eine von Vincents Enkelinnen. Odette Bouyer ist die Tochter von Hendrina van Wijk und François Bouyer. Odette hat die Tafel schon hineingelegt.«

Es fiel ihm sichtlich schwer, klar zu denken, und man spürte die Anstrengung, aber Oliver wollte wie wir alle diese seltsame Geschichte zu Ende bringen.

»Gerarda Schafrat«, fuhr er fort und legte dabei die Tafeln in die entsprechenden Rechtecke, »ist offensichtlich die Tochter von Frederik Schafrat und Wilhelmina van Rooijses, auch eine Enkelin von Vincent. Oliver … Oliver van Rooijses kann demzufolge sowohl der Sohn von Jan van Rooijses als auch von Gerrit van Rooijses sein, beide Enkel von Vincent, aber da Gerrit wahrscheinlich Gerardo Ruise ist, Gabriellas Großvater, kann Oliver nur Jans Sohn sein.«

»Das ist dein Vorfahr«, murmelte Gabriella und sah ihn an.

Oliver legte die zwei fehlenden Tafeln, die seines Vorfahren und die von Gabriella Ruise, zweifelsohne Gabriellas Mutter, mit äußerster Vorsicht in die Rechtecke. Kein Fehler. Die nächste Kiste am Podest klappte auf und wir spürten, dass die Temperatur stieg. Weniger Kälte, besseres Denkvermögen.

»Was weißt du von alledem, Ichiro?«, fragte ich unter großen Atemwolken und etlichen Tropfsteinen in meinem Bart. »Und sag jetzt nicht, nichts, denn das glaube ich dir nicht.«

Aber auch Ichiro war vollkommen fassungslos. Als hätte er einen Schlag in die Magengrube erhalten. Er konnte mir nicht in die Augen sehen, als er antwortete:

»Ich versichere dir, Hubert, ich bin genauso perplex wie du«, stammelte er und klang zu meiner Überraschung aufrichtig. »Ich habe keine Ahnung, was hier geschieht. Allerdings frage ich mich so langsam, ob auch einer meiner Großeltern seinen Namen geändert hat – oder sich die Augen hat operieren lassen, um wie ein Japaner auszusehen. Das ist doch alles Wahnsinn!«

»Wahnsinn?«, wiederholte Oliver aufgeregt. »Das ist mehr als Wahnsinn! Soll das bedeuten, dass wir alle von Vincent van Gogh abstammen? Verdammt noch mal, Ichiro, das musst du doch gewusst haben!«

»Aber nein, Oliver!«, rief Ichiro jetzt wirklich besorgt. »Woher sollte ich das denn gewusst haben? Ich habe mein Leben lang van Gogh studiert – und dann stellt sich heraus, dass ich auf der Suche nach einem seiner Bilder zusammen mit seinen Nachfahren tausend Nöte durchleide! Glaubst du, ich hätte das gewusst und mir nichts anmerken lassen?«

Oliver machte eine wütende, ohnmächtige Handbewegung.

»Bringen wir es einfach zu Ende!«

Die Namen der folgenden Tafeln waren uns natürlich nicht mehr unbekannt, eher im Gegenteil. Als auf den nächsten fünf Tafeln, denen der Paare von Vincent van Goghs Nachfahren, der Name meines Großvaters väterlicherseits auftauchte, gaben meine Beine nach.

»Johannes Kools war mein Großvater«, verkündete ich fassungslos. »Der Mann von Gerarda Schafrat.«

Oliver legte die Tafel unter die meiner Großmutter.

»Meine Mutter, Odette Bouyer, heiratete 1985 meinen Vater Maximilien Blondeau«, erklärte Odette. Oliver legte die Tafel mit dem Namen Maximilien Blondeau in die richtige Öffnung.

»Mein Großvater Oliver Roos … Oliver van Rooijses, heiratete Emily Jones, meine Großmutter Emily«, murmelte Oliver und legte die Tafel mit dem Namen seiner Großmutter an die richtige Stelle. Die Temperatur im Raum stieg weiter, aber innerlich war uns trotzdem kalt.

»Renzo Amato ist mein Vater«, erklärte Gabriella. Oliver legte die Tafel unter die mit dem Namen Gabriella Ruise.

»Eine haben wir noch«, sagte er. »Aber da nur noch eine Öffnung frei ist, können wir uns nicht mehr irren. Es ist die von Joos Kam, das dürfte der Mann von Clasina Koopman sein, der Tochter von Liselot und Daniël.«

»Das ist bestimmt der Stammbaum von John Morris«, sagte ich. Für mich war zu dem Zeitpunkt längst klar, dass hinter all dem die Kogas stecken mussten. Die Grafik war zu spezifisch, es waren die Stammbäume von uns fünf, die unter Vertrag genommen und nach Paris bestellt worden waren. Ichiro schien von nichts gewusst zu haben, aber konnte man das glauben? Hier stimmte irgendetwas nicht, und zwar nicht nur unsere Abstammung.

»Müssen wir Johns Linie auch vervollständigen?«, fragte Gabriella lustlos.

»Ich fürchte schon«, sagte ich. »Aber das wird nicht schwer sein.«

»Eine Sache ist doch klar«, warf Odette ein. Mit dem Steigen der Temperatur hatte ihr Gesicht wieder Farbe bekommen. »Wir vier, oder fünf, wenn wir John mitrechnen, sind nicht die einzigen Nachkommen von van Gogh. Und nur fürs Protokoll: Ich kann gar nicht glauben, dass ich das gerade gesagt habe. Gütiger Himmel, meine Kinder sind Nachfahren von Vincent van Gogh!« Beeindruckt von der Vorstellung hielt sie kurz inne. »Was ich damit sagen will, ist, dass ihr vermutlich auch Geschwister habt wie ich, und meine Mutter hatte einen Bruder, der ebenfalls zwei Kinder hat, meine Cousins. Sie alle sind ebenfalls Nachfahren von van Gogh.«

»Dann müssen wir eine ganze Menge sein!«, rief Oliver fasziniert.

Aber darüber konnte ich jetzt nicht nachdenken. Ich wollte

nur weg und in die Wirklichkeit zurück, um dem seltsamen Gefühl zu entkommen, dass plötzlich alles auf den Kopf gestellt worden war, was ich wusste und was mich umgab. Mein Weltbild war aus den Fugen geraten. Ich brauchte Zeit, um mich an den Gedanken zu gewöhnen, dass ich von Vincent van Gogh abstammte und dass die Kogas all das irgendwie organisiert haben mussten, oder mein Kopf würde explodieren. Natürlich reagierte jeder von uns auf seine Weise und wunderte sich über andere Dinge. Oliver und Odette schien besonders zu beeindrucken, wie viele direkte Nachfahren von van Gogh es auf der ganzen Welt gab; mich, so unvermittelt zu erfahren, von wem ich abstammte.

Nachdem wir Joos Kam in Morris' Zweig gelegt hatten, las Odette die Namen der Tafeln aus der nächsten offenen Kiste vor:

»Johannes Kools …«

»Das ist mein Vater«, bestätigte ich.

Odette reichte Oliver die Tafel, der sie an ihren Platz legte.

»Gabriella Amato«, sagte Odette und lächelte Gabriella an.

»Das bin dann wohl ich«, Gabriella nickte zustimmend. Mit ihr war der Zweig ihres Stammbaums zu Ende. Es gab keine weiteren horizontalen oder vertikalen Linien.

»Odette Blondeau«, las Odette. »Hier, Oliver, leg mich bitte ein.«

Die Zweige von Gabriella und Odette waren vollständig. Sie waren Urururenkelinnen von Vincent van Gogh.

»Oliver Roos«, las Odette als Nächstes.

»Das könnte ich sein«, rief Oliver lachend. »Aber es ist mein Vater, denn bei mir sind noch drei Löcher frei. Seines, das meiner Mutter und meines.«

»John Morris«, las Odette abschließend.

»John Morris?«, wunderte sich Gabriella. »Clasina Koopman und Joos Kam hatten einen Sohn namens John Morris?«

»Sie werden ihren Namen geändert haben, als sie in die
Staaten auswanderten«, mutmaßte Ichiro. »Wie es unsere Vorfahren auch taten, als sie das Land verließen.«

»Meine sind geblieben«, erwiderte ich mit gewissem Stolz.

»Weil es deinen an Mut und Ehrgeiz fehlte«, spottete Gabriella. »Zum Auswandern braucht es großen Mut und die
feste Absicht, sein Leben zu verbessern und voranzukommen.
Auf dieses Wagnis lassen sich nicht viele ein.«

Damit hatte sie recht. Meine Großeltern waren ihr Leben
lang arme Bauern in Nuenen gewesen, mein Vater ebenfalls.
Mein Bruder Johannes führte den Bauernhof weiter, und es
war davon auszugehen, dass alle meine Vorfahren – außer
einem, der eindeutig anders gewesen war – über Jahrhunderte
denselben Beruf ausgeübt hatten.

Als wir die Tafel in Johns Linie eingefügt hatten, öffnete sich
die nächste Kiste am Podest. Viel konnte nicht mehr fehlen,
aber angesichts der perfekten Oberfläche des Edelstahls war
nicht zu erkennen, wie viele sich noch öffnen würden. Diesmal
gab es anstelle von fünf nur drei Tafeln mit drei Namen.

»Grace Campbell«, sagte Odette.

Oliver nahm ihr die Tafel aus der Hand.

»Das ist meine Mutter«, murmelte er, ging zur Wand zurück und legte sie unter die seines Vaters.

»Margaret Relish.«

»Leg sie in Morris' Zweig«, sagte ich zu Oliver. »Mit mir hat
Margaret Relish nichts zu tun.«

»Anna Hoeben.«

»Die hat allerdings mit mir zu tun«, sagte ich.

Als Oliver die Tafel mit dem Namen meiner Mutter in die
Öffnung unter der meines Vaters legte, waren nur noch drei

Rechtecke leer, und wir alle wussten, welche Namen in der nächsten Kiste liegen mussten.

»Oliver Roos, Hubert Kools und John Morris«, sagte Odette lächelnd.

Nachdem Oliver unsere Namen in die Öffnungen gelegt hatte, breitete sich Stille in dem jetzt warmen Raum aus.

»Das bedeutet ...«, sagte Ichiro und sah uns fest an. »Das bedeutet ... Ihr alle seid Nachkommen von Vincent van Gogh!«

Kein Zweifel, mit Anstieg der Temperatur hatte Ichiro seine gewohnte, resolute Begeisterungsfähigkeit zurückgewonnen.

»Nach dieser Auflistung, ja«, stimmte Gabriella lächelnd zu.

»Odette und John stammen vom Zweig Sien Hoornik ab«, rief Oliver mit Blick auf den Anfang des Stammbaumes. »Hubert, Gabriella und ich von Gordina de Groots.«

»Ja, aber wie ich schon sagte«, fügte Odette hinzu, »wir fünf können nicht die Einzigen sein. Es muss weltweit zig Nachfahren von Vincent van Gogh geben, wenn man bedenkt, dass sich seine Enkel und Urenkel nach dem Zweiten Weltkrieg in alle Himmelsrichtungen verstreut hatten.«

Wir hatten ihn nicht hereinkommen gehört, was angesichts unseres aufgeregten Gemütszustands auch nicht verwunderlich war: Wir stammten direkt von Vincent van Gogh ab! Einfach unglaublich. Wir waren allesamt van Goghs (Familienmitglieder, nicht Bilder). Illegitime van Goghs zwar, aber dennoch echte. Wie sollten wir da bemerken, dass an der Wand mit den Kisten eine kleine Tür aufgegangen und jemand leise eingetreten war, der jetzt hinter uns stand?

»Ich habe über siebzig direkte Nachfahren von Vincent aufgelistet«, sagte die mysteriöse Gestalt, die sich hereingeschlichen hatte, unvermittelt.

Wir zuckten zusammen. Hinter uns stand ein lächelnder Kentaro Koga, ohne Rollstuhl, ohne seine Männer in Schwarz, ohne seine Schwiegertochter Midori oder seine Frau Fumiko. Er allein, elegant gekleidet, ordentlich rasiert und gekämmt. Und nur auf einen glänzenden hölzernen Stock gestützt – sonst erinnerte nichts an seine Lähmung.

Stumm vor Verblüffung waren wir unfähig zu einer Reaktion.

»Selbstverständlich hat keiner der siebzig, euch eingeschlossen, die geringste Chance, von der heutigen Familie van Gogh rechtlich anerkannt zu werden, weil sie keinen DNA-Test zulassen«, fuhr er mit amüsiertem Lächeln fort. »Aber es wird euch freuen zu erfahren, dass die Nachforschungen über eure Herkunft präzise und professionell ausgeführt wurden und verifiziert sind. Sie wurden von einem westlichen Expertenteam aus Genealogen durchgeführt.«

Noch immer völlig überrumpelt von Kentaros plötzlichem Auftauchen sahen wir, wie Ichiro die Thermodecke abstreifte und sich neben seinen Vater stellte, als würde es ihn keineswegs überraschen, ihn aufrecht stehen zu sehen.

»Vor allem«, sagte er und verbeugte sich tief vor uns, »möchte ich euch in aller Bescheidenheit um Verzeihung bitten, dass ich die ganze Zeit Unwissenheit vorgetäuscht habe.«

Er richtete sich wieder auf und sah uns voller Zuneigung an. In seinem Gesicht zeichnete sich keinerlei Reue ab, aber etwas anderes, das ich nicht benennen konnte, vielleicht Zufriedenheit. Bevor ich zu einer Reaktion fähig war, hatte er sich erneut verbeugt.

»Ich bitte euch noch einmal um Verzeihung«, sagte er mit fester Stimme. »Ich sah mich zu dieser Täuschung gezwungen, fand aber, dass ich mich im Gegenzug gemeinsam mit euch allen sämtlichen qualvollen Prüfungen stellen müsste. Ich habe mir von den *tetsubishi* die Füße und von den *fukibari* die Beine zerstechen lassen, ich erlitt dieselben Schnitte und Stiche der *kyoketsu shoge* und der *shuriken*, habe mich vom *metsubushi* berieseln lassen, bekam als Erster den Feuerball der Drachen im Labyrinth von Yoshiwara zu spüren, ertrug die dreihundertfünfundsiebzig Klänge bei voller Lautstärke im Iriya-Kishimojin-Tempel ebenso wie den feinen, kochenden Regen, der uns die Haut verbrühte, und ich habe die eisigen Temperaturen in diesem Gefrierschrank überstanden. Deshalb hoffe ich«, sagte er seufzend, ohne sich aufzurichten, »dass ihr mir diese ganze Farce verzeiht. Vor allem, wenn ihr erfahrt, dass ich als Versuchskaninchen herhalten musste, um diese ganzen Mechanismen so einzustellen, dass sie keinen echten Schaden anrichten. Soll heißen, ich habe zwei Mal unter den Stichen, Schnitten, Schlägen und allem anderen gelitten.«

Als Ichiro sich angesichts unseres überraschten und bestürzten Schweigens endlich wiederaufrichtete, ergriff Kentaro das Wort.

»Mein Sohn und ich …« Beide verneigten sich gleichzeitig wieder so tief, dass ihre Köpfe fast den Boden berührten. Ich fürchtete um Kentaros Gleichgewicht, und Odette schien versucht, zu ihm zu stürzen, aber der alte Mann hatte trotz seiner Gebrechlichkeit und des Stocks genug Übung und konnte das Gleichgewicht halten. »Mein Sohn und ich möchten euch unsere Bewunderung und unseren tiefen Respekt bekunden.«

Danach richteten sich beide langsam wieder auf, aber nur kurz, denn zu unserer großen Überraschung verbeugten sie sich erneut.

»Und euch danken«, fügte Ichiro von unten hinzu. »Denn ihr habt bewiesen, dass ihr würdige Erben von einem der größten Künstler der Menschheit seid.«

Gabriella ergriff meine Hand und sah mich irritiert an,

aber ich war genauso verwirrt wie sie angesichts dieser Abfolge von Verbeugungen. Wir hatten noch nicht mal gewagt, die vielen Kleiderschichten abzulegen, obwohl wir schon ordentlich schwitzten und vor Hitze fast umkamen.

»Begleitet uns bitte«, schloss Kentaro.

Ichiro ließ seinem Vater den Vortritt, und dieser ging auf seinen Stock gestützt unsicher durch die kleine Tür. Dann machte uns Ichiro ein Zeichen, Kentaro zu folgen. Wir betraten einen warmen Saal mit hoher Decke, *tatamis*-Boden und Holzwänden, in dessen Mitte unter weichem Licht eine große Staffelei stand, darauf ein Bild von ungefähr sechzig mal siebzig Zentimetern in einem einfachen dunklen Holzrahmen mit Glasscheibe.

Von dem Bild schauten uns traurige blaue Augen unter einer cremefarbenen Mütze an. Der Körper war leicht nach rechts gebeugt und das Gesicht auf die geschlossene Faust gestützt, die andere Hand lag auf einem Tisch mit roter Tischdenke. Das Haar unter der Mütze war leuchtend orange, während das schmale, längliche Gesicht und die Faust unterschiedliche Gelbtöne aufwiesen. Die Mitte des Bildes füllte ein dunkelblauer Gehrock mit großen, limettengrünen Knöpfen aus, der im *ukiyō-e*-Stil schwarz gerahmt war. Auf dem Tisch lagen neben einer Glas-Vase mit grünen Fingerhut-Stängeln zwei Bücher in leuchtend gelbem Einband (*Germinie Lacerteux und Manette Salomon* von den Brüdern Edmond und Jules de Goncourt).

»Das *Bildnis des Dr. Gachet*!«, rief Odette fasziniert und trat näher. »Das echte *Bildnis des Dr. Gachet*!«

Wie hypnotisiert folgten wir ihr. Je näher man kam, desto besser erkannte man die furiosen, exemplarischen Pinselstriche, die mit rasender Geschwindigkeit und größter Hast ohne vorherigen Entwurf ausgeführt worden waren, als hätte unser

Vorfahr gewusst, dass ihm nur noch wenig Zeit blieb. Oliver dürfte dasselbe gedacht haben, als er sagte:

»Heutzutage wäre Vincent ein fantastischer Graffiti-Künstler, ein ganz Großer der Street-Art-Kunst. Die Schnelligkeit beim Sprayen passt viel besser zu seinem Malstil als der langsame Pinsel.«

»Er hat nicht langsam gemalt«, erklärte ich. »Die ihn malen sahen, versicherten, dass er es fieberhaft tat, in einem konvulsiven, rabiaten Rhythmus, und dass er so viel Farbe benutzte, dass sie buchstäblich auf den Boden tropfte. Er konnte ein Bild an einem einzigen Morgen fertigstellen.«

Gabriella, die noch immer meine Hand hielt, zog mich näher an das Werk heran.

»Da ich jetzt weiß, dass er mein Ururgroßvater war«, sagte sie stolz, »sehe ich sein Werk mit anderen Augen. Außerdem weiß ich jetzt, warum ich Malerin geworden bin.«

»Ihr drei habt alle mit der Malerei zu tun«, protestierte Odette. »Aber John und ich nicht. Er ist Handwerker und ich Krankenschwester.«

»Wusstest du, dass Vincent van Gogh Arzt werden wollte?«, fragte Kentaro lächelnd. »Und weißt du, dass sich sein Vater Theodorus van Gogh ebenfalls zum Medizinstudium berufen fühlte? Aber Theodorus' Vater, Pfarrer der Niederländisch-Reformierten Kirche, verbot es ihm und zwang ihn, ebenfalls Pfarrer zu werden. Vincent interessierte sich sehr für das Thema Gesundheit, aber da er die Schule schon früh verlassen hatte, war ein Medizinstudium ausgeschlossen. Nachdem er dieses Bild gemalt hatte« – er zeigte auf das *Bildnis des Dr. Gachet* –, »schrieb er in einem Brief aus Auvers-sur-Oise an seinen Bruder Theo, dass ihn das Malen gewissermaßen darüber hinwegtröstete, dass er nicht Arzt werden konnte. Vielleicht verstehst du jetzt deine Berufswahl besser.«

Sie wirkte nachdenklich, aber nicht überzeugt, und erwiderte dann:

»Na schön, aber John? Hat John etwa nichts von unserem gemeinsamen Urahn? Liegt es daran, dass wir von Sien Hoornik und nicht von Gordina de Groot abstammen?«

»Das ist Blödsinn, Odette«, warf Gabriella ein.

Aber Kentaro wirkte wie ein Kater, der sich übers Maul leckt, bevor er sich über ein Stück Käse hermacht.

»John Morris«, sagte er, jedes Wort genüsslich auskostend, »ähnelt Vincent von allen siebzig Nachfahren am stärksten. Nicht unbedingt äußerlich, obwohl er ebenfalls rotes Haar und einen roten Bart hat, aber im Charakter. Wenn wir daran glauben, dass van Goghs *kami* in einem neuen Körper wieder Fleisch geworden ist, dann bestimmt als John Morris.«

Ich glaube, die tiefe Abscheu, die ich für Morris empfand, stand mir deutlich ins Gesicht geschrieben. Kentaro las meine Gedanken.

»Was du gegenüber John empfindest, ist dasselbe, was viele Menschen gegenüber Vincent empfanden«, sagte der alte Mann tadelnd. »Nicht mal seine eigene Familie konnte ihn ertragen. Aber was hat das mit seinen Bildern zu tun? Wenn wir versuchten, den Künstler in seinem Werk zu finden, würden van Goghs Bilder niemandem gefallen, weil niemand ihn mochte. Heutzutage gibt es eine Tendenz, nur das zu schätzen, was die Leute exemplarisch macht. Deshalb versucht die Familie van Gogh ein geschöntes und positives Bild von ihm zu zeichnen, deshalb verheimlicht und verschleiert sie, wie er wirklich war. Sie fürchtet, dass die Menschen nicht mehr massenhaft in die Museen strömen und seine Werke bestaunen, wenn sie um Vincents wahren Charakter wissen. Es sind die Werke, die Vincent als großes Genie der Malerei ausweisen, nicht seine unangenehme Persönlichkeit. Die meisten Menschen auf der Welt bewundern zutiefst seine Werke, die eingesetzten Komplementärfarben, seine groben Pinselstriche, seine schroffe Strichtechnik ... Wahrscheinlich sind die von John Morris gebauten Häuser die besten in ganz Michigan.«

»Jetzt vielleicht noch nicht«, witzelte Gabriella. »Aber später als Altbauten bestimmt. Solange er das Maurerhandwerk nicht aufgibt und stattdessen ein Bestattungsunternehmen eröffnet, wie er sagte.«

Oliver ging etwas unsicher auf Kentaro zu.

»Da wir jetzt wissen, dass wir Nachfahren von Vincent van Gogh sind und das *Bildnis des Dr. Gachet* offensichtlich gar nicht verloren gegangen ist«, sagte er, und seine Stimme wurde härter, »könntet ihr uns jetzt endlich mal erklären, was es mit der verdammten Geschichte von Ryoei Saito auf sich hat und diesen ganzen Prüfungen, die wir bestehen mussten?«

22

DIE ALTEN SAMURAIS

Kentaro schien plötzlich sehr erschöpft zu sein. Odette eilte zu ihm und legte sich seinen Arm über die Schultern, womit sie ihn nötigte, sein gesamtes Gewicht auf sie zu verlagern. Ichiro lief hinaus und kehrte gleich darauf in Begleitung der beiden kräftigen Angestellten zurück, die den großen Rollstuhl hereintrugen, als würde er nichts wiegen.

Ichiro redete auf seinen Vater ein, doch der schüttelte nur den Kopf, während Odette ihm geschickt in den Rollstuhl half. Die beiden Kraftpakete verschwanden wieder und schleppten kurz darauf einen Stapel Klappstühle an, die sie im Halbkreis um die Staffelei mit dem *Bildnis des Dr. Gachet* aufstellten und darin Platz für Kentaros Rollstuhl ließen. Dann verschwanden sie wieder.

»Das erinnert mich an Paris«, flüsterte Gabriella mir ins Ohr. »An unser erstes Treffen in diesem Hinterzimmer in der Galerie Père Tanguy.«

Ich nickte und hatte das Gefühl, als wäre seither ein Jahrhundert, ein ganzes Leben vergangen, dabei waren es lediglich vierzehn Tage. Alles war so seltsam wie unser Urahn van Gogh. Mein Urururgroßvater.

Odette und Oliver gesellten sich wieder zu uns. Zusammenzuhalten und dicht beieinander zu stehen wie im Gefrierschrank schien uns jetzt gegenüber den Kogas dringend nötig – sie wirkten nicht mehr so ehrlich und sympathisch wie zuvor.

Nachdem Kentaros Gesicht wieder eine gesündere Farbe angenommen und er sich ein wenig erholt hatte, zeigte Ichiro auf die im Kreis stehenden Stühle.

»Setzt euch bitte«, sagte er. »Mein Vater und ich warten schon seit Jahren auf diesen Tag.«

Als wir alle (einschließlich Ichiro) saßen, hob Kentaro den Kopf und sah uns einen nach dem anderen eindringlich an. In seinen Augen stand Traurigkeit und großer Kummer. Einen solchen Kummer hatte ich bisher noch nicht wahrgenommen; wir hatten ihn immer höflich, optimistisch und aktiv erlebt.

»Mein Sohn hat euch in Paris vermutlich erzählt«, begann er langsam zu sprechen, »dass ich im vergangenen Jahr eine Gehirnblutung erlitten habe, die mich an den Rollstuhl fesselte, weshalb ich die Suche nach dem *Bildnis des Dr. Gachet* nicht gemeinsam mit ihm fortsetzen konnte und wir euch engagiert haben.«

Wir vier nickten, und Oliver flüsterte fast unhörbar: »Ja.«

»Das war die erste Lüge«, sagte Kentaro voller Bedauern. »Es stimmt, dass ich eine Blutung hatte und gelähmt war. Aber nicht erst letztes Jahr. Das war im September 1996, sechs Monate nach Ryoei Saitos Tod, also vor knapp zweiundzwanzig Jahren.«

Ichiro sah seinen Vater mitfühlend an und fiel ihm wie gewohnt ins Wort.

»Ich habe euch erzählt, dass sich unser Bestattungsunternehmen, damals das einzige in Shizuoka, um die Trauerfeierlichkeiten und das Begräbnis von Ryoei Saito gekümmert hat. Das alles stimmt.« Er hielt kurz inne, um dann nervös fortzufahren. »Eigentlich stimmt alles, die Geschichte, die ich über

Saito und das *Bildnis des Dr. Gachet* erzählt habe, entspricht vollkommen der Wahrheit.«

»Gelogen war nur das, was passierte, nachdem ich in den hinteren Teil des Leichenwagens geklettert bin, Saitos Sarg geöffnet und die Rolle mit dem Bild herausgenommen habe.«

Es folgte ein kurzes Schweigen.

»Ihr müsst uns verstehen«, bat Kentaro mit erstickter Stimme. »Wir konnten nicht zulassen, dass ein Kunstwerk wie dieses« – er zeigte auf die Staffelei – »vernichtet wird. Ich verstand Ryoeis Gründe, und es war sein legitimes Recht, es mit ins Grab zu nehmen, aber etwas in mir zwang mich, es vor den Flammen zu bewahren. Ich wusste, dass mich Ryoeis Geist verfolgen und Rache üben würde, aber ich konnte mich nicht beherrschen, ich musste den Sarg öffnen und das Bild herausnehmen.«

»Mein Vater hatte nicht die Absicht, es zu behalten«, erklärte Ichiro, damit wir nicht schlecht von seinem Vater dachten. »Er hat es nur gestohlen, um es zu bewahren, wohl wissend und fürchtend, was ihn erwartete: die Rache des Geistes eines Mannes, der selbst noch im Tode gedemütigt wurde.«

»Mein Sohn hat sich lange Zeit für mich geschämt«, erzählte Kentaro traurig weiter. »Er sprach nicht mehr mit mir und sah mich auch nicht mehr an. Seine Mutter Fumiko war sehr besorgt, aber er hat ihr nie etwas erzählt. Ichiro war damals noch sehr jung und verbrachte die meiste Zeit außer Haus, und ich wusste, dass er im Tempel zu Ryoeis *kami* betete, damit er mir verzeihen möge. Ich lebte in ständiger Angst davor, dass jeden Moment ein schreckliches Unglück geschehen würde. Allerdings fürchtete ich nicht so sehr die Rache von Saitos Geist an mir, sondern dass es meinen Sohn oder meine Frau treffen könnte. Ich hatte meine und Saitos Familie entehrt, ich hatte ein schreckliches Verbrechen begangen, weshalb ich eine Strafe verdient hatte. Sie aber nicht. Deshalb lebte ich Tag und Nacht in großer Angst. Ich sah Ryoeis *kami* in jeder Zimmerecke, rachsüchtig und vorwurfsvoll, und stürzte schließlich in eine schwere Depression, die mich fast zerstörte.«

»Unser Haus war düster und wie erloschen«, sagte Ichiro. »Mein Vater siechte wegen seiner Schuldgefühle regelrecht dahin. Er sah aus wie eine Leiche.«

»Dann folgte die Gehirnblutung«, fuhr Kentaro fort, »und ein langer Krankenhausaufenthalt. Ich hatte nicht nur die Beweglichkeit meiner Beine verloren, ich konnte weder essen noch sonst etwas tun … Nichts. Ryoeis Rache war schrecklich, aber ich war erleichtert darüber, dass es endlich geschehen war und sein Geist sich wieder beruhigen konnte, wenn er mich krank und unbeweglich im Krankenhaus wusste. Ihr müsst das verstehen, er hatte mich büßen lassen, seine Rache war erfolgt und meine Familie außer Gefahr. Ryoei und ich waren miteinander im Reinen. Ich wusste aber trotzdem, dass meine Schuld und Schande noch nicht ausgestanden waren.«

»Es dauerte zwei Jahre, bis er wieder sprechen konnte, und noch mal zwei Jahre, bis er wieder normal essen konnte. Weil er nicht mehr wusste, wie man schluckt, und selbst an einem Schluck Wasser fast erstickte, wurde er mittels einer Nasensonde ernährt. Damals habe ich die Geschäfte weitergeführt; finanziell ging es uns gut. Mein Vater hatte das Unternehmen auf eine solide Basis gestellt, ich musste es nur weiterführen. Japan wurde moderner, und unsere Arbeit, der immer das Stigma der Unreinheit anhaftete, wurde mit der Zeit respektabler und bekam ein positiveres Image.«

»Ichiro hat das hervorragend gemacht«, bestätigte Kentaro stolz. »Aber die Rolle mit dem Bild lag noch immer in meinem Arbeitszimmer versteckt. Und es ist keine Fälschung, wie wir behauptet haben. Es ist das echte *Bildnis des Dr. Gachet* von Vincent van Gogh. Die Sache mit der Fälschung und alles andere haben wir uns ausgedacht.«

»So war es auch wieder nicht, *otōsan* …«, protestierte Ichiro.

»Ist auch egal«, meinte Kentaro knurrend. »Tatsache ist, dass ich schwer krank war, mich nur sehr langsam erholte und das echte *Bildnis des Dr. Gachet* noch immer in unserem Besitz war, obwohl wir dazu keinerlei Recht hatten. Hätten wir das Bild Saitos Familie zurückgegeben, hätte die sich gezwungen gesehen, es laut seinem Wunsch nachträglich zu verbrennen. Es den japanischen Behörden auszuhändigen, die das Bild nicht erworben hatten und demzufolge auch nicht die rechtmäßigen Besitzer waren, hätte bedeutet, Ryoeis *kami* ein zweites Mal zu demütigen und seine Familie ein zweites Mal schwer zu beleidigen. Ich wusste nicht, was wir tun sollten.«

»Und da kommt meine Mutter ins Spiel«, warf Ichiro amüsiert ein.

»Fumiko?«, entfuhr es mir überrascht. Sie wirkte so unterwürdig und gehorsam, dass ich kaum glauben mochte, dass sie in der Geschichte eine Rolle spielen könnte. Vermutlich dachten wir alle das Gleiche, man konnte es unseren Gesichtern ablesen, denn Kentaro erklärte mit stolzgeschwellter Brust:

»Meine Frau stammt aus dem Adelsgeschlecht der Takeda, eines der fünf wichtigsten Samurai-Geschlechter in der japanischen Geschichte. Ich hatte großes Glück, dass sie mich zum Mann genommen hat.«

Jetzt begann ich langsam zu begreifen. Zum Beispiel, warum Fumiko die Erfahrung, mit dem energischen Kentaro verheiratet zu sein und den hyperaktiven Ichiro aufzuziehen, so gut überstanden hatte. Oder warum Midori ihre Schwie-

331

germutter (und nicht ihren Schwiegervater oder ihren Mann) mit dem Blick konsultierte, bevor sie Morris und uns allen das Doppelte des Geldes anbot, damit wir nach der Prüfung im Ninja-Haus nicht ausstiegen. Alles ganz logisch, wenn man wusste, dass diese augenscheinlich sanfte Frau aus einem echten Kriegergeschlecht stammte.

»Meine Mutter ist ungewöhnlich intelligent«, sagte Ichiro ebenfalls voller Stolz. »Sie wusste, dass nach Saitos Beerdigung etwas passieren würde. Als sie sah, wie mein Vater regelrecht dahinwelkte und ich den ganzen Tag im Tempel betete, zählte sie eins und eins zusammen und konnte sich den Grund dafür denken. Und als mein Vater ins Krankenhaus kam, begriff sie, dass das alles eine Sache der Geister war, weshalb sie mich unter Druck setzte und mir schließlich die Wahrheit entlockte. Mein Vater lag zu dem Zeitpunkt im Koma, und ich war noch zu jung, um mich gegen den starken Willen meiner Mutter aufzulehnen oder mich ihr gegenüber respektlos zu erweisen, indem ich sie anlog.«

»Ich erfuhr erst fünf Jahre später, dass sie Bescheid wusste, als ich wieder eigenständig und kräftig genug war«, fuhr Kentaro fort. »Für immer an den Rollstuhl gefesselt, aber meine Schuld war beglichen. Dann hat meine Frau uns allen Punkt für Punkt erklärt, was zu tun ist. Und das haben wir getan.« Er lachte. »Das alles war ihre Idee, schon vor Jahren. Und es war auch ihre Idee, meinen Neffen Kazuhiko in den Plan einzuweihen und nach Paris zu schicken. Er arbeitete damals schon bei uns und ist Ichiros bester Freund. Wir haben uns in Geduld geübt, bis wir alle nötigen Informationen für die Suche nach euch zusammengetragen hatten, bis wir alles, was wir brauchten, studiert und vorbereitet hatten. Ich muss euch gestehen, dass ihr von allen Nachfahren Vincent van Goghs sorgfältig ausgesucht wurdet.«

»Ihr habt uns ausgesucht?« Gabriella schien sich daran zu stören, wie ein Stück Vieh ausgesucht worden zu sein. »Wie habt ihr uns denn ausgesucht?«

»Nun, das erste Kriterium war natürlich das Alter«, erklärte Ichiro und kratzte sich an der Stirn. »Die gesuchten Nachfahren von Vincent mussten in einem gewissen Alter sein, um die Prüfungen bestehen zu können, also keine Kinder, von denen gibt es viele, und auch nicht zu alt. Dazu gute Englischkenntnisse, damit ihr euch miteinander verständigen könnt. Das dritte Kriterium war eure Arbeit, eure Beziehung zur Kunst oder zu Vincents Leben. John Morris war eine echte Entdeckung, weil er dem Maler charakterlich so ähnlich ist. Wir hätten uns gewünscht, dass er dabeigeblieben wäre, aber wie sein Urahn ist er einfach abgehauen, ohne sich zu verabschieden, als er es satthatte. Seine Ähnlichkeit mit ihm ist verblüffend, dasselbe Verhalten. Ich bedaure sehr, dass er uns auf halbem Weg verlassen hat, aber es war aussichtslos, ihn zur Rückkehr zu bewegen.«

»Das waren die Hauptkriterien«, schnitt Kentaro ihm das Wort ab, damit er aufhörte, von Morris zu reden. »Insgesamt fanden wir zwanzig mögliche Kandidaten, die die Prüfungen, die meine Frau vorschlug, bestehen könnten. Um die Zahl zu reduzieren, haben wir schließlich diejenigen ausgewählt, die am unterschiedlichsten waren, die aufgrund ihrer Herkunft und Nationalität nicht ahnen konnten, dass zwischen ihnen eine Verbindung besteht. Und am Ende blieben noch acht übrig.«

»Acht?«, rief Odette. »Und wo sind die anderen drei?«

Kentaro und Ichiro warfen sich einen Blick zu. Schließlich sagte Ichiro:

»Es gab ein weiteres Auswahlkriterium, das wir noch nicht erwähnt haben. Wir haben uns für diejenigen entschieden, die am dringendsten Geld benötigen. Allen acht Kandidaten haben wir so diplomatisch wie möglich unser Angebot zukommen lassen. Euch drei, Gabriella, Hubert und Oliver, haben wir durch Kamidana aufgespürt, das Geschäft für Künstlerbedarf, wo ihr alles, was ihr für eure Arbeit braucht, zu guten Konditionen bezieht.«

»Kamidana gehört euch auch?«, fragte ich ungläubig. Ich hatte bei Kamidana fast alles gekauft, was sich aktuell in meiner Galerie befand: Rahmen, Lichtspots, Dekorationsartikel …

»Natürlich«, antwortete Kentaro. »Wir haben das Geschäft nur gekauft, um Kontakt zu euch aufnehmen zu können. Vor zwei Jahren haben wir euch Mails mit Angeboten geschickt, erinnert ihr euch?«

Gabriella, Oliver und ich nickten, überrumpelt von der Tragweite der ausgeheckten Geschichte, aber vor allem von der Tatsache, dass die Kogas uns wie Fische aus dem Teich der Nachfahren Vincent van Goghs geangelt hatten.

»Mit John haben wir durch eine andere Firma Kontakt aufgenommen«, erklärte Ichiro. »Eine für Baumaterialien, mit demselben Angebot.«

»Und mich durch einen Vertreter des Unternehmens, das Krankenhäuser mit chirurgischem Material, Latexhandschuhen und anderen Sanitärartikeln versorgt«, fügte Odette mit gerunzelter Stirn hinzu. »Ist das auch euer Betrieb?«

Kentaro und Ichiro nickten etwas beschämt, eben typisch Japaner.

»Die drei anderen Kandidaten haben unser Angebot abgelehnt«, murmelte Ichiro. »Sie wollten sich nicht darauf einlassen.«

»Und wozu das Ganze?«, entfuhr es Oliver. »Wozu die Prüfungen, wozu die Auswahl?«

»Mit den Prüfungen wollten wir euren Charakter testen«,

erklärte Kentaro. »Ihr habt ja gesehen, dass John damit nicht umgehen konnte.«

Mit *uns* konnte er nicht umgehen, dachte ich. Morris war nicht wegen der Prüfungen ausgestiegen, sondern weil er nicht im Mittelpunkt stand, weil er sich ungerecht behandelt fühlte und weil er nicht mehr alle Tassen im Schrank hatte.

»Aber das war nicht der einzige Grund«, fügte Ichiro rasch hinzu. »Es war auch ein Schutz für uns und zudem der Versuch, eure Opferbereitschaft und euer Durchhaltevermögen zu testen. Und ob ihr ein Geheimnis wahren könnt. Ihr hättet aussteigen können wie John, aber ihr hättet es auch in den sozialen Netzwerken oder einem sonstigen Kommunikationsmedium veröffentlichen können, dann hätten wir den Verräter sofort ausgeschlossen und die ganze Geschichte abgeblasen.«

»Die Prüfungen dienten indirekt auch dazu, euch Vincent van Gogh näherzubringen und euch darauf vorzubereiten, wer ihr wirklich seid. Hätten wir es euch einfach nur erzählt, hättet ihr vielleicht nicht verstanden, wie wichtig das Ganze ist. Ihr musstet euch in Selbstüberwindung üben, euch mit eurem Urahn anfreunden, den Widrigkeiten trotzen, euch wie die alten Samurais schweren Prüfungen unterziehen und dabei euren Mut und eure Intelligenz beweisen. Das waren die Worte meiner Mutter. Diejenigen, die bis zum Ende durchhalten, verdienen nicht nur das angebotene Geld, sondern auch, die Wahrheit über ihre Herkunft zu erfahren.«

»Als Europäer fällt es uns ziemlich schwer, eure Motive nachzuvollziehen«, erklärte ich für uns vier.

Ichiro reagierte ungehalten.

»Ich weiß, Hubert«, räumte er stirnrunzelnd ein. »Aber wie ich schon in Paris sagte: Akzeptiert es einfach, so merkwürdig es auch klingen mag. Es ist etwas Ähnliches wie das Konzept der christlichen Sünde, Schuld und Erlösung, aber aus der orientalischen Perspektive.«

»Nehmt bitte das *Bildnis des Dr. Gachet* als Geschenk«, flüsterte Kentaro und verneigte sich erneut.

Keiner von uns erwiderte etwas. Unter anderem, weil es uns die Sprache verschlagen hatte.

»Das *Bildnis des Dr. Gachet* gehört euch«, wiederholte Kentaro gedehnt. »Ihr würdet uns eine große Ehre erwiesen, wenn ihr es annehmt. Die Prüfungen waren auch dazu gedacht, die richtigen Personen auszuwählen, um dieses wunderbare Kunstwerk für immer zu schützen. Wenn wir es Saitos Familie nicht zurückgeben können, weil sie es verbrennen müsste, und eine Aushändigung an die japanischen Behörden nur eine weitere Rache von Ryoeis *kami* bewirken würde, wer wäre also besser geeignet als Vincents direkte Nachfahren? Auf gewisse Weise gehört es euch, und wir können es unbesorgt in eure Hände geben. Wie meine Frau sagte: Wenn wir bis zum Tag unseres Todes nicht friedlich und gelassen leben können, wozu dann überhaupt weiterleben?«

»Indem ihr es annehmt, rettet ihr nicht nur die Ehre unserer Familie«, mischte sich Ichiro angesichts unserer Versteinerung wieder ein, »sondern ihr gebt meinem Vater auch die Gelegenheit, seinen Frieden damit zu machen, dass er es gestohlen hat.«

»Sein heutiger Marktwert«, stammelte Kentaro sichtlich verlegen, »beläuft sich auf annähernd dreihundert Millionen Dollar. Vielleicht mehr. Wir haben unter dem Haus eine Geheimkammer bauen lassen, wo es die ganze Zeit gut aufbewahrt war. Wenn ihr es verkaufen wollt, helfen wir euch dabei. Das wird nicht schwierig sein, denn sowohl Saitos Familie als auch der japanische Staat haben die beschämende Tatsache, dass das Gemälde mit Ryoei verbrannt ist, geheim gehalten und stattdessen das Gerücht über einen heimlichen Privatverkauf an einen Millionär aus Österreich, Australien oder Las Vegas gestreut. Es wird einfach sein, das Bild ganz legal wieder auftauchen zu lassen. Die großen Auktionshäuser werden keine Einwände haben, euch mit den nötigen Nachweisen behilflich zu sein.«

»Die großen Museen sind voll mit Fälschungen«, sagte Ichiro lachend, »und es werden schamlos Bilder von Schülern aus Kunsthochschulen und Werkstätten als Werke der großen Meister angepriesen. Mit einem echten van Gogh wird es keine Probleme geben.«

Sie redeten und redeten, und wir saßen da wie Eisskulpturen, unfähig, uns zu rühren oder etwas zu sagen. Als ich schließlich einen Blick mit Gabriella wechselte, gab sie mir zu verstehen, dass sie Zeit zum Nachdenken brauchte und gehen wollte. Wir beide hatten in den letzten vierundzwanzig Stunden kaum geschlafen und waren sehr müde. Odette und Oliver hatten ebenfalls genug gehört und waren wie erschlagen, auch sie wollten nur noch weg von den Kogas. Es gab nichts mehr zu sagen.

»Könnten wir heute Abend ins Hotel nach Tokio zurück?«, fragte Gabriella.

»Bitte nur wir vier«, fügte ich hinzu.

Endlich verstummten Vater und Sohn und sahen uns verständnisvoll an. Ichiro warf einen Blick auf seine Armbanduhr.

»Es ist bereits Mitternacht, Hubert«, sagte er dann.

»Wir möchten einfach nicht in eurem Haus bleiben«, erklärte ich. »Wir müssen diese ganzen Informationen erst einmal verarbeiten, wir haben viel zu besprechen, und wir sind schrecklich müde.«

»Wollt ihr vielleicht in ein Hotel in Shizuoka?«, fragte Ichiro bekümmert.

Ich ließ meinen Blick von Gabriella über Oliver zu Odette wandern und antwortete dann für uns alle:

»Ja, danke.«

»Es dauert nicht lange«, erklärte er, stand auf und verließ den Raum. Er wirkte traurig, Kentaro auch, aber wir konnten unter keinen Umständen diese Nacht im Haus der Kogas verbringen. Es war uns körperlich und geistig unmöglich.

Als wir mit ihm allein waren, sah uns Kentaro voller Zuneigung an.

»Danke für alles«, flüsterte er. »Das war eine der besten Erfahrungen meines Lebens, und ich fühle mich zutiefst geehrt, diese letzten Wochen mit euch verbracht und euch kennengelernt zu haben. Wie auch immer ihr entscheidet, wir Kogas stehen für immer in eurer Schuld. Vergesst das nicht.«

Sie standen in unserer Schuld und wollten uns einen van Gogh im Wert von Abermillionen schenken? Wenn ich nicht sofort wegkam, frische Luft atmen, essen und schlafen könnte, würde mir der Schädel platzen.

Eine Stunde später hatten sich alle meine Wünsche außer einem erfüllt. Der Minibus der Kogas setzte uns vor dem Hotel Associa ab, wo man uns mit ausgesuchter Höflichkeit empfing, in die Zimmer führte, Küche und Restaurant wieder öffnete und ein Abendessen zubereitete, wenn man das um halb zwei in der Nacht so nennen konnte. Wir sahen schrecklich aus, aber die Mahlzeit weckte zumindest wieder unsere Lebensgeister, damit wir ein paar Worte wechseln konnten. Worte oder Sätze wie:

»Ist euch klar, dass wir direkte Nachfahren von Vincent van Gogh sind?«

Das kam von Oliver. Wir nickten und aßen schweigend weiter. Nach einem Weilchen sagte Gabriella:

»Wir behalten das Bild doch, oder?«

Wir alle nickten entschlossen und aßen weiter.

Ich glaube, dass ich damit angefangen habe. Ich musste plötzlich lachen und konnte nicht mehr aufhören. Mein Lachen steckte Gabriella an. Wir vier blickten uns mit leuchtenden Augen an, und schließlich fielen auch Oliver und Odette in das Gelächter ein. Und dieses glückliche Lachen hielt noch eine ganze Weile an.

EPILOG
DIE VAN GOGHS VON VINCENT

Es war fantastisch, uns vier Monate später wiederzusehen. Weihnachten stand bevor, und wir wollten die Reise nicht länger verschieben. Seit wir das *Bildnis des Dr. Gachet* in Shizuoka gefunden hatten, waren wir natürlich in Kontakt geblieben. Unser Wiedersehen fühlte sich an, als hätten wir uns erst gestern voneinander verabschiedet, als verbrächten wir die Tage immer noch zusammen und als wäre keine Zeit vergangen, seit wir in unterschiedlichen Fliegern Japan verlassen hatten.

Wir trafen uns am frühen Morgen vor der Auberge Ravoux in Paris, dem Haus, in dem Vincent bis zu seinem Tod am 29. Juli 1890 gelebt hatte. Eigentlich handelte es sich um eine reine Touristenattraktion. Viele, die mit uns vor der Tür Schlange standen, um eine Eintrittskarte zu kaufen, wussten nicht einmal, dass er in dem Zimmer, das wir besichtigen wollten, auch gestorben war. Für uns war es eine emotionale Angelegenheit. Kentaro hatte recht behalten, als er sagte, dass alles, was wir erlebt hatten, um das Bild zu finden, eine Annäherung an unseren berühmten Urahn war.

Nachdem wir das klägliche Zimmer besichtigt hatten, in dem er zwei Tage, vom 27. bis 29. Juli, im Sterben lag, machten wir uns auf den Weg zum Friedhof von Auvers. Schweigend gingen wir im eiskalten, schneidenden Wind zwischen abgeernteten Weizenfeldern eine vollkommen verwaiste Landstraße entlang. Es war ein bleierner Tag, der dunkelgraue Himmel schluckte jegliches Licht. Odette hielt den Kragen ihres Pelzmantels zu und hatte rote Wangen und eine rote Nasenspitze. Oliver, Gabriella und ich trugen Winterjacken. Die sieben Grad an diesem Dezembermorgen in Auvers-sur-Oise im Norden von Paris waren nichts Ungewöhnliches für uns. Gabriella und ich gingen Hand in Hand, während Oliver seine Hände tief in den Taschen vergrub. Alle paar Meter standen Wegweiser zu den Gräbern von Vincent und Theo am Straßenrand.

Unsere Beziehung war in den letzten vier Monaten inniger geworden. Inzwischen gehörte es zu meinem Alltag, alle zwei Wochen in ein Flugzeug nach Mailand zu steigen. Gabriella an einem Donnerstagabend oder Montagmorgen in Amsterdam in Empfang zu nehmen, war normal geworden. Wir genossen jeden Augenblick, den wir zusammen verbringen konnten, und dachten bereits darüber nach, ob es nicht eine gute Idee sei, wenn sie, die nicht örtlich gebunden war wie ich und ihre Geschäfte über den Computer abwickelte, ganz nach Amsterdam ziehen würde. Auch die Entscheidung, meine Galerie weiterzuführen und ihr das digitale Geschäft zu überlassen, war eine großartige Idee gewesen. Gabriella steckte mitten in einem Projekt, und dank ihr schien sich alles zu verändern und voranzukommen.

Bei unserem schweigsamen Spaziergang ging mir durch den Kopf, dass nicht nur Gabriella und ich einander gefunden hatten, sondern dass auch Oliver und Odette jetzt zur Familie gehörten. Natürlich hatten sie auch ihre eigene, mit der sie sich blendend verstanden, aber unser gemeinsames Abenteuer in Japan hatte uns zusammengeschweißt. Uns verbanden nicht nur die paar armseligen Chromosomen von Vincent van

Gogh, wir waren darüber hinaus auch eine unzertrennliche Gruppe. WhatsApp, Skype, Anrufe, Fotos, Briefe …

Das *Bildnis des Dr. Gachet* war in Japan geblieben. Am Ende hatten wir keine bessere Lösung gefunden, als es zu verkaufen, und die Kogas, die für uns ebenfalls eine Art Familie geworden waren, kümmerten sich darum. Sie hatten eindeutig einen besseren Kontakt zur *yakuza*, als sie zugeben mochten, meinte Oliver, denn ohne sie hätten sie die Prüfungen nicht so gut organisieren und vorbereiten können, weder die in Yoshiwara noch die in den Tempeln und erst recht nicht die im *pachinko*-Lokal in Tokio.

Schließlich waren wir auf dem Friedhof Auvers angelangt. Er war schlicht und umgeben von einer Steinmauer. Wie es schien, ruhten dort auch die sterblichen Überreste vieler anderer Maler, deren Gräber auf einem Schild der Friedhofsanlage aufgelistet waren. Uns interessierten nur die Gräber der Brüder van Gogh, und das auch nur, weil sie nebeneinanderlagen, denn eigentlich wollten wir nur Vincents Ruhestätte aufsuchen. Theos war uns ziemlich egal. Wir waren die »van Goghs von Vincent«, und die Mitglieder der anderen Familie van Gogh waren die »van Goghs von Theo«. Uns trennte ein Abgrund, denn sie waren als Einzige offiziell anerkannt. Sie taten gut daran, uns die DNA-Probe zu verweigern, denn sonst hätten sie erfahren müssen, wer die »van Goghs von Vincent« waren.

Odette blickte auf die Uhr.

»Uns bleibt nicht mehr viel Zeit«, verkündete sie lächelnd. »Wir müssen uns beeilen.«

Wir betraten den kleinen Friedhof durch ein weiß gestrichenes Eisentor zwischen zwei hohen Säulen. Es gab keine Mausoleen oder Ähnliches. Der Weg war gesäumt von kleinen Gräbern aus Marmor, der glänzte wie neu. Sie alle waren geschmückt mit Grabsteinen, Kreuzen und Blumen. Das hier war ein echter Friedhof, nicht nur so ein Fake wie der, den wir in Japan aufgesucht hatten, um die Grabstätte von Iwai Kumesaburō III., dem großen *onnagata*-Schauspieler, zu finden. Auf diesem Friedhof ruhten echte Tote – Knochen, Schädel – unter den Marmorplatten. Deshalb waren wir hier. Hätte Vincent nur ein leeres *ohaka* wie Iwai Kumesaburō III. gehabt, hätten wir uns diese Reise erspart.

Wir bogen nach links ab und gingen bis zur Mauer am Ende. Kein Mensch war auf dem Friedhof. Nicht einmal Touristen. Um etwas Privatsphäre zu genießen, hatten wir die Essenszeit gewählt, und waren tatsächlich ganz unter uns. Am Ende des Weges bogen wir nach rechts ab und sahen ein paar Meter weiter vorn zwei schlichte, mit Efeu überwachsene Gräber, die flacher waren als die anderen. Hier ruhte Vincent, Gabriellas und Odettes Ururgroßvater, Olivers und mein Urururgroßvater. Wir verlangsamten unsere Schritte, von unseren Gefühlen überwältigt. Tatsächlich hatten wir viele Ähnlichkeiten mit diesem Mann, der unter dem efeubewachsenen Stein ruhte, auf den jemand einen Topf mit einer Sonnenblume gestellt hatte. Gemeinhin verehren die Leute den Mythos von Vincent, aber die traurige Wahrheit ist, dass niemand ihn wirklich kannte. Das war auch nicht nötig. Wenn seine Bilder und Farben so viele Menschen glücklich machten, was interessierte es schon, wer und wie er als Mensch gewesen war? Sollten sie doch die Briefe lesen, die Theos Frau Jo Bonger hatte zensieren und überarbeitet veröffentlichen lassen, um die vielen Hundert Bilder ihres Schwagers zu verkaufen.

Wir stellten uns in einer Reihe vor dem Grab auf. Windböen zerzausten uns das Haar. *Ici repose Vincent van Gogh. 1853–1890.*

»Schade, dass er so jung gestorben ist«, flüsterte Gabriella. »Er wurde nur siebenunddreißig Jahre alt!«

»Immerhin war es seine Entscheidung«, erwiderte Odette. »Vielleicht in einem schwachen oder kritischen Moment getroffen, aber eben seine Entscheidung. Er machte seinem Leben ein Ende, als er es wollte.«

Ich traute meinen Ohren nicht. Hatte sie seit ihrer Rückkehr nach Marseille etwa nichts über ihren Urahn gelesen?

»Vincent hat sich nicht selbst getötet, Odette«, widersprach Gabriella, die ebenso überrascht war. »Er wurde versehentlich angeschossen – er hat nicht selbst abgedrückt.«

Odette starrte sie ungläubig an. Die große Macht der Legende.

»Es gab keine Rückstände von Schießpulver«, erklärte ich, »weder an den Händen noch in der Wunde, was darauf hinweist, dass der Schuss aus großer Entfernung abgegeben wurde. Die Waffe wurde nie gefunden. Außerdem bist du Krankenschwester. Denk doch mal nach. Wenn du dich mit einer Pistole töten willst, würdest du dir in einem Winkel von oben nach unten in den Bauch schießen, also auf den Boden zielen?«

Sie musste nicht darüber nachdenken.

»Natürlich nicht!«, rief sie. »Wenn sich jemand mit einer Pistole töten will, dann setzt er sie an die Schläfe oder steckt sie sich in den Mund. Er hat sich in den Bauch geschossen? Bist du sicher? Oder wollte er ins Herz treffen? Das ist seltsam, aber …«

»Würdest du dir nach unten in den Bauch schießen, wenn du ins Herz treffen willst?«, hakte ich nach.

»Nein, natürlich nicht«, räumte sie ein. »Aber er hat selbst behauptet, dass er sich töten wollte und mit einem Revolver verletzt hat. Das habe ich in mehreren Büchern gelesen.«

»Es ist eine Sache, was er sagte, und eine ganz andere, was wirklich geschah«, warf Oliver ein. Er kniete sich auf den Boden und zupfte an den Efeublättern. »Ich dachte auch immer, er hätte Suizid begangen. Nach dem, was ich in den letzten vier Monaten alles über ihn gelesen habe, ist mir klar geworden, dass er es nicht getan hat. Die Beweise der Spurensicherung untermauern das. An welcher Geisteskrankheit er tatsächlich gelitten hat, wenn überhaupt, werden wir wohl nie erfahren. Auch nicht, wer ihn an dem Tag versehentlich angeschossen hat. Klar ist nur, dass Vincent denjenigen schützen wollte.«

»Und obwohl er streng religiös erzogen wurde, war er nicht gläubig«, ergänzte Gabriella. »Aber Suizid hielt er für unmoralisch und war absolut dagegen. Außerdem hat er keine Feuerwaffen besessen, er wurde nie in seinem Leben mit einer Pistole gesehen. Gustave Ravoux, der Besitzer der Auberge, in der Vincent lebte, hatte hingegen sehr wohl eine Waffe, einen alten Revolver 38er Kaliber, der defekt war und oft gar nicht funktionierte. Es heißt, Ravoux hätte sie einem jungen Pariser Gast geliehen, René Secrétan, der den lieben langen Tag in seiner Cowboy-Montur durch Auvers spazierte, die er 1889 auf der Pariser Weltausstellung erworben hatte. Das ist das Einzige, was man sicher weiß. Der Rest ist Spekulation.«

»Wurde dieser Junge, dieser René, befragt?«, wollte Odette mit entsetztem Gesichtsausdruck wissen.

»Nein«, antwortete ich. »René Secrétan und sein älterer Bruder Gaston, Söhne eines reichen Pariser Apothekers mit Sommerhaus in Auvers, waren am Tag nach dem Schuss aus dem Dorf verschwunden, man konnte sie nicht mehr befragen. Vincent hatte eine gute Beziehung zu Gaston, der neunzehn Jahre alt war und Künstler werden wollte, und den kleinen René nannte er wegen seines Aufzugs immer Buffalo Bill.«

»Der erste Arzt, der ihn versorgte, Doktor Mazery, war eigentlich Geburtshelfer«, fügte Oliver hinzu. »Ein Gynäkologe, auf Schwangerschaften spezialisiert. Der zweite war unser Doktor Gachet, der seine Melancholie behandelte. Beide untersuchten Vincent und kamen zu dem Schluss, dass die Kugel in der hinteren Bauchhöhle steckte, wagten es jedoch nicht, ihn zu operieren. Sie haben ihn verbunden und meinten, er würde schon wieder genesen. Punkt. Vincent hat sogar verlangt, operiert zu werden, doch sie weigerten sich. Deshalb lag er zwei Tage lang in der Auberge Ravoux im Todeskampf. Am zweiten Tag«, er wies mit dem Kopf auf das Grab daneben, »am Morgen des 28. Juli, traf Theo ein und blieb bis zu Vincents Tod in der Nacht zum 29. Juli bei ihm. Am 30. wurde er dann hier beigesetzt.«

In der tiefen Stille des Friedhofs waren von Weitem Stimmen zu hören. Oliver richtete sich wieder auf, und wir standen noch einen Augenblick stumm vor Vincents Grab.

Dann flüsterte Gabriella:

»Möglich, dass er so unverträglich war wie John Morris, aber ohne ihn und sein merkwürdiges Leben würde es uns nicht geben und wir wären auch nicht hier.«

»Er war schlimmer als John«, behauptete Oliver.

»Das stimmt nicht, Oliver«, widersprach ich. »Morris ist ein dämlicher Schwachkopf; Vincent dagegen war sehr gebildet. Er wusste alles über die Malerei und war zudem sehr belesen.«

»Und ein großer Künstler«, fügte Gabriella hinzu, trat näher an den Grabstein und musterte die kleine Sonnenblume, die darauf eingemeißelt war.

Die Stimmen kamen näher. Es klang, als handle es sich um eine Demonstration.

»Sie sind gleich da«, verkündete ich.

»Da haben sie sich wirklich beeilt!«, klagte Odette mit einem Lächeln.

Als Erstes kam ein sechsjähriger Junge um die Kurve auf uns zugelaufen und warf sich seiner Mutter jubelnd in die Arme. Armand hatte so dunkles Haar wie Odette und dieselben Mandelaugen. Die restliche Gruppe folgte auf dem Fuße. Ich warf einen letzten Blick auf Vincents Grab und machte mir bewusst, dass unter diesem Efeu der große Maler ruhte, von dem ich abstammte. Dann sah ich Gabriella an. Wir lächelten einander zu.

Der Nächste, der gleich darauf vor uns stand, war natürlich Ichiro. Mit einem ähnlich strahlenden Lächeln wie Odettes Sohn stellte er sich in unsere Mitte. Wir begrüßten ihn mit westlichen Umarmungen, um ihm keine Gelegenheit zu geben, sich vor uns zu verbeugen, obwohl wir damit nicht verhindern konnten, dass er sich lange und tief vor Vincents Grab verbeugte. Auch er hatte eine besondere Beziehung zu unserem Urahn. Alle anderen waren inzwischen auch eingetroffen: Odettes Eltern, ihre Schwester Marguerite mit ihrer kleinen Tochter Sandrine sowie Odettes Mann Gérard mit dem kleinen Claude auf dem Arm, der laut brüllte; mein Bruder Johannes mit meinen beiden Neffen, dem vierzehnjährigen Johannes und der zwölfjährigen Maria; Olivers Eltern, sein Mann Richard und seine kleine Schwester Rosie; Gabriellas Eltern und ihre beiden Geschwister, Renzo mit seinen beiden Kindern und Grazia mit ihren drei Kindern. Und natürlich Kentaro Koga und seine Frau Fumiko, in Begleitung von Ichiros Frau Midori. Alle zusammen bildeten wir ein ganzes Bataillon auf diesem kleinen Friedhof.

Wir waren über dreißig Personen, und obwohl nicht alle von Vincent van Gogh abstammten, nahmen wir sie in unseren erlesenen Kreis auf, weil wir sie liebten. Natürlich fehlten die meisten der gut siebzig Nachfahren, die die Kogas ausfindig gemacht hatten. Aber für dieses erste Treffen war es genug. Vielleicht würden wir sie eines Tages aufsuchen (allen voran Morris, aber erst, wenn nach der unschönen Begegnung mit ihm genügend Zeit vergangen wäre). Im Augenblick reichten die Familien von uns vieren, die das *Bildnis des Dr. Gachet* gefunden hatten.

Das laute Grüppchen verstummte alsbald im Bewusstsein, wo wir uns befanden und vor wem wir standen. Ich begrüßte meinen Bruder, der sich zu mir gesellte. Vielleicht könnte jetzt auch er verstehen, warum ich anders war als die restliche Familie, vielleicht verstünden wir uns in Zukunft besser. Als ich ihm eröffnete, dass wir von van Gogh abstammten, war er erstarrt und hatte ungläubig gegrinst. Von dem Moment an änderte sich unser Verhältnis, obwohl es uns auch gemeinsam nicht gelang, die Eltern zu einer Reise nach Frankreich zu überreden. Alles brauchte seine Zeit. Jetzt musste ich ihm erst einmal Gabriella vorstellen. Was auch immer die Zukunft bringen mochte, ich war davon überzeugt, es würde etwas Gutes sein.

KURZE BIBLIOGRAFIE

Für alle, die die im Buch enthaltenen Angaben gerne überprüfen möchten, folgt hier eine kurze Bibliografie, die jede Frage beantworten wird – auch die, ob die Farbe Braun existiert oder nicht.

Ball, Philip: *Bright Earth: The Invention of Colour.*
Viking Verlag 2001

Murphy, Bernadette: *The Mystery of Van Goghs Ear.*
BBC-Dokumentation (auf YouTube)

Naifeh, Steven und White Smith, Gregory: *Van Gogh, Sein Leben.* Fischer Verlag 2012

Saltzman, Cynthia: *Das Bildnis des Dr. Gachet: Geschichte eines Meisterwerks*
Insel Verlag 2003 – Übersetzung: Käthe Fleckenstein

Tilborgh, Louis van: *Van Gogh and Japan*
Ausstellungskatalog Van-Gogh-Museum 2018

INHALTSVERZEICHNIS